巻頭特集

合格への最短アプローチ!!
日建学院・宅建講座 精鋭講師陣による

令和６年度本試験 必勝対策講座

本書の巻頭では、合格するには「高得点の獲得」がもはや必須といえる近年の出題傾向を分析し、得点力に直結する「問題の読み取り力」を効率よく上げる方法や、“本番”での心構えなどについて日建学院講師陣が討論を重ねた内容を、「座談会」としてまとめました。また、各講師が“今年の出題の大ヤマ”と予想して厳選した『一問一答集』も、「番外編」として掲載しました。

合格に必須である最新の法改正・統計データ、絶対に覚えておきたい「数字」をコンパクトにまとめた『重要数字チェックドリル』などの“使える情報”を、合格率 15%～18%の難関を突破するために、フル活用してください!!

＊ 本書のうち法令に関する記述については、令和6年4月1日現在施行中の規定に基づいて編集されています ＊

巻頭特集 Part1

令和6年度本試験 合格・必勝対策

読み取り力を鍛えて「得点力」を上げよう！

「高得点時代」の本試験・攻略法

日建学院 宅建講座講師陣・座談会

[中山 猛士×伊東 貴浩×小野寺 南美子×宮嵜 晋矢×吉野 哲慎]

令和５年度試験を振り返って

（中山）昨年の本試験も、36点という**高得点が必要な厳しい試験**でした。本試験や受験生のレベルは、コロナ禍を経て、以前と差を感じますか？

（伊東）分野・テーマで少し違いはありますが、基本的かつ重要論点からの出題であっても、過去問と表現がガラッと違う出題が多くて、受験生には対応が難しかったと思います。

（吉野）合格者は高得点を取れているのですが、それは、「**初見の問題にぶつかったときの対応力の有無**」つまり、「**出題者から問われていることは何か**」を「**読み取る力**」で差がついたということですよね。

（宮嵜）「**純粋に過去問だけで解ける出題**」は**かなり減った**よね。例えば、10年分の過去問で令和５年度試験を解くとしたら、最も"過去問準拠"の出題といわれる「宅建業法」で８割前後、「法令制限」で７～８割、「税・価格の評定」で５割くらいかな…。「民法」（**【問1～10】**）だけでみたら、なんと３割！

（小野寺）**過去問の学習**が宅建試験の**合格に必須**であること自体は、昔も今もまったく変わりはないです。ただ、「過去問制覇で７割取れる」のが以前の常識でしたが、今はそれだけでは６割くらいしか取れないんですね…合格点を取るためには「視点を少し変えた学習方法」が必要ということですね。

合格に必須な「読み取り力」とは

（中山）**問題を「読む・理解する・そのうえで○×を判断する」**という**手順を踏む訓練**をきちんとすることが非常に大切で、一番有効なのは、実は時間がかかると思われがちな、**テキスト**、つまり**文章の読み込み**なんだよね。

（伊東）それと、**初見の問題**で、はっきり正誤の判断がつかなくても「これは良さそう・悪そう」「何となくこっちが正解」と**判断できる力**は、テキストの「文章」や問題の「解説」を読むことででしか養えないです。

（中山）「単語がわからないから理解できない」と思い込む受験生がよくいるけど、実は「**読み取り力**」

2024年度版
これで合格！宅建士 直前予想模試

Contents

問題は取り外せる!!
第1回 第2回 第3回
HOP!! STEP!! JUMP!!!

本書の利用法

本書は、**令和６年度の合格**のための「**実戦**」タイプの予想問題集です。**問題**へのチャレンジや「**巻頭特集**」の読み込みで、**現時点の実力チェック**や**弱点補強**、**法改正情報・統計等の最新情報の収集**などが、効率的に行えます。短期間で**一気に実力アップ**しましょう！

① **出題可能性の高い論点**を厳選し、「得点目標」別に**模試３回分**（計150問）として収録しました。付属のマークシートと鉛筆を使用して、**ジャスト２時間**の制限内で、**“本番”同様にチャレンジ**しましょう！

② 巻頭には、日建学院・**精鋭講師陣**による「**令和６年度本試験対策**」を、多彩な内容の特集として収録しました。**“合格のプロ”による鋭い分析**を、**直前期の学習対策**にお役立てください。

③ よくねらわれる「**重要数字**」を、コンパクトな**切取り式**「**特別付録**」にまとめました。**本番直前に最終チェック**して、「**得点プラス**」を狙いましょう！

読者限定サービス「Web 動画講義配信」のご案内

本書のコンテンツを使用した「２大特別講義」が無料で受講できます！

【本書の読者専用・特設サイト】
アクセスしてください！ ➡
⬇
http://ksknet.jp/rd/tkbk1/24/

特典❶ 超即解！「法改正」解説

巻頭特集Part 3「Ⅰ 法改正情報」に収録されている内容をスピーディに理解できる動画講義です（2024年7月1日（月）～公開予定）。
＊どなたでも視聴できます

特典❷ 最重要ポイント特別講義

本書の『第１回 高得点目標模試』を使用して、最も重要なポイントについて詳細解説します。（2024年7月19日（金）～公開予定）。
＊ご視聴の際には、次のパスワードの入力が必要です➡ takuchokur60651

［特典❶ 特典❷ のご提供期間は、2024年10月20日(日)（宅建本試験当日）までとなります］

特典❸ 本試験と同形式！「マークシート」

本試験に向けた予行演習に最適です！
＊何度でも無料でダウンロードできます

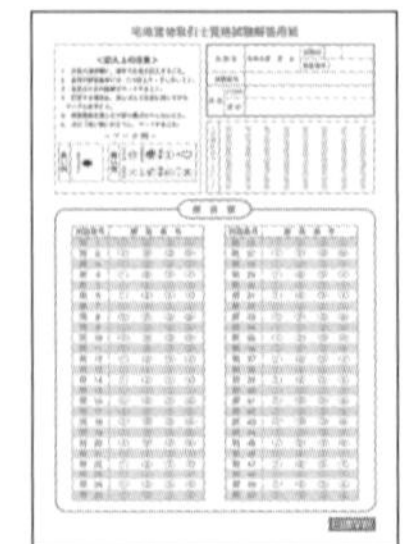

特典❹「令和5年度宅建本試験問題・解答解説集」

日建学院オリジナル・直近の宅建本試験（令和5年度）の「問題・解答解説」「総評・正答率」など、データ分析満載の冊子です。
＊無料プレゼントとなります。「申込フォーム」からお申し込みください

中山 猛士（なかやま たけし）
やわらかい口調で、複雑な法律関係を一刀両断！"目からウロコ"が落ちるようなキレのある講義は、受験生から絶対の信頼を得ている。日建学院『チーム宅建』の看板かつ屋台骨。

ニャカヤマ先生

伊東 貴浩（いとう たかひろ）
真摯かつ誠実な語り口とシャイな笑顔で、好感度・信頼感ともに絶大な人気講師。ポイントを確実に絞り込んだ、超初学者にもわかりやすいスピーディな講義展開が大好評！

TAKAHIRO 先生

の有無が、以前より合格・不合格の差を広げているといっていいのでは。

（宮嵜） 読み取り力が合格に直結しているのは、極端な例をいうと、読解力がより必要とされる「**判決文問題**」（例年【**問1**】）の正答率で見ると、それを取れた合格者と取れなかった不合格者では、多くの年で**20%以上差がついている**ことからもわかるよね。

（中山） コロナ禍で学習スタイルが劇的に変わりましたが、その影響もありますか？

（吉野） 独学の受験生で、テキスト等で学習しきれなくて、動画コンテンツやアプリを多用する方が、すごく多いです。でも、視覚的にわかりやすいツールばかり使っていると「わかった気」になれちゃう。もちろん有効活用はしてほしいけど、本試験って、図・表では出題されないですよね。

（宮嵜） テキストだって、デザイン的にいろんな補助があって読むのがラクだけど、本試験問題は、もっと読むの、難しいよ！「白い紙に黒い文字」で「ほとんど条文まんま」の文章が並んでいるだけなんだから。

（伊東） キーワードだけ拾って「○×」を決めるんじゃなくって、「主語・ポイント・結論」を文章の流れからちゃんと判断する、つまり、**普段から、本試験で実際に取り組むのと同じことをやる訓練が大切**なんですよね。

（小野寺） これからは、「本試験で２時間文字を追い続ける気力・体力」を、過去問学習と並行して、直前まで養い続けてほしいです。

小野寺 南美子（おのでら なみこ）
日建学院『チーム宅建』の期待の紅一点。ふんわりした雰囲気を醸しつつ、理論的な講義が注目を集めている。宅建受験生の"合格の女神"として、日々教材研究に熱意を傾けている。

小野寺小町先生

「直前期」、その学習法は？

（中山）「**過去問学習**」と「**理解力を上げる学習**」の並行が大切ですが、限られた時間の中では、どうすれば効率がいいでしょうか？

（伊東） 例えば、法令上の制限みたいに「従来型」の暗記重視の学習が大事な分野もありますもんね。

（宮嵜） ただ、宅建業法でもいえるように、やっぱり今の試験は「過去問の習熟」にプラスして、「読解力」も要求されているよね。基本知識をきちんと押さえながらも、**出題の表現・パターンが初見のものに**答えられる「**現場対応力**」をどう養成していくか、普段の「**読んで考えるトレーニング**」が大事だよね。

（小野寺） それと、**正確性**も大切ですね！　基本知識

宮嵜 晋矢（みやざき しんや）
2003年に宅建試験の指導を開始。日建学院をはじめ各大手スクールでの講師や教材開発に携わりつつ、個人開設「YouTube宅建みやざき塾」などで宅建受験生を絶賛応援中！

SHINYA先生

吉野 哲慎（よしの てつのり）
爽やかで明快な語り口の講義で受講生から抜群の人気を誇る。大手予備校講師時代を含めて2万5,000名超の受験生を指導し、個人開設のブログやYouTubeのアクセス数は絶大！

吉野屋ズバ之介先生

を並べた「個数問題」って、合格者・不合格者で差がついた問題ランクの「１・２位」ですもんね。

（伊東） 直前期って、やみくもに問題を解きがちなんですよね。「テキストを読む＝理解する勉強」って、手ごたえがなくて不安になる。それって、すごいしんどい！でも、問題「だけ」やるのって、結局断片的な知識のインプットにとどまるけど、**テキストには、その「葉っぱ」が「ストーリー」として「幹」に落とし込まれているから、**理解できるんです。だから、問題を解いたら、そこでの知識を、もう一度テキストで確認してほしいです。

（小野寺） いまや「過去問の頻出ポイント」は「基本知識」といえますので、その「基礎知識」を得る過去問学習を効率よくやることにプラス、「理解力を上げる学習」も同時にすることが必要ですね。

（吉野） どうしてもテキストを読む時間がなければ、周辺･関連知識がしっかり載っている問題の「解説」だけでも、じっくり取り組んでくださいね。

今年の出題予想は？

（中山） 直近の法改正が狙われるのは今や「トレンド」ですが、**今年狙われそうなテーマ**は？

（宮嵜） 今年は何といっても「**盛土規制法の大改正**」では？　現時点では「**過去問がない**」といってもいい項目だから、きちんとテキストで学習したかどうかで差がつきやすい。法令上の制限では、本来は国土法・農地法と並ぶ得点源、**必ず１点取ってほしいよね！**

（吉野） それに加えて、懸案の時事問題の「**空家対策**」や「**所在者不明者土地**」関連、あとは「**相続登記**」ですよね。民法（相続）･不動産登記法の「**横断問題**」で、１問まるまる出てもおかしくないです。

（小野寺） あとは「重要事項の説明」でしょうか。「**既存建物状況調査**」が「**１年・２年**」の“**２段構え**”になったことは大きいですよね！

（講師陣一同） **過去問学習**は、基本知識の積み上げのために、**本試験直前まで必ずしっかり**やりましょう。そして本試験をしっかりイメージして、例えば「まずは全体を確認して、得点を取りやすい問題から優先してきっちり解いてみる」、または「民法で難問にぶちあたったら、最終回答は思い切って後回しにして、時間の余裕をつくってから見直しする」など、解き方の優先順位について、ご自分なりの対策法をあらかじめ準備しておきましょう。

それらを、**本書のような模試**でばっちり訓練して、本試験の攻略に**役立ててください！**

次のページからは【番外編】として、日建学院が誇る精鋭講師陣が、それぞれ独自の視点から“今年こそ狙われる！”と厳選したイチオシのテーマについて、「今年の大予想」および「ヒッカケ対策」のための問題をご用意しました。是非チャレンジしてみてください！

今年の 日建学院講師陣のイチ押し! 出題・大予想①

★ 住宅の軽減税率（登録免許税）
★ 標準地の鑑定評価（地価公示法）

応援メッセージ

本番まで、あと少しです！ここからのおすすめの学習は、今までの“総復習”に注力することです。お持ちの基本書・過去問集をフル稼働させて、何度も間違える問題・悩む選択肢など、あやふやな知識の総確認をしましょう！お持ちの教材への習熟度を上げることが、最後の仕上げに重要です。また、問題を解く際は、各肢に「○」「×」「△（迷う）」等、必ず履歴をつけながら解答するクセをつけましょう。本番において、見直し時間の短縮につながります！そして本番では、心は熱く、頭は冷静に！落ち着いて問題を解きましょう。皆さんの合格を心より祈念しております。

中山猛士 講師

①登録免許税−住宅の軽減税率（予想問題）

Q 住宅用家屋の所有権の移転登記に係る登録免許税の税率の軽減措置は、住宅用家屋を相続により取得した場合に受ける所有権の移転登記については適用されるが、交換により取得した場合に受ける所有権の移転登記については適用されない。

A 「住宅用家屋の所有権移転登記に係る登録免許税の税率の軽減措置」の適用は、「売買または競落」により住宅用家屋を取得した場合に限られますので、本問のように「相続・交換による取得」の場合は、いずれも軽減措置は適用されません。（正解：×）

②地価公示法−標準地の鑑定評価（過去問）

Q 不動産鑑定士は、土地鑑定委員会の求めに応じて標準地の鑑定評価を行うに当たっては、近傍類地の取引価格から算定される推定の価格を基本とし、必要に応じて、近傍類地の地代等から算定される推定の価格及び同等の効用を有する土地の造成に要する推定の費用の額を勘案しなければならない。（H26-問25-肢4）

A 不動産鑑定士は、標準地の鑑定評価を行うに当たり、①近傍類地の取引価格から算定される推定の価格、②近傍類地の地代等から算定される推定の価格、③同等の効用を有する土地の造成に要する推定の費用の額を勘案しなければなりません。つまり、原則、①〜③「すべて」を勘案する必要があります。（正解：×）

「プラスα」のコメント

テーマ①の「登録免許税」は、出題周期からみて今年は要注意です！ここ10年間（12回）での出題は4回で、本問の「**住宅用家屋の所有権移転登記に係る税率の軽減措置**」は、必須テーマです！「個人が受ける登記」「床面積50㎡以上」「新築または取得後１年以内にする登記」などの適用要件をしっかり押さえましょう。

そしてテーマ②の「地価公示法」も、出題周期的に今年は“狙いめ”です。過去の出題とほぼ同じ内容が繰り返し出題されやすいテーマですので、『過去問集』に収録されている問題は、必ず完璧にマスターしておきましょう！

今年の 日建学院講師陣のイチ押し! 出題・大予想❷

★ 共有物の変更行為（民法）
★ 賃貸借・使用貸借（民法）

応援メッセージ

私からは、本書のような「予想模試」を使用する際の得点数のとらえ方についてアドバイスします。「模擬試験なんだから点数は気にしなくて大丈夫！」とはよくいわれますが、現実に判明した得点です、気にしないほうがムリですよね。だから、きちんと真っ正面から結果に向き合いましょう。良くても悪くても、「今の自分の立ち位置＝実力」を知る絶好のチャンスととらえて、いったん向き合ったら、スパッと忘れてしまいましょう！ あくまで模試は“練習試合”、「今の実力と弱点」を把握したら、そこからあらためて一歩ずつ、丁寧に学習を進めましょう。あと少しです。一緒に頑張っていきましょう！

伊東貴浩 講師

今年の大予想! 共有物の変更行為（予想問題）

Q 各共有者は、共有物に変更（その形状又は効用の著しい変更を伴わないものを除く。）を加えるためには、各共有者の持分の価格に従い、その過半数の同意が必要である。

A 各共有者は、**他の共有者全員の同意**を得なければ、**共有物に変更**（その形状または効用の著しい変更を「伴わないもの」を除く＝「**重大変更**」）を加えることができません。

なお、形状または効用の著しい変更を「伴わない」共有物の変更（＝「軽微変更」）は、各共有者の持分の価格に従い、その過半数で決します。

（正解：×）

「プラスα」のコメント

共有物の重大変更には全員の同意が必要ですが、軽微な変更にすぎない場合は、持分の過半数の同意で足ります。この点はとても重要です。「共有物の変更行為」については、「保存行為・管理行為」の扱いも、あわせてしっかり押さえておきましょう。

「共有」の改正は、昨年（令和5年）ですが、試験対策上かなり重要なテーマにもかかわらず、未出題です。宅建試験では「その年施行」（直近）の法改正がよく出題されますが、重要な改正であれば前年・前々年の内容でも狙われます。中でも、この「共有」は、要注意です!

ヒッカケ要注意! 賃貸借・使用貸借（過去問）

Q AB間で、Aを貸主、Bを借主として、A所有の甲建物につき、①賃貸借契約を締結した場合と、②使用貸借契約を締結した場合に関して、Bが死亡したときは、①では契約は終了しないが、②では契約が終了する。

（H27－問3－肢1）

A ①の「**賃借権**」は、**相続**されますので、借主の死亡だけを理由に、直ちに賃貸借契約が終了するわけではありません。一方、②の「**使用借権**」は、借主本人の死亡によってその効力が失われます。したがって相続されず、契約が終了します。

（正解：○）

「プラスα」のコメント

民法では、毎年出題されるテーマはさほど多くなく“ヤマ当て”が難しいといえます。しかし「**賃貸借**」は直近10年（12回）ですべて出題された、極めて重要なテーマです。また「**使用貸借**」は、以前はやや出題頻度が低かったのですが、直近10年は3回出題された「隠れた頻出テーマ」で、かつ、3回のうち2回は「賃貸借との比較」からの出題でした。つまり、賃貸借と使用貸借は、セット学習をすれば、より得点に直結します！

今年の 日建学院講師陣のイチ押し! 出題・大予想③

★ 重要事項の説明-既存建物状況調査(宅建業法)

★ 重要事項の説明義務-「自ら貸借」(宅建業法)

応援メッセージ

直前期の今、私からは「本番にアガらないための心構え」をお伝えします。おすすめは、「本試験の時間帯に合わせて模擬試験にチャレンジ」すること。本番と同じ、午後1時～3時に最大限の集中力を発揮できるよう、ぜひ時間をきっちり計って、本書のような「予想模試」を解きましょう。朝型・夜型にかかわらず、実際の本試験は「午後1時からのジャスト2時間」、ここにピークを持っていく練習をしておくだけで、本番当日の心の余裕はまったく違います。「しっかり練習したのだから、大丈夫」、自信を持って会場に向かうことができるはずです！　本番まで、一緒に頑張りましょう！

小野寺南美子 講師

今年の大予想! 重要事項の説明-既存建物状況調査(予想問題)

Q 宅地建物取引業者Aは、Bから既存住宅（鉄筋コンクリート造の共同住宅）の購入の媒介を依頼され、媒介契約を締結した。AがBとの間で媒介契約を締結する3年前に、当該住宅は、既に建物状況調査を受けていた。この場合、Aは、Bに対し建物状況調査を実施している旨及びその結果の概要について説明しなければならない。

A 重要事項として説明が必要な建物状況調査は、原則「実施後1年以内」のものでなければなりませんが、「鉄筋コンクリート造・鉄骨鉄筋コンクリート造の共同住宅等」の場合は「2年以内」となります。したがって、本問の「既存の鉄筋コンクリート造の共同住宅」に関して「3年」を経過している建物状況調査については、説明不要です。

（正解：×）

「プラスα」のコメント

従来、重説の対象となる「建物状況調査」は、実施後1年以内のものに限られていましたが、改正により、「鉄筋コンクリート造または鉄骨鉄筋コンクリート造の共同住宅等」の場合は「2年以内」と長期化されました。一方、例えば「既存の木造の戸建住宅」であれば、原則どおり「1年以内」です。既存建物の流通を図るために行われた今年の「目玉」となる改正ですので、ぜひチェックしましょう！

ヒッカケ要注意! 重要事項の説明義務-「自ら貸借」(過去問)

Q 宅地建物取引業者A(甲県知事免許)は、自ら所有している物件について、直接賃借人Bと賃貸借契約を締結するに当たり、法第35条に規定する重要事項の説明を行わなかった。この場合、Aは、甲県知事から業務停止を命じられることがある。

（R2（10月）－問29－記述ウ）

A 宅建業者Aは、自己所有の物件について「直接賃借人Bと賃貸借契約を締結する＝自ら貸借」である点に要着目！「自ら貸借」は宅建業に該当しないため宅建業法は適用されず、したがって、自己所有物件について賃貸借契約を締結するに当たり、重説義務もありません。よって、Aは、重要事項の説明を行わなくても、業務停止とはなりません。　（正解：×）

「プラスα」のコメント

「自ら貸借は宅建業に該当しない」ことは“基本のキ”ですが、「そもそも宅建業に該当しないから宅建業法が適用されない」という結論は、意外と見落とされがちです。

この場合、重説義務がないことはもちろん、37条書面の交付義務もなく、契約締結時期の制限・取引態様の明示などの「広告規制」も適用外です。「自ら貸借」をうっかり読み飛ばすと“意外な落とし穴”にハマります！しっかり注意してくださいね。

今年の 日建学院講師陣のイチ押し! 出題・大予想④

★ 特定盛土等工事の届出（宅地造成・盛土等規制法）

★ 宅地造成等工事の届出（宅地造成・盛土等規制法）

応援メッセージ

『わかった♪を大切に！』

丁寧に学べば、宅建試験は必ず合格できます！ あなたの宅建合格を、全力で応援します！ 一緒に頑張って、絶対に合格しましょう！

宮嵜晋矢 講師

① 日建学院「直前予想模試」を上手く活用しよう

本書は例年、合否を分ける問題や判決文問題をズバリ的中させています。手応え・内容ともに少々ハードですが、本書でしっかり、2時間で50問を解く実戦感覚や時間配分、答えに迷ったときの対応策などの予行演習をして、ライバルにばっちり差をつけましょう！

② “エア学習”のススメ

重要ポイントの「まとめ表」（例「開発許可」「農地法」）など、毎年狙われる最重要ポイントを手帳やメモ帳・コピー・スマートフォンの写真フォルダ等で持ち歩いて、2～3分でもスキマ時間を見つけたら、繰り返し学習しましょう！ なにも見ないでどこまで思い出せるか、想起するトレーニングが効果的です。

③ 絶対に合格!!

イメージは「本試験＝アンケート会場」！ 本番の10月15日。合格する自分のイメージを持ちましょう。合格後のフローが待っています！「50問のアンケート」にきっちり回答すれば、合格証書が届きます！

①特定盛土等工事の届出（予想問題）

Q 特定盛土等規制区域の指定の際、当該特定盛土等規制区域内において行われている特定盛土等又は土石の堆積に関する工事の工事主は、その指定があった日から21日以内に、当該工事について都道府県知事に届け出なければならない。

A 当該区域内で行う工事について、21日以内にすることが必要なのは、「許可」ではなく、本問のように「届出」です。 （正解：○）

ヒッカケ要注意!

②宅地造成等工事の届出（予想問題）

Q 宅地造成等工事規制区域及び特定盛土等規制区域外において行われる宅地造成等に関する工事の工事主は、当該工事に着手する前に、その旨を都道府県知事に届け出なければならない。

A 宅地造成等工事を行うにあたり、宅地造成等工事規制区域・特定盛土等規制区域の「外」（＝どちらでもない場所）で行う場合は、許可も届出も不要です。 （正解：×）

「プラスα」のコメント

ここで取り上げた「特定盛土等規制区域」は、直近の改正による新設規定のため、実は対応する「過去問」がありません。しかし、法改正の背景となった「熱海の土石流」を考えれば、関連内容からの出題可能性は高いでしょう。「宅地造成等工事規制区域」との相違点をきちんと押さえていたか否かで、本試験で差がつくはずです。

テーマ②で“○○『外』”という表現は、典型的なヒッカケです。「宅地造成等工事規制区域・特定盛土等規制区域・造成宅地防災区域・どれにも非該当の区域」という「4つの区別」がきちんとつかない受験生が多いので、狙われやすいと予想します！

今年の 日建学院講師陣のイチ押し! 出題・大予想⑤

★ 相続登記（不動産登記法）
★ 共有物の管理（民法）

『不安は友達、怖くない!』

受験生の皆さんの多くは、本試験が迫ってきて、不安な気持ちではないでしょうか。でも、それも考え方ひとつです。これまで一生懸命、結果を求めて努力し、頑張ってきた証拠。どうでもよい・興味のないことに対しては不安になりませんよね。だから、大丈夫です！ それでも、不安に押しつぶされそうになったら、ひとまず深呼吸しましょう。リラクゼーションや脳の活性化、自律神経の調整に効果絶大です。今まで積み重ねてきた努力は決してムダではありません。自信を持ち、胸を張って本試験会場に向かいましょう。

そして、どうか価値ある成功体験を！ 宅建試験に合格して、人生を変えましょう !!

吉野哲慎 講師

今年の大予想! ①相続登記（予想問題）

Q 所有権の登記名義人について相続の開始があったときは、当該相続により所有権を取得した者は、自己のために相続の開始があったことを知り、かつ、当該所有権を取得したことを知った日から３年以内に、所有権の移転の登記を申請しなければならない。ただし、遺贈（相続人に対する遺贈に限る。）により所有権を取得した者は、この限りでない。

A 前半は正しい記述ですが、「ただし書き」以降の後半が誤りです。遺贈（**相続人に対する遺贈に**限定）により所有権を取得した相続人も、相続登記を申請しなければなりません。（正解：×）

「プラスα」のコメント

今年の改正の“目玉”、「相続登記の申請義務」からの出題です。「いつまでに相続登記（相続等を原因とした所有権の移転登記）をすべきか」、「知った日」という起算点とあわせて、「相続人に対する遺贈による所有権の移転登記も申請義務の対象になる」ことを正確に覚えましょう。不動産登記法は「難問の出題が多い➡正答率が低くなる」、このパターンが多いことから手薄になりがちですが、本問は、出題されたら他の受験生と差がつきます！ 本試験直前で必ず見直しましょう。

今年の大予想! ②共有物の管理（予想問題）

Q 共有物の管理者は、共有者が共有物の管理に関する事項を決した場合には、これに従ってその職務を行わなければならず、これに違反して行った当該管理者の行為は、共有者に対して効力を生じないため、共有者は、これをもって善意の第三者に対抗することができる。

A 共有物の管理者は、共有者が決した「共有物の管理に関する事項」に従って職務を行う義務があり、これに違反する管理者の行為は、共有者に対して、その効力を生じません。ただし、共有者は、そのことを善意の第三者に対抗できません。（正解：×）

「プラスα」のコメント

昨年の改正点で未出題である「共有物の管理」から出題しました。「数人で共有する別荘」でいえば、管理を任されている管理者は、当然に職務遂行義務があり、その義務に違反する行為は、**共有者に対して、無効**です。ただし、共有者は、そのことを「善意の第三者」には対抗できません。また、「共有物の賃貸」の例でいえば、共有者間で賃借人を既に決定していたのに、管理者がこれに反して善意の第三者に賃貸した場合は、その第三者のほうが保護される、ということです。

巻頭特集 Part2

令和６年度 宅建本試験ガイダンス

Ⅰ　本試験の概要

本試験の内容

❶ **本試験日**　令和６年10月20日（日）

❷ **試験方式**　４肢択一のマークシート方式、出題数は50問。試験時間は２時間（13：00～15：00）。ただし、登録講習修了者*は「５問免除」となるため、出題数は45問、試験時間も１時間50分（13：10～15：00）となる。

　＊宅建業に従事している者で、国土交通大臣の登録を受けた登録講習機関が行う講習の課程を修了した者のこと。
　なお、㈱日建学院も**登録講習機関**です。

❸ **受験資格**　制限なし（年齢・学歴等は不問）

❹ **受験手数料**　8,200円

❺ **受験案内（郵送申込み用）の配布期間**
令和６年７月１日（月）～７月16日（火）

❻ **受験申込みの受付**
◆郵送の場合：
令和６年７月１日（月）～７月16日（火）
◆インターネットの場合：
令和６年７月１日（月）９：30～
７月31日（水）23：59まで

❼ **合格発表**　令和６年11月26日（火）予定

❽ **問合せ先***
一般財団法人 不動産適正取引推進機構　試験部
（TEL）03-3435-8181　（HP）https://www.retio.or.jp
および宅建試験協力機関（各都道府県ごと）
　＊詳細は、試験実施機関（❽）のHP・実施公告等をご確認ください。

合格基準点と合格率の推移

次の各表は、直近10年間（平成26年度～令和５年度）の本試験の「**合格基準点・合格率**」です。合格ラインは31～38点、合格率は、令和２年度（12月）を除き、15～18%の間で推移しています。

なお、過去10年間で最も**合格基準点が高かった**のは、令和２年度（10月）の「38点」、逆に最も**低かった**のは、平成27年度の「31点」でした。

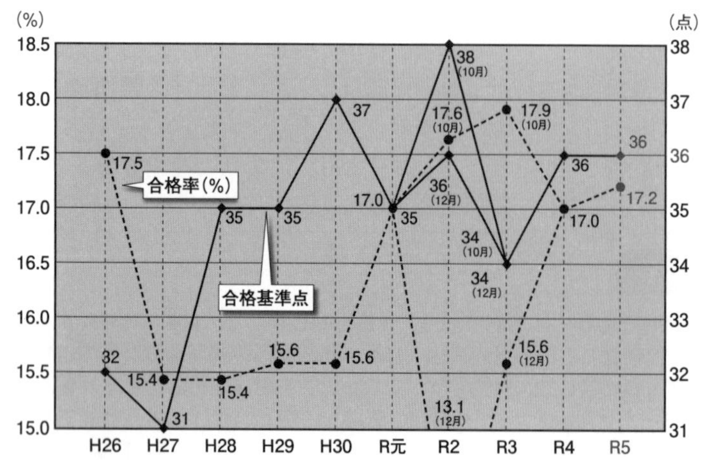

年度	合格基準点	合格率(%)
H26	32点	17.5
H27	31点	15.4
H28	35点	15.4
H29	35点	15.6
H30	37点	15.6
R元	35点	17.0
R2(10月)	38点	17.6
R2(12月)	36点	13.1
R3(10月)	34点	17.9
R3(12月)	34点	15.6
R4	36点	17.0
R5	36点	17.2

Ⅱ　得点目標と出題傾向・学習対策

学習の「得点目標」

宅建試験は、**合格基準点以上を得点できれば**合格できる試験です。したがって、**満点を狙うような細かすぎる学習は**不要であり、**学習すればするほど**効果が上がるテーマを優先して、**重点的に学習**するのが合理的です。

得点目標を過去で最も高い「38 点」と想定した場合に、**どの分野でどう得点を確保**するか、その得点目標を、**分野別**で具体的に示したのが、次の表です。

【38 点確保のための得点目標】

<table>
<tr><th colspan="2">分野（テーマ）</th><th>出題数</th><th>分野の出題数</th><th>得点目標</th><th>総得点目標</th></tr>
<tr><td rowspan="2">❶ 権利関係</td><td>民法(総則・物権・債権・相続)</td><td>10問</td><td rowspan="2">計14問</td><td>6～7点</td><td rowspan="9">38点</td></tr>
<tr><td>特別法(借地借家法・区分所有法・不動産登記法)</td><td>4問</td><td>2点</td></tr>
<tr><td>❷ 法令上の制限</td><td>都市計画法、建築基準法、宅地造成・盛土等規制法、土地区画整理法、農地法、国土利用計画法、その他の諸法令</td><td colspan="2">計8問</td><td>6点</td></tr>
<tr><td rowspan="2">❸ 宅建業法</td><td>宅建業法（宅建業の免許制度、宅建士制度、保証金制度、3大書面、8種制限、広告等の規制、報酬額の制限、業務上の諸規制、監督処分・罰則）</td><td>19問</td><td rowspan="2">計20問</td><td rowspan="2">20点</td></tr>
<tr><td>住宅瑕疵担保履行法</td><td>1問</td></tr>
<tr><td rowspan="3">❹ 税・価格の評定</td><td>国税（印紙税、登録免許税、贈与税、所得税〔譲渡所得〕等のいずれかから1問）</td><td>1問</td><td rowspan="3">計3問</td><td rowspan="3">1～2点</td></tr>
<tr><td>地方税（不動産取得税、固定資産税のどちらかから1問）</td><td>1問</td></tr>
<tr><td>価格の評定（地価公示法・不動産の鑑定評価のどちらかから1問）</td><td>1問</td></tr>
<tr><td>❺ 5問免除科目</td><td>住宅金融支援機構、景品表示法、土地・建物の統計等、土地、建物</td><td>5問</td><td>計5問</td><td>3～4点</td></tr>
</table>

注目! 得点確保のカギとなる分野は、なんといっても「宅建業法」です。可能なかぎり、ここで「20 点満点」を目指し、**“合格基準点到達のベースづくり”**をしましょう。そして、そのベースにプラスして「法令上の制限」「税」などにおける**“基本問題”**（得点しやすいテーマ）で**確実に正解**していき、最終的に「権利関係」で、さらに**得点を上乗せ**するように、学習計画を立てましょう。

各分野の出題傾向と学習対策

それでは、各テーマの中で、日建学院・宅建講師陣が「**今年の出題可能性が大！**」と注目する内容について、**学習指針**とともに見ていきましょう。

権利関係

注目! 合格者でも解けないような難問が出題されることも多い分野です。"基本問題をいかに取りこぼさないようにするか""毎年必ず１問ずつ出る特別法をどう攻略するか"という視点を基本に学習しましょう。

【出題予想確率】 S＝絶対出る!!　A＝９割程度　B＝７～８割程度

民法	意思表示	B	毎年のように出題が予想される。特に、**当事者間の効力**と、それを**第三者に対抗できるか否か**がポイント
	時効	B	近年の頻出論点。「**取得時効・消滅時効**」に関するそれぞれの要件の理解が大切
	代理	A	「**本人・代理人・相手方**」の三者が持つそれぞれの**権限・責任**をしっかり理解することがポイント。「**無権代理**」が特に頻出
	物権関係	B	「**相隣関係**」「**共有**」は本来は**比較的マイナー**な分野だが、**R5年に大きな法改正**があり、要注目！ 身近な内容でイメージが容易なため、出題されたら必ず取りたい。改正内容は必ず押さえておきたい
	不動産物権変動	A	問題の設定として登場する人物が多く、複雑になりやすいので、**事例問題の演習を徹底**することがカギ。**二重譲渡**の場合は、**登記を先に備えた者**が勝つ
	抵当権	A	**毎年のように出題**されるが、**難問**が出題されることが多いテーマ。基本は押さえつつ、深入りには要注意!
	債務不履行・契約の解除	B	**単独１問**としても、他のテーマと絡めた**複合問題**としても、出題されやすいテーマ
	売買	A	**手付**と**担保責任**が頻出。これらは**宅建業法にも深く関連**する知識であり、その意味からも**特に重要**
	賃貸借	S	近年は「**単独で**」かつ「**複数問の出題**」となることが多く、また、**借地借家法の理解の基礎**になる重要テーマ
	不法行為	A	「**特殊な不法行為**」（使用者責任・工作物責任等）が出題のポイント。 事例問題が多く、「**誰がどう責任を負うか**」をしっかり押さえたい。
	相続	S	具体的なイメージを持ちやすいため、学習しやすい。ぜひ**得点源**としたい。 中でも**法定相続**は「**相続**」の**理解のベース**となる重要ポイント。「相続分の割合」などの数字の暗記も含め、最優先で押さえよう！
特別法	借地関係	S	土地と建物の両方が関係するため、事例が複雑になりやすい。**過去問の徹底復習**を通じて、知識をしっかり定着させること
	借家関係	S	基本的な知識を丁寧に覚えて、ぜひ**得点源**にしたいテーマ
	区分所有法	S	例えば「集会の決議」に必要な定足数のみを問うような単純な問題は、近年は激減。出題の多い「**集会**」「**規約**」に関する**条文規定**の確認を、**最優先**にしよう
	不動産登記法	S	難解だが、**過去によく問われた基本知識**だけはきっちり押さえておこう

「権利関係」全般の対策

＊「民法ではあくまでも理解することを心がける」「特別法ではパターン攻略と暗記中心」と、学習アプローチを分けて学習しよう

＊「事例問題」は複雑なため、丁寧に読み取る訓練をしておくこと。少なくとも過去 10 年間程度の出題はきちんと理解し、解けるように様々なパターンに慣れておくこと

＊「判決文問題」は、読解力を鍛えることが肝要！ 過去問をしっかり熟読して、それを素材に、「長文を読み取るトレーニング」を重ねておこう

＊毎年、難問は必ず２～３問は出題されるが、それを得点するための“深入り”は厳禁！ この分野での学習はあくまで「試験に合格するためのもの」とスパッと割り切ろう

法令上の制限

注目! 合格者と不合格者の差がつきやすい分野。合格者は、実はこの分野を得点源にしています。その事実を忘れないようにしましょう。なお、テーマ単位では、すべて「ランク S」です！

都市計画法	例年２問の出題。「**都市計画の内容**」についての理解は「法令上の制限」全体の学習に深く関与するため、少なくとも基本的な「用語」（「都市計画区域」「用途地域」等）は確実に押さえよう。なお、「**開発許可の要否**」については、ほぼ毎年出題されており、出題されたら得点できる可能性が非常に高いテーマ。優先的に学習しよう
建築基準法	例年２問の出題。**集団規定**が、試験対策上は**最も重要なテーマ**。また、「建築確認」についての**肢単位**での出題率は**かなり高い**。いずれも、「**数字**」を中心にしっかり押さえよう
宅地造成・盛土等規制法	今年大きな法改正が行われ、**試験対策上**、**極めて重要**！ 従来の重要ポイント「宅地造成等工事規制区域内の工事に対する規制」に加えて、新設された「**特定盛土等規制区域**内の**盛土・土石の堆積に対する規制**」も、しっかり押さえておこう
農地法	「**3条**・**4条**・**5条**」の**3つの条文のみ**が、ほぼすべての試験範囲。繰り返し同じ知識が問われており、**絶対に得点したい**
国土利用計画法	「その他の諸法令」の中の１肢としての出題に留まる年もあるが、多くは「**単独１問**」の出題。「**事後届出制**」が中心であり、「届出の要否の判断」（「届出面積等の要件」や「例外」の場合等）、届出の手続などを正確に押さえること

「法令上の制限」の学習ポイント

＊専門用語や数字に対して苦手意識を持たないように心がけよう

＊各法令の制度趣旨や目的を理解した上で、なるべく早めに暗記項目を絞り込もう

＊「覚えるべきものは覚えなければ合格できない」と覚悟を決めて、絞り込んだ基本知識を、過去問の徹底的な「反復学習」を通じて、しっかり身につけよう

宅建業法

注目! 宅建業法は、全 50 問中 20 問（全出題の４割）も占める出題数であり、**かつ、学習時間と得点が最も比例する分野です。「20 問中 20 点満点」を目標に、過去問は可能なかぎり演習してきっちり理解する“穴のない学習”を心がけましょう。**

ここでのテーマは、すべて「ランク S」です！

用語の定義	「免許の要否」に関する問題が中心。例えば、その行為が「**取引**」「**業**」にあたるかどうかなどを、正確に判断できるようにしよう
宅建業の免許制度	例年数問出題される、**最重要テーマ**の１つ。「免許の基準・変更の届出・免許換え・廃業等の届出」などがポイント
宅建士制度	この項目自体極めて重要だが、あわせて「**宅建業の免許制度**」との**相違点**を意識しながら学習すれば、理解度がグンとアップする
営業保証金 保証協会	それぞれ単独でも出題されるが「**営業保証金・保証協会**」の**複合問題**も時折出題されるため、**相互の横断比較が効果的**。問われるポイントはほぼ決まっているため、ここ10年間程度の過去問の知識は総ざらいしておこう
媒介契約	**一般媒介と専任媒介の相違**・**媒介契約書の記載事項**・**専任媒介における規制**等が頻出。３つの態様それぞれの正確な暗記が必須！
重要事項の説明 （35条書面）	重説は「**宅建士の事務**」の中核。ここから**単独**で例年**2**、**3問**（多ければ**5問**）出題される**最重要テーマ**の１つ。細かいところまで、可能なかぎり暗記しよう
37条書面	少なくとも**単独で１問**の出題があり、近年は複数出題されることも多い。「**重要事項の説明**」（35条書面）**との比較・横断学習**は欠かせない
８種制限	単独で**例年2、3問**程度は出題される**最重要テーマ**の１つ。各「制限」の内容が、**単独**または**総合問題**として出題される。「**特約の効力**」「**民法との対比**」がポイントだが、「**クーリング・オフ**」「**手付金等の保全措置**」は、**単独でまるまる１問**出題されることも多く、要注意
広告等の規制	比較的学習範囲が狭いテーマであり、**出題ポイントが明確**で**得点しやすい**
業務上の諸規制	**単独テーマで複数問出題**されることもあり、**要注意**。特に「**案内所等の規制**」は重要。きちんと押さえよう
報酬額の制限	毎年のように**計算問題**が出題されるが、電卓が必要なほどは難しくはないことに、安心してほしい。なお、**単なる**「**知識問題**」として、**計算不要**で出題されることもあるので、苦手意識を持たず、地道に練習して慣れておこう
住宅瑕疵担保履行法	例年、**【問45】**として「宅建業法」の最後に**１問**出題される。ここ数年間の出題傾向からは学習範囲はかなり絞られる。**基本的な知識**は**確実に押さえ**、少なくとも過去問で出題済みの論点は、きちんと得点できるようにしておこう

「宅建業法」の学習ポイント

＊「合否を分ける**最重要分野**」と、とりわけ強く認識して、学習の時間をできるだけ多く割り当てよう

＊宅建業法内の**類似規定**や**民法**の規定と深く関連するテーマが多いので、それぞれの比較（横断学習）を必ず行うこと

税・価格の評定

注目! 「学習しやすい・学習しにくい」テーマが混在しているため、他の分野以上に“学習のメリハリ”が大切です。税は、例年2問の出題で、ほぼ「国税と地方税からそれぞれ1問ずつ」出題されます。

分野	重要度	テーマ	ポイント
税	S	不動産取得税・固定資産税	**年によって交互に出題**されるのがパターン。両者とも比較的得点しやすいテーマ。どちらも「**税の基本構造**」と「**特例**」を中心に、知識を横断整理しておこう
	S	所得税・印紙税・登録免許税・贈与税	**印紙税**では「**課税されるかどうか**」、**登録免許税**では「**軽減税率の適用要件**」、贈与税では「**特例の適用要件**」が、それぞれ頻出。一方、**所得税**は難問が出題されることもあるが、**譲渡所得の基本的な特例**だけはしっかり押さえておこう
価格の評定	B	地価公示法	「**不動産の鑑定評価**」と**交互に出題**されるのが恒例のパターン。比較的学習しやすいテーマであり、「地価公示の手続フロー」に沿って知識を整理するのが効果的
	20~30%	不動産の鑑定評価	難解でポイントが押さえづらいテーマ。「**鑑定評価の3手法**」のような頻出の知識に絞り込んで、効率的に学習しよう

「税・価格の評定」の学習ポイント

＊税法では、「税金が安くなる措置」（各特例）が出題の中心。時間がなければ、「特例」のみに学習を絞り込むのも“1つの手”と割り切ろう

＊地価公示法・不動産の鑑定評価は、「過去問の理解が一番効果的な学習対策」と心得よう

5問免除科目

注目! 実務従事者が受講できる**登録講習**の**修了者**は「全問免除」となる分野で、各テーマ**それぞれ**１問ずつの出題です。“何となく苦手…”という意識を持つ受験者は多いものの、実は学習しやすいので、「**免除者**」**との**差をつけられないためにも、ばっちり対策を練る必要があります。ここでのテーマは、すべて「ランクS」です。

住宅金融支援機構	「**機構**の業務」からの出題がメイン。主要である**証券化支援業務**のほかにも、特に「**直接融資業務**」からの出題が多い
景品表示法	**表示規約**（表示に関する公正競争規約）からの出題がメイン。ある程度、**常識で判断できる内容が多い**ため、１つ１つの**無理な丸暗記は不要**。「**キーワード**」と「**数字**」が決め手となる事項のみ、しっかり押さえよう。
土地・建物の統計等	**地価公示**・**建築着工統計**・**土地白書**・**法人企業統計**の４つがほぼ毎年問われており、加えて「国土交通白書」が数年に1度程度で出題される。細かな数字の暗記より、むしろ「**増加・減少**」などの**大まかな傾向**を押さえるほうが**得点効率**がアップする
土地・建物	「**土地**」では、**宅地としての適性**を問う出題がメイン。「**災害等の危険性に対して適正かどうか**」という視点で学習しよう。「**建物**」では、構造・設計・建材がよく問われるが、**難解な出題が多い**ため、過去問頻出の項目だけ押さえるにとどめるのが得策

「５問免除科目」の学習ポイント

＊「５問免除受験者」以外の受験者は、それなりに得点が必要な分野。過去問の論点は必ず押さえて、効率学習を心がけよう

＊以前に比べて近年は得点しやすい内容が増えている。“暗記重視”のテーマと“常識をフル稼働させれば解ける”テーマで、それぞれメリハリを考えて学習しよう

＊「統計」は、必ず、本書収録の内容などの「最新の情報」をしっかり確認すること。それで確実な“１点獲得”を目指そう！

「直前期」に頼りたい、おすすめの3冊！

日建学院　2024年度版「宅建士　一発合格！シリーズ」のご案内]

「受験勉強」を忘れるくらい大胆なストーリーが、気分転換にぴったり！「まんが」といえど、内容はしっかり詰まっていますので、本格学習はこれからという受験生の“理解のショートカット”としても超おすすめです！

スーッと読める本文に加えて表・図で間違いやすいポイントをきっちり整理！直前期の「横断学習」にも最適。本書の「解説」にはこの本の「参照ページ」を記載、セット利用で、疑問点の解消もスムーズです！

本番で迷いなく速答するには、モレのない正確な知識が必須！スキマ時間で実力UPできる「基本かつ重要」な860問を過去問から厳選しました。暗記ばっちり、赤シート付き。

「基礎力を鍛える最強ツール！」と、講師陣も大絶賛の1冊！「盛土法」対策の“新作・予想問題”もたっぷり入ってます！

巻頭特集 Part3

合格に直結！
法改正情報&最新統計データ

I　法改正情報

ここでは、令和６年度本試験に出題される可能性の高い「最新の法改正」と、昨年以前の改正（令和5年度改正）の中から、未出題かつ重要なポイントを解説します。
なお、後出の「II 最新統計データ」と共通で、各ポイントの重要度を、その高い順から「重要度A 重要度B 重要度C」と表示しました。

権利関係

民　法 -「所有者不明土地」関係 令和5年度改正

（民法等の一部を改正する法律、令和５年４月１日施行）

「所有者不明土地」（登記が確認できないため所有者が直ちに判明しない、または、所有者が判明しても、所在が不明で連絡が付かない土地）が、大きな社会問題になっています。
その発生を防止し、有効利用化するために、様々な改正が行われました。

1 共　有 令和5年度改正

主として「共有者（またはその一部）が不明」等の場合でも、共有物に対する管理行為・処分行為をすることを可能とした改正です。未出題である重要な変更点は、次のとおりです。

項目	旧	新（改正後）
共有物の使用	新設	❶「善良な管理者の注意」（善管注意義務）が必要 ❷「自己の持分を超える使用の対価」の償還義務
共有物の変更	各共有者が共有物に変更を加えるときは、他の共有者「全員」の同意が必要（＝この原則のみで、例外なし）	例外「軽微変更（形状または効用の著しい変更を伴わないもの）は、持分の価格の過半数で決する 特例 他の共有者（またはその所在）を知ることができない等の場合➡「それ以外の共有者の同意を得て変更ができる」旨の裁判が可能

共有物の管理	新設	❶**共有物を使用する共有者**がいる場合でも、**持分**の**価格の過半数**で決することができる ➡**特別の影響**がある場合は、それを**使用する共有者の承諾**が必要 ❷「**短期賃貸借**」に関する規定の**新設**（例 **一般の土地**：5年以下、**建物**：3年以下） 特例 **他の共有者**（またはその所在）**を知ることができない**等の場合➡「**それ以外の共有者の持分の価格の過半数**で管理ができる」旨の**裁判**が可能
共有物の管理者	新設	❶**管理者**は、**管理行為**ができる ➡ただし、「軽微変更を除く変更行為」は、**共有者全員の同意**が必要 ❷**管理者の選任・解任**（＝管理行為）➡**持分の価格の過半数**で決する 特例 **管理者が共有者**（またはその所在）を**知ることができない**場合 ➡「**それ以外の共有者の同意**で変更ができる」旨の**裁判が可能**
裁判による共有物の分割	次の場合に「競売分割」ができる旨のみ規定 ❶現物分割できない場合 ❷価格を著しく減少させる場合	・❶**現物分割**に加え、❷**賠償分割**が可能なことを**明示** ・❶❷の方法では**分割できない・価格を著しく減少**させる場合に**のみ**、❸**競売分割**が**可能** ➡つまり、原則 ❶❷、例外 ❸
所在地等が不明な共有者の持分	新設	**他の共有者**（またはその所在）を**知ることができない**場合 ➡「それ以外の共有者に**持分を取得**させる」「**第三者に全部の譲渡**ができる」旨の**裁判が可能** 不明共有者の持分が相続財産の場合 ➡**相続時から10年経過**しないと、上記の裁判の提起は不可

2 相隣関係 令和5年度改正

注意！ 相隣関係の改正で、「隣地使用権」と「枝の切取り」は既に昨年出題されましたが、次の「ライフライン設備の設置・使用権」は、未出題です。

項目	新　設
継続的給付（ライフライン）を受けるための設備の設置権等	「**継続的給付**（**ライフライン**）」➡**電気・ガス・水道水**や**電話・インターネット**等、**生活の維持**に**最低限必要**となる設備・機能のこと 「必要な範囲内でのみ」という制限の下、次の権利を明確化： ❶他の土地に設備を「**設置する権利**」 ❷他人が所有する設備を「**使用する権利**」 「**隣地使用権**」**の規定を準用**： ・上記❶❷の権利を行使する「日時・場所・方法」➡「損害が最も少ないもの」 ・上記❶❷の権利の行使に際し、原則として「あらかじめの通知」が必要　　等 「**生じた損害**」➡原則として、**償金の支払が必要**（ただし、いわゆる「承諾料」は不要）

3 相　続　令和5年度改正

趣旨 相続人が、遺産分割をせずに土地を放置する等によって「所有者不明土地」を生じさせることを防止するため、行われた改正です。

項目	新（改正後）
共同相続の効力	**相続財産**について「**共有**」に関する規定を**適用**する場合 ➡「法定相続分・遺言による相続分の指定の規定により算定した相続分」をもって、各相続人の共有持分とする ➡つまり、原則として「**法定相続分が持分の基準**」となる
期間経過後の遺産分割における相続分	「**特別受益者の相続分・寄与分**」を**限定**する規定の新設： ➡原則として、**相続開始時から 10 年経過後**に行う遺産の分割については、**適用しない** ➡つまり、**相続開始時**（被相続人の死亡時）**から 10 年の経過**で、原則として、**法定相続分の割合で遺産分割**することになる（＝上記の「**特別な相続分**」は、**主張不可**）
遺産分割の禁止	被相続人は、遺言で、相続開始の時から５年を超えない期間を定めて、遺産の分割を禁ずることができる（注：従来どおりで変更なし） ❶共同相続人は、５年以内の期間を定めて、遺産分割をしない旨の契約ができる ➡ただし、その期間の**終期**は、原則として、**相続開始**時から **10 年を超えることは不可** ❷**遺産分割をしない旨の契約**は、５年以内の期間を定めて「**更新**」できる。ただし、その**期間の終期**は、原則として、**相続開始時**から **10 年を超えることは不可** 注：家庭裁判所も、同様に**分割の禁止**（および、その**更新**）をすることができるが、その「**期間の終期**」については、基本的に、上記❶❷と同様
「遺産分割」と「共有物の分割」の一括処理	共有物の全部またはその持分が**相続財産に属する場合**で、**遺産の分割**をするときは、原則として、その共有物・持分について「**裁判による共有物の分割**」をすることは**不可** ➡ただし「**相続開始時**から **10 年経過**」したときは、相続財産に属する**共有物の持分**について「**裁判による共有物の分割**」ができる ➡つまり、相続から 10 年経過すれば「遺産の共有関係の解消」と「通常の共有物の分割」を一括して行うことが可能となる

不動産登記法 -「所有者不明土地」関係

（民法等の一部を改正する法律、令和６年４月１日施行）

注意! 所有者不明土地に関連して改正された不動産登記法の規定のうち、重要なものは、次のとおりです。

1 相続登記の申請義務

相続等による所有権移転登記の申請は、「**権利に関する登記**」であるため、従前は「**申請義務なし**」とされていましたが、改正により、それで「**義務化**」等する**内容**が新設されました。

項目	新　設
相続登記の申請義務等	**(1) 相続等による所有権の移転の登記の申請** ❶「相続」（相続人に対する遺贈）により所有権を取得した者は、「**自己のために相続の開始があったこと**」、かつ、「**所有権を取得したこと**」を知った日から**3年以内**に、**所有権の移転の登記を申請**しなければならない（**義務**）。 ❷「遺産分割」で**法定相続分を超えて所有権を取得**した者は、遺産分割の日から**3年以内**に、**所有権の移転の登記を申請**しなければならない（**義務**）。 ❸ 上記❶❷の**申請義務**に、**正当な理由なく違反**すると、**10万円以下の過料**が科される（=**罰則あり**）。 **(2) 相続人である旨の申出等** ❶ **登記申請義務を負う者**は、**相続が開始した旨**及び**自らが相続人である旨**を申し出ることができる。 ❷ ❶の**申出**をした者は、上記（1）❶の「相続」（相続人に対する遺贈）に関する**登記申請義務を履行したとみなされる**（=罰則等も「なし」となる）。 **趣旨** 登記の申請義務の軽減化を図る目的による新設。ただし、上記（1）❷の「遺産分割」の登記申請の義務違反には、この規定は不適用となる（つまり、「申告すれば遺産分割の登記の申請義務違反による罰則を免れる」わけではない）。 ❸ 登記官は、❶の申出があったときは、職権で、その旨、申出をした者の氏名・住所、その他法務省令で定める事項を、所有権の登記に付記することができる。

注意! **法改正の施行日**（令和6年4月1日）**以前の相続**にも、**さかのぼって適用**されます。ただし、令和9年3月31日までは経過措置があるため、それまでに（「相続・所有権の取得を知った日」が施行日以後であれば、「知った日」から3年以内に）申請・申告をすれば、義務違反・罰則の対象とはなりません。

2 遺贈による所有権移転登記の単独申請 令和5年度改正

注意! 令和5年度に行われた所有者不明土地に関連した不動産登記法の改正のうち、次の内容は未出題であり、今後も重要です。

遺贈による所有権の移転の登記	新設	**原則** 共同申請主義（=従来どおりで、変更なし）
		例外 **遺贈**（相続人に対する遺贈に限る）**による所有権の移転の登記は、登記権利者が単独で申請することができる。**

宅建業法

「既存建物状況調査」の実施時期

(宅建業法施行規則の一部を改正する省令、令和6年4月1日施行)

重要事項の説明の対象事項として、「当該建物が既存の建物であるときは、建物状況調査（実施後「**国土交通省令で定める期間**」を経過していないものに限る）の実施の有無、および、実施している場合におけるその結果の概要」等が規定されています。

この「**国土交通省令で定める期間**」は、従来は一律「**1年**」でしたが、改正により「**鉄筋コンクリート造または鉄骨鉄筋コンクリート造の共同住宅等の場合は2年**」という規定が追加されました。

項目	旧	新（改正後）
既存建物状況調査の実施時期	建物状況調査（実施後1年を経過していないものに限る。）	建物状況調査（実施後1年（**鉄筋コンクリート造または鉄骨鉄筋コンクリート造の共同住宅等にあっては、2年**）を経過していないものに限る。）

法令上の制限

建築基準法

1 「建築副主事」の新設

(地域の自主性及び自立性を高めるための改革の推進を図るための関係法律の整備に関する法律、令和6年4月1日施行)

建築主事の不足により「建築確認等を行うにあたり、必要な人員の確保が十分にできない」というおそれがある現状を踏まえ、それを補うために、新たに「**建築副主事**」が**創設**されました。

建築副主事	新設	**一定の小規模な建築物**（大規模建築物『以外』の建築物）**等に限って、建築確認等を行うことができる**

注意! 建築基準法では、建築主事と建築副主事をあわせて「**建築主事等**」と表記されています。

2 「接道義務」の例外

（建築基準法施行規則の一部を改正する省令、令和５年 12 月 13 日施行）

建築物の敷地は、原則として、**道路に２ｍ以上**接しなければなりません（**接道義務**）。それが、改正により、この「接道義務のある建築物」のうち、「**利用者が少数であるとして用途・規模に関し国土交通省令で定める基準**」に適合し、特定行政庁が「交通上・安全上・防火上・衛生上支障がない」と認める次の建築物は、その義務の「例外」に該当するとして、接道義務の対象外となりました。

項目	旧	新（改正後）
接道義務の **例外**	（「延べ面積 200㎡以下の一戸建て住宅」のみが、接道義務の対象外）	次の❶❷が「**接道義務の対象外**」（**例外**）に**追加**された。 ❶農道その他これに類する公共の用に供する道の場合 ➡**延べ面積 500㎡以内の劇場・映画館・演芸場・観覧場・公会堂・集会場などの不特定多数が集合する用途「以外」の建築物** ❷いわゆる「位置指定道路」の基準に適合する道の場合 ➡**延べ面積 500㎡以内の一戸建ての住宅・長屋・兼用住宅**

3 採光規定の変更・容積率の緩和 令和5年度改正

（脱炭素社会の実現に資するための建築物のエネルギー消費性能の向上に関する法律等の一部を改正する法律、令和５年４月１日施行）

趣旨 地球温暖化対策の一環である「**脱炭素社会（カーボンニュートラル）の実現**」のため、**省エネ対策を推進**する目的による改正です。

項目	旧	新（改正後）
「居室の採光に有効な部分」の面積	**【採光に有効な部分の面積】** その居室の床面積に対して、次のものとしなければならない ➡住宅の場合：「１／７以上」 ➡その他の建築物の場合：「１／５～１／10の間で政令で定める割合以上」	**【採光に有効な部分の面積】** その居室の床面積に対して、次のものとしなければならない ➡「**１／５～１／10**の間で『**居室の種類に応じて**』政令で定める割合以上」
	（新設）	**【住宅の居住のための居室】** **原則** １／７以上 **例外** **１／10以上**（注：50ルックス以上の**照明設備**の設置がある場合）
容積率の緩和	容積率の算定の基礎となる延べ面積に、次のものは算入しない（＝従来どおり） ❶政令で定める昇降機の昇降路の部分 ❷共同住宅または老人ホーム等の共用の廊下または階段の用に供する部分	
	（新設）	❸**住宅または老人ホーム等に設ける機械室その他これに類する建築物の部分**（**給湯設備**その他の国土交通省令で定める建築設備を設置するためのもので、「市街地の環境を害するおそれがない」として国土交通省令で定める基準に適合するものに限る）であり、**特定行政庁**が交通上・安全上・防火上・衛生上支障がないと認めるもの

宅地造成・盛土等規制法（旧・宅地造成等規制法）

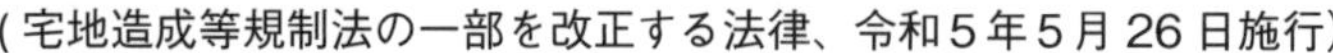
(宅地造成等規制法の一部を改正する法律、令和5年5月26日施行)

令和３年に起きた熱海市の**土石流災害**（大雨に伴い盛土が崩落して起きた土石流により甚大な人的・物的被害が発生した事件）などを受けて、**危険な盛土等を全国一律の基準で包括的に規制**するため、(旧)**宅地造成等規制法**が抜本的に改正され、法律名も「**宅地造成及び特定盛土等規制法**」と改称されました。

注意! 法制度の根幹から見直された非常に大きな改正であり、変更点は多数ですが、以下、重要ポイントを掲載しました。

【宅地造成・盛土等規制法の全体構造】

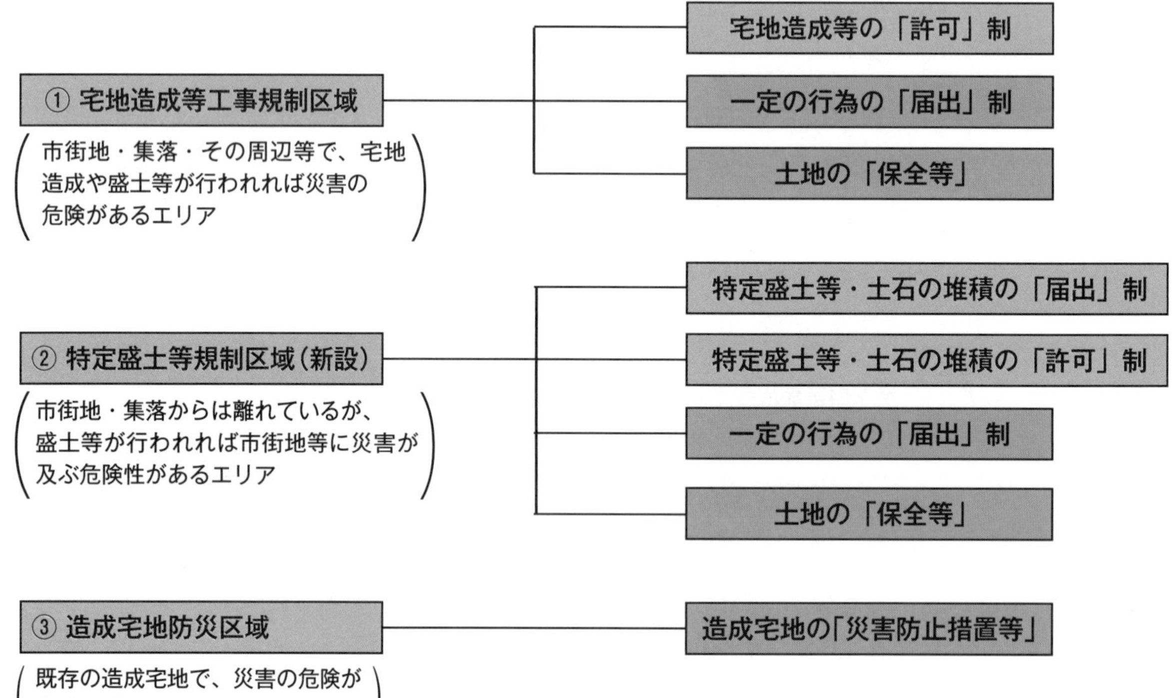

1 用語の定義等

穴のない網羅的な規制を行うため、従来の「宅地」だけでなく「農地等」も規制の対象となりました。また、「宅地造成」に加えて、「特定盛土等」「土石の堆積」も規制の対象となりました。そして、許可等の申請者も、「造成主」から「工事主」に変更されました。

項目	旧		新（改正後）
規制の対象	宅地のみ		(「宅地」に加えて) **「農地等」**（農地・採草放牧地・森林）を一部追加
	宅地造成のみ		(「宅地造成」に加えて) **「特定盛土等」「土石の堆積」**を追加
特定盛土等	新設	宅地**または農地等**において行う**盛土**その他の土地の形質の変更で、当該宅地**または農地等に隣接し、または近接する**宅地において災害を発生させるおそれが大きいものとして政令で定めるものをいう。	
土石の堆積	新設	宅地**または農地等**において行う**土石の堆積**で政令で定めるものをいう。ただし、一定期間の経過後に当該**土石を除却するもの**に限る。	
工事主	造成主とは、宅地造成に関する工事の請負契約の注文者または請負契約によらないで自らその工事をする者をいう。		**工事主**とは、宅地造成、**特定盛土等**もしくは**土石の堆積**に関する工事の請負契約の注文者または請負契約によらないで自らその工事をする者をいう。

2 基本方針・基礎調査

従来は、統一的なルールがないまま、各都道府県知事が、個別の状況に応じて「宅地造成工事規制区域」の指定や災害対策を行っていました。これが改正により、「**主務大臣**が**『基本方針』**を定め、その方針に沿って、**都道府県**が**『基礎調査』**を行い、その結果に基づいて（前記**【全体構造】**の）各区域を指定し、災害防止対策を講じる」と変更されました。

項目	新（改正後）
基本方針	**主務大臣**（国土交通大臣・農林水産大臣）は、宅地造成・特定盛土等・土石の堆積に伴う災害の防止に関する基本的な方針（「**基本方針**」）を定めなければならない。
基礎調査	❶ **都道府県**は、基本方針に基づき、おおむね**5年ごと**に、宅地造成等工事規制区域・特定盛土等規制区域・造成宅地防災区域の指定、その他この法律に基づき行われる宅地造成・特定盛土等・土石の堆積に伴う災害の防止のための対策に必要な調査として、宅地造成・特定盛土等・土石の堆積に伴う崖崩れ・土砂の流出のおそれがある土地に関する地形・地質の状況その他主務省令で定める事項に関する調査（「**基礎調査**」）を行う。 ❷ **都道府県**は、基礎調査の結果を、**関係市町村長に通知**するとともに、**公表**しなければならない。

3「３つの区域」

災害対策の中心となる**３つの区域**（**①宅地造成等工事規制区域・②特定盛土等規制区域・③造成宅地防災区域**）のうち、改正で新設されたのは「**②特定盛土等規制区域**」です。

> **趣旨**　**①宅地造成等工事規制区域**は、崖崩れ等が起こると、そこに**人が居住等**しているため、**直ちに直接的な人的被害が生じるおそれが高い区域**です。従来、**指定**できるのは、「人がたくさんいる」市街地または市街地となろうとする区域に限られていましたが、被害防止の徹底のため、**そこまで人が多くない「集落」**や、市街地・集落に「**隣接・近接**」する区域まで**対象が広がりました**。
> 　これに対して、**②特定盛土等規制区域**は、人は（ほとんど）いないので、この区域自体では人的被害が生じるおそれは低いものの、ここで起きた**崖崩れ・土石流が市街地等まで到達して多大な人的被害を引き起こすおそれが高い区域**を、市街地等の保護のために指定できるようになりました。

項目	旧	新（改正後）
①宅地造成等工事規制区域	都道府県知事は、この法律の目的を達成するために必要があると認めるときは、宅地造成に伴い災害が生ずるおそれが大きい市街地または市街地となろうとする土地の区域で、宅地造成に関する工事について規制を行う必要があるものを、宅地造成工事規制区域として指定できる。	都道府県知事は、**基本方針に基づき、かつ、基礎調査の結果を踏まえ**、宅地造成・**特定盛土等**・**土石の堆積**（「**宅地造成等**」）に伴い災害が生ずるおそれが大きい市街地もしくは市街地となろうとする土地の区域または**集落の区域**（**これらの区域に隣接し、または近接する土地の区域を含む**。これを「**市街地等区域**」という）で、宅地造成等に関する工事について規制を行う必要があるものを、「宅地造成等工事規制区域」として指定できる。
②特定盛土等規制区域	**新設**	**都道府県知事**は、**基本方針に基づき、かつ、基礎調査の結果を踏まえ、宅地造成等工事規制区域『以外』の土地の区域**で、土地の傾斜度・渓流の位置その他の**自然的条件**および周辺地域における土地利用の状況その他の**社会的条件**からみて、当該区域内の土地において**特定盛土等または土石の堆積**が行われた場合には、これに伴う**災害により市街地等区域その他の区域の居住者その他の者**（「**居住者等**」）**の生命または身体に危害を生ずるおそれが特に大きい**と認められる区域を、「**特定盛土等規制区域**」として指定できる。
③造成宅地防災区域	都道府県知事は、この法律の目的を達成するために必要があると認めるときは、宅地造成に伴う災害で相当数の居住者に危害を生ずるものの発生のおそれが大きい一団の造成宅地（これに附帯する道路その他の土地を含み、宅地造成工事規制区域内の土地を除く）の区域で政令で定める基準に該当するものを、造成宅地防災区域として指定できる。	都道府県知事は、**基本方針に基づき、かつ、基礎調査の結果を踏まえ**、この法律の目的を達成するために必要があると認めるときは、**宅地造成または特定盛土等**（**宅地において行うものに限る**）に伴う災害で、相当数の居住者**等**に危害を生ずるものの発生のおそれが大きい一団の造成宅地（これに附帯する道路その他の土地を含み、宅地造成等工事規制区域内の土地を除く）の区域で政令で定める基準に該当するものを、「造成宅地防災区域」として指定できる。

4 宅地造成等工事規制区域内の各規制

①　許可制

宅地造成等工事規制区域で「許可が必要な規模」については、「崖を生じない２ｍを超える盛土」が新たに対象となり、また、「土石の堆積」についても新設されました。

注意！ 都市計画法の「開発許可」は、(旧) 宅地造成等規制法における「許可不要となる例外」から、(新) 盛土等規制法では「許可を受けた」とみなされる「特例」に変更されました。また、従来は、「知事の裁量」とされていた「許可の基準」の内容が、明記されました。

<table>
<tr><th>項目</th><th>旧</th><th>新（改正後）</th></tr>
<tr><td rowspan="3">許可が必要な「宅地造成・特定盛土等」の規模</td><td>① 切土で、高さが2mを超える崖を生ずるもの
② 盛土で、高さが1mを超える崖を生ずるもの
③ 切土と盛土とを同時にする場合において、高さが2mを超える崖を生ずるとき</td><td>① 盛土で、高さが1mを超える崖を生ずるもの
② 切土で、高さが2mを超える崖を生ずるもの
③ 盛土と切土とを同時にする場合において、高さが2mを超える崖を生ずるとき</td></tr>
<tr><td colspan="2">新設　④ 盛土で、高さが2mを超えるもの</td></tr>
<tr><td>④ 切土または盛土をする土地の面積が 500㎡を超えるもの</td><td>⑤ 盛土または切土をする土地の面積が 500㎡を超えるもの</td></tr>
<tr><td>許可が必要な「土石の堆積」の規模</td><td colspan="2">新設
1 高さが2mを超える土石の堆積（かつ面積が 300㎡を超えるもの）
2 土石の堆積を行う土地の面積が 500㎡を超えるもの</td></tr>
<tr><td>宅地造成等工事規制区域内の許可</td><td>宅地造成工事規制区域内において行われる宅地造成に関する工事については、造成主は、当該工事に着手する前に、都道府県知事の許可を受けなければならない。
ただし、都市計画法第 29 条第1項または第2項の許可（＝開発許可）を受けて行われる当該許可の内容に適合した宅地造成に関する工事については、この限りでない。</td><td>宅地造成等工事規制区域内において行われる宅地造成等に関する工事については、工事主は、当該工事に着手する前に、都道府県知事の許可を受けなければならない。
ただし、宅地造成等に伴う災害の発生のおそれがないと認められるものとして「政令で定める工事」については、この限りでない。</td></tr>
<tr><td>許可の特例</td><td colspan="2">新設
宅地造成等工事規制区域内において行われる宅地造成または特定盛土等について当該宅地造成等工事規制区域の指定後に都市計画法 29 条1項または2項の許可（開発許可）を受けたときは、当該宅地造成または特定盛土等に関する工事については、12 条1項の許可（＝宅地造成等に関する工事の許可）を受けたとみなす。</td></tr>
<tr><td>許可基準</td><td colspan="2">新設
都道府県知事は、宅地造成等に関する工事の許可の申請が「次の基準」に適合しないと認めるとき等は、許可をしてはならない。
① 宅地造成等に関する工事の計画が工事の技術的基準等に適合するものであること
② 工事主に当該宅地造成等に関する工事を行うために必要な資力及び信用があること
③ 工事施行者に当該宅地造成等に関する工事を完成するために必要な能力があること
④ 宅地造成等に関する工事（土地区画整理法2条1項に規定する土地区画整理事業その他の公共施設の整備または土地利用の増進を図るための事業として政令で定めるものの施行に伴うものを除く）をしようとする土地の区域内の土地について所有権・地上権・質権・賃借権・使用貸借による権利またはその他の使用・収益を目的とする権利を有する者の全ての同意を得ていること</td></tr>
</table>

② 許可の手続

⑴ 宅地造成等工事の**許可の手続**に関しては、**工事主**が**説明会**を開催する等、住民に対して**周知を徹底させる措置**や、知事による**工事内容の公表**・**関係市町村長への通知**といった規定が新設されました。

⑵ **処分**については、許可するときは**許可証**を交付し、不許可のときは**文書**で通知するなど、規定が整備されました。

⑶ 従来は、宅地造成工事については「完了検査のみ必要」とされていましたが、**土石の堆積の全部の除却の完了**に関する「確認申請」という制度も創設されました。

⑷ 被害防止を徹底するため、**特に大規模な工事**に関しては、従来の「完成後の検査」では土中に埋没していて発見が難しかった箇所を検査するための「**中間検査**」や「**定期の報告**」に関する規定が新設されました。

項目	（新　設）
許可証の交付等	① 許可の申請があった場合 ・**許 可** ➡**許可証を交付** ・**不許可** ➡**文書で通知** ➡ただし、宅地造成等に関する工事は、**許可証の交付を受けた後**でなければ、**することができない。**
土石の堆積の除却の確認	① **土石の堆積**に関する工事（全ての土石を除却するもの）が完了した場合 ➡**工事が完了した日から４日以内に、都道府県知事の「確認」を申請しなければならない。** ② 都道府県知事は、**確認の結果、堆積されていた全ての土石が除却されたと認めた場合**は、**確認済証を交付しなければならない。**
中間検査	① 政令で定める**大規模な**※宅地造成・特定盛土等に関する工事が「**特定工程」を含む場合** ➡**特定工程に係る工事を終えた日から４日以内に、「中間検査」を申請しなければならない。** ※・中間検査が必要な「**規模**」は、後述「**5**特定盛土等規制区域の許可」の規模と同じ。 ・**都道府県**は、この規模を**条例で定める規模**とすることが**できる**。また、特定工程として**条例で定める工程を追加**することが**できる。** ② 都道府県知事は、中間検査の結果、**工事の技術的基準等に適合している**と認めた場合は、**中間検査合格証を交付しなければならない。** ➡**特定工程の後の工事は中間検査合格証の交付を受けた後でなければ、することができない。**
定期の報告	① 政令で定める**大規模な**※１宅地造成等に関する工事の許可を受けた者は、**3月ごと**※２に、宅地造成等に関する**工事の実施の状況その他**の事項※２を**都道府県知事に「報告」しなければならない。** ※１ 定期の報告が必要な「規模」は、後述「**5**特定盛土等規制区域の許可」の規模と同じ。 ※２ 都道府県は、報告が必要な規模を**条例で定める規模**、報告期間を**条例で定める期間**とすることができる。また、**条例で必要な事項を付加**することができる。

③ 監督処分

「土石の堆積の除却の確認」や「中間検査」の新設に伴い、これらの規定への**違反行為**が、監督処分の**対象に追加**されました。そして、工事主等・所有者等が措置を講じない場合や、対応すべき緊急性が高い場合は、事前の公告等の手続を経ずに、知事が自ら措置を講じることができるようになりました。

また、それに伴い、**工事主等**に**費用負担**をさせる規定も整備されました。

項目	旧	新（改正後）
監督処分	新設	①　工事の施行停止・災害防止措置命令の対象に、次のものを追加 ・**中間検査を申請しないで施行する工事**
	新設	②　使用禁止・制限、災害防止措置命令の対象土地に、次のものを追加 ・**土石の堆積の除却の確認を申請しない土地、確認の結果堆積されていた全ての土石が除却されていないと認められた土地** ・**中間検査を申請しないで宅地造成・特定盛土等に関する工事が施行された土地**
	都道府県知事の必要な措置命令は、以下の事由に限定。 **（新　設）**	**都道府県知事が、自ら災害防止措置を講ずることができる事由について、次のように規定。** ①　災害防止措置を講ずべきことを命ぜられた**工事主等・土地所有者等**が、**期限までに措置を講じないとき・講じても十分でないとき・講ずる見込みがないとき**（公告不要）
	過失がなくてその措置をとることを命ずべき者を確知することができず、かつ、これを放置することが著しく公益に反すると認められるとき ➡あらかじめ「公告」が必要	②　災害防止措置を講ずべきことを命じようとする場合において、過失がなくて当該災害防止措置を命ずべき工事主等・土地所有者等を確知することができないとき ➡この場合のみ**「公告」が必要**
	（新　設）	③　**緊急に災害防止措置を講ずる必要がある場合において、災害防止措置を講ずべきことを命ずるいとまがないとき**（公告不要）
	新設	都道府県知事は、災害防止措置を**自ら講じたとき**は、**要した費用を、工事主等・土地所有者等に負担させることができる。**

④　工事等の届出

注意！ 「許可制」を補う仕組みである「**届出制**」（次頁の表中①②③）に関する変更はそれほど大きくありませんが、次の点に特に注意しましょう。

・②では、従来は、対象が「宅地」のみでしたが、「農地等」が含まれることになりました（ただし、国・都道府県等が管理する「公共施設用地」は除く）。

・③では、従来は「**宅地以外➡宅地に転用**」する場合でしたが、「**公共施設用地➡宅地・農地等に転用**」するパターンに変更されました。

項目	旧	新（改正後）
工事等の届出制	①　宅地造成工事規制区域の指定の際、既に宅地造成に関する工事が行われている場合の届出 ・届出義務者：造成主	①　宅地造成**等**工事規制区域の指定の際、既に宅地造成**等**に関する工事が行われている場合の届出 ・届出義務者：**工事主**
	（新設）	**都道府県知事**は、上記の届出を受理したときは、**速やかに、工事主の氏名または名称**、宅地造成等に関する工事が施行される**土地の所在地**その他主務省令で定める事項を**公表**するとともに、**関係市町村長に通知しなければならない。**
	②　擁壁等の除却などの工事に関する届出 ・対象：宅地	②　擁壁等の除却などの工事に関する届出 ・対象：**土地に「農地等」を含むことになった。** ➡ただし、**公共施設用地を除く。**
	③　転用に関する届出 対象：「宅地以外の土地」を「宅地」に転用した場合	③　転用に関する届出 対象：**「公共施設用地」を「宅地・農地等」**に転用した場合

5 特定盛土等規制区域内の規制（届出制・許可制）

特定盛土等規制区域では、基本は「許可制」である宅地造成等工事規制区域内とは異なり、**原則**は「**届出制**」とされ、「**特に規模が大きなもの**」に限って「**許可制**」となりました。

①　届出制

項目	（新　設）
工事の届出制	**特定盛土等規制区域内**において行われる**特定盛土等または土石の堆積に関する工事**については、**工事主**は、**工事に着手する日の 30 日前まで**に、**工事の計画**を**都道府県知事**に**届け出なければならない。** ➡ただし、特定盛土等または土石の堆積に伴う**災害の発生のおそれがないと認められるもの**として政令で定める工事については、**この限りでない。**
届出が必要な「特定盛土等」の規模	①　**盛土**で、高さが**1ｍを超える**崖を生ずるもの ②　**切土**で、高さが**2ｍを超える**崖を生ずるもの ③　**盛土**と**切土**とを同時にする場合で、高さが**2ｍを超える**崖を生ずるとき ④　**盛土**で、高さが**2ｍを超える**もの ⑤　盛土または切土をする**土地の面積**が**500㎡を超える**もの （注：上記①～⑤は前出**「宅地造成等工事規制区域の許可」が必要な規模と同一**）
届出が必要な「土石の堆積」の規模	①　**高さが2ｍを超える土石の堆積（かつ面積が 300㎡を超えるもの）** ②　土石の堆積を行う**土地の面積**が**500㎡を超える**もの （注：上記①②は前出**「宅地造成等工事規制区域の許可」が必要な規模と同一**）

② 届出の手続

項目	（新　設）
「届出」の手続	① 公表・通知 **都道府県知事**は、**届出を受理**したときは、**速やかに**、**工事主の氏名・名称**、工事が施行される**土地の所在地**その他の事項を**公表**するとともに、**関係市町村長に通知しなければならない**。 ② 勧告 都道府県知事は、**災害の防止のため必要がある**と認めるときは、**届出を受理した日から30日以内に限り**、**届出をした者**に対し、**工事の計画の変更**その他必要な措置をとるべきことを**勧告することができる**。 ③ 命令 都道府県知事は、**勧告を受けた者**が、**正当な理由がなくて勧告に係る措置をとらなかったとき**は、その者に対し、相当の期限を定めて、勧告に係る**措置をとるべきことを命ずることができる**。 **例外** 都市計画法の**開発許可の申請**をしたときは、**届出**をしたもの**とみなす**。
変更の届出等	**届出をした者**は、届出に係る**特定盛土等または土石の堆積に関する工事の計画の変更（軽微な変更を除く）**をしようとするときは、**変更後の工事に着手する日の30日前までに**、**変更後の工事の計画を都道府県知事に届け出なければならない**。

③ 許可制

項目	（新　設）
工事の許可制	**特定盛土等規制区域内**において行われる**特定盛土等または土石の堆積**（**大規模な崖崩れまたは土砂の流出を生じさせるおそれが大きいものとして政令で定める規模のものに限る**）に関する工事については、工事主は、**工事に着手する前**に、**都道府県知事の許可を受けなければならない**。 ➡ただし、特定盛土等または土石の堆積に伴う災害の発生のおそれがないと認められるものとして政令で定める工事については、この限りでない。
許可が必要な「特定盛土等」の規模	①　**盛土**で、高さが**2mを超える**崖を生ずるもの ②　**切土**で、高さが**5mを超える**崖を生ずるもの ③　**盛土**と**切土**とを同時にする場合で、高さが**5mを超える**崖を生ずるとき ④　**盛土**で、高さが**5mを超える**もの ⑤　盛土または切土をする**土地の面積**が**3,000㎡を超える**もの 注・上記①～⑤は**「中間検査」「定期の報告」が必要な規模と同一** ・**都道府県**は、**条例**で、**この規模未満の規模**を定めることができる
許可が必要な「土石の堆積」の規模	①　**高さが5mを超える土石の堆積、かつ、面積が1,500㎡を超えるもの** ②　土石の堆積を行う**土地の面積が3,000㎡を超える**もの 注・前記**「定期の報告」が必要な規模と同一** ・**都道府県**は、**条例**で、**この規模未満の規模**を定めることができる

注意! **「特定盛土等規制区域」内での許可の手続・監督処分・工事等の届出・土地の保全等・改善命令等**は、これらについての**「宅地造成等工事規制区域」内での規定**とは**用語が異なる**だけで、**実質的な内容はほぼ同一と考えて構いません。**

6 その他の規定・罰則

上記以外に新設された規定のうち、「3つの区域」に共通する次の内容に、特に注意しておきましょう。

① **許可を受けた・届出をした工事主**は、土地の見やすい場所に、**氏名・名称その他**の事項を記載した**「標識の掲示」をしなければなりません。**

② **主務大臣**は、宅地造成・特定盛土・土石の堆積に伴って災害が発生し、または発生するおそれがある場合において、**緊急の必要**があれば、**都道府県知事**に対し、**必要な指示**を行うことができます。

また、罰則も、非常に強化されました。例えば、従来は「無許可工事」のような重大な違法行為でも、原則「1年以下の懲役または50万円以下の罰金」どまりでしたが、それが「3年以下の懲役刑または1,000万円以下の罰金刑」まで加重され、法人に対しては、両罰規定により「最高3億円以下の罰金刑」まで科すことが可能になるなど、それぞれ厳罰化されました。

さらに、違法な設計を行った「設計者」や、設計に反する工事等を行った「工事施行者等」、故意に違反した「工事主等」まで罰則対象となるなど、全般にわたり、規制が徹底されました。

税 法

贈与税（所得税法等の一部を改正する法律、令和6年4月1日施行）

1 直系尊属から住宅取得等資金の贈与を受けた場合の贈与税の非課税

この特例については、適用期間が**3年延長**（〜令和8年12月31日）されるとともに、**非課税となる限度額**（①省エネ等住宅の場合は1,000万円まで、②それ以外の住宅の場合は500万円まで）のうち、「1,000万円まで非課税の対象となる省エネ等住宅」（①）の要件が、次のように厳格化されました。

項目	旧	新（改正後）
非課税の対象となる省エネ等住宅の要件	断熱等性能等級4以上、または 一次エネルギー消費量等級4以上	断熱等性能等級**5**以上、**かつ**、 一次エネルギー消費量等級**6**以上

2 特定の贈与者から住宅取得等資金の贈与を受けた場合の相続時精算課税の特例

相続時精算課税制度と一般的な**贈与税の課税制度**（**暦年課税**）の選択は、どちらか**一方のみ**に限られます。そして、**年間110万円の基礎控除**は、従来、「暦年課税」を選択した場合のみに認められており、「相続時精算課税制度」を選択した場合は、適用を受けることができませんでした。

これが、改正により、適用期間が**3年延長**されるとともに（〜令和8年12月31日）、**相続時精算課税制度**でも、「**基礎控除**」**の適用**が受けられるようになりました（独自の「基礎控除の特例」の新設）。

項目	旧	新（改正後）
基礎控除の適用	「暦年課税」のみに可	**相続時精算課税制度にも適用可** （「**基礎控除の特例**」の**新設**）

Ⅱ　最新 統計データ

宅建試験の「**統計**」分野（例年【**問 48**】で出題）でよく出題されるデータは、ほぼ一定ですので、マトを絞って学習すれば、**効率よく得点**できます。細かな数値の暗記が必要な出題は、かなり限られていますので、多くは、**大まかな「データの傾向」をつかんでおけば正解できる**といえます。

【年度別・直近 10 年間（12 回）における出題項目一覧】　（「●」は「正解肢」としての出題）

項目＼年度	H26	H27	H28	H29	H30	R元	R2(10月)	R2(12月)	R3(10月)	R3(12月)	R4	R5
地価公示	○		●	○	●	●	○		●	○	○	○
建築着工統計	○	●	○	●	○	○	●	○	○	●	○	○
土地白書	○	○	○	○	○		○	○	○	○	○	
法人企業統計	●	○		○	○	○	○	○	○			○
国土交通白書			○			○		●		○		●＊2
その他（不動産価格指数）		○									●＊1	

【注】・令和2年度・3年度は 10 月・12 月と「2回」本試験が行われたため、「10 年度で計 12 回」としました。
・＊1：令和4年度の合格発表時には「正解なしの出題」とされ、**全選択肢が「正解」**として扱われました。
・＊2：「**宅地建物取引業法の施行状況調査**」を出典元として、「宅地建物取引業者数」が問われました。

令和6年地価公示　☆☆☆ 重要度A

（令和６年3月26 日公表、国土交通省）

直近 10 年間（12 回）で 10 回出題（正解：4 回）

「**地価公示**」は、毎年３月に官報で公表され、宅建試験では、ほぼ毎年出題される**重要な統計**です。

暗記Point　令和５年１月以降の１年間の地価

全国平均	「**全用途平均**」「**住宅地**」「**商業地**」 ➡いずれも３年連続で上昇し、**上昇率が拡大**
三大都市圏平均	「**全用途平均**」「**住宅地**」「**商業地**」 ➡いずれも３年連続で上昇し、**上昇率が拡大** ➡「**大阪圏**」の**商業地のみ**、**2年連続で上昇**し、上昇率が拡大
地方圏平均	「**全用途平均**」「**住宅地**」「**商業地**」 ➡いずれも３年連続で上昇 ➡「**全用途平均**」「**商業地**」は上昇率**が拡大** 「**住宅地**」は前年と同じ上昇率

〔参考〕全国の地価は、景気が緩やかに回復している中、地域や用途により差があるものの、三大都市圏・地方圏ともに上昇が継続するとともに、三大都市圏では上昇率が拡大し、地方圏でも上昇率が拡大傾向となるなど、上昇基調を強めている。

建築着工統計　☆☆☆ 重要度A

（令和６年１月 31日公表、国土交通省）

直近 10 年間（12 回）で 12 回出題（正解：4 回）

「**建築着工統計**」（年計）は、過去 10 年間のすべての試験（計 12 回）で出題されている、**とりわけ重要な統計**です。中でも、「新設住宅着工戸数」が、出題のほとんどを占めます。

暗記Point　令和５年計

【建築着工統計調査報告（国土交通省）令和５年計】

令和５年の**新設住宅着工**は、**持家・貸家・分譲住宅が減少**したため、全体で減少となった。

① **総戸数**

令和５年の**新設住宅着工戸数**は、**約 82.0 万戸**。

➡前年比で **4.6％減**となり、**3 年ぶりの減少**。

② **利用関係別戸数**

(ア) **持家**　➡**2 年連続の減少**
（**前年比 11.4％減、約 22.4 万戸**）

(イ) **貸家**　➡**3 年ぶりの減少**
（同 0.3％減、約 34.4 万戸）

(ウ) **分譲住宅**➡**3 年ぶりの減少**
（同 3.6％減、約 24.6 万戸）

・**マンション**➡**昨年の増加から再びの減少**
（同 0.3％減、約 10.8 万戸）

・**一戸建住宅**➡**3 年ぶりの減少**
（同 6.0％減、約 13.7 万戸）

〔参考〕新設住宅着工床面積」は、約 6,400 万㎡で、２年連続の減少（前年比 7.0％減）となった。

土地白書

☆☆☆ 重要度A

（令和６年６月公表予定、国土交通省）

直近10年間（12回）で10回出題（正解：０回）

「**土地白書**」も、ほぼ毎年出題されている重要な統計です。「**土地取引件数（売買による所有権の移転登記の件数）**」からの出題が最も多く、次いで「**土地利用の動向**」からも出題されています。

「**令和６年版土地白書**」に関しては、公表後、弊社ホームページで試験上のポイントを掲載します。そちらをご参照ください(2024年8月末日頃掲載予定)。

HP ➡ https://www.kskpub.com/

法人企業統計

（令和５年９月１日公表、財務省）

直近10年間（12回）で９回出題（正解：１回）

「**法人企業統計**」も、ここ**10年間で９回**も出題されています。宅建試験では、その性質上、「**不動産業**」の統計から出題されます。以前の出題の多くは「**売上高**」「**経常利益**」からでしたが、近年は「**売上高経常利益率**」からの出題も増え、最近は「**売上高営業利益率**」や「**営業利益**」からの出題もあります。

暗記Point 令和４年度

【令和４年度 法人企業統計調査】

●不動産業の「**売上高**」
- 約46兆3,000億円
- 前年度比4.8％減で、２年ぶりの減少

●不動産業の「**経常利益**」
- 約５兆9,000億円
- 前年度比2.0％減で、３年ぶりの減少

●不動産業の「**営業利益**」
- 約４兆7,000億円
- 前年度比13.2％減で、**3年ぶりの減少**

●不動産業の「売上高経常利益率」および「売上高営業利益率」
- 売上高経常利益率は「12.8％で、３年連続の増加」
  ➡ 全産業(6.0％)より不動産業の方が高い。
- 売上高営業利益率は「10.1％で、３年ぶりの**減少**」
  ➡ 全産業(4.0％)より**不動産業の方が高い**。

国土交通白書

☆☆★ 重要度B

（令和６年７月頃公表予定、国土交通省）

直近10年間（12回）で４回出題（正解：１回）

「**国土交通白書**」からは、最近**10年間では4回**の出題〔H28、R元、R２（12月）、R３（12月）〕で、すべて「**宅地建物取引業者数**」からの出題でした。これに加えて、令和５年度本試験では、「**宅地建物取引業法の施行状況調査**」（国土交通省）に掲載された「**宅地建物取引業者数**」に基づいて出題されました（なお、例年、同「調査」から「国土交通白書」に同じ数値等が掲載されています）。

「令和６（2024）年版 国土交通白書」は、本稿執筆現在では未公表のため、ここでは「**令和４年度宅地建物取引業法の施行状況調査**」（令和５年10月４日公表）に掲載されている「宅地建物取引業者数」を紹介します。

暗記Point 宅地建物取引業者の状況

- 令和４年度末（令和５年３月末）現在の宅地建物取引業者数は、**約13万**（129,604）業者となっている。
- 対前年度比では、９年連続の増加（1,007業者（〔0.8％〕の**増加**）となった。

〔参考〕 宅建業者数の内訳：
大臣免許が2,922業者、知事免許が12万6,682業者で、大臣免許が146業者（5.3％）、知事免許が861業者（0.7％）、それぞれ**増加**となった。

「**令和６年版国土交通白書**」に関しては、公表後、弊社ホームページで試験上のポイントを掲載します。そちらをご参照ください(2024年8月末日頃掲載予定)。

HP ➡ https://www.kskpub.com/

「本番直前」の見直しで「プラス1点以上」を確実GET！！

重要数字チェックドリル

合格に欠かせない！絶対覚えるべき"超・重要数字"をコンパクトにまとめました。
「キリトリ」線から切り離して試験会場に持ち込めば、本試験直前の「ダメ押し！」、確実な最終確認ができます。何度も繰り返して必ず覚えましょう!!

権利関係

項目	問題	解答
(1) 所有権の取得時効	善意無過失：□年、悪意または有過失：□年	10、20
(2) 債権の消滅時効（原則）	①権利を行使することができることを知った時から□年	①5
	②権利を行使することができる時から□年（人の生命・身体の侵害の場合は□年）	②10、20
(3) 共有物の分割禁止の特約	共有物を分割しない特約➡□年以内は有効	5
(4) 抵当権の被担保債権の範囲	満期となった最後の□年分のみ	2
(5) 担保責任の期間制限	□時から□年以内に通知	知った、1
(6) 賃貸借（民法）の存続期間	最長□年	50
(7) 不法行為に基づく損害賠償請求権の消滅時効	損害および加害者を知った時から□年（人の生命・身体の侵害の場合は□年）、不法行為の時から□年	3、(5)、20
(8) 法定相続分	①第１順位：配偶者□／□・子□／□	①1、2、1、2
	②第２順位：配偶者□／□・直系尊属□／□	②2、3、1、3
	③第３順位：配偶者□／□・兄弟姉妹□／□	③3、4、1、4
(9) 相続（承認・放棄）の熟慮期間	知った時から□ヵ月以内	3
(10) 遺言能力	□歳以上	15
(11) 遺留分	原則□分の□（直系尊属のみ□分の□）	2、1（3、1）
(12) 借地権の存続期間	契約時は最低□年（更新後：１回目は最低□年、2回目以降は最低□年）	30 （20、10）
(13) 定期借地権の存続期間	□年以上	50
(14) 事業用定期借地権の存続期間	□年以上、□年未満	10、50
(15) 借家契約の更新拒絶	期間満了の□前から□前までの間	1年、6ヵ月
(16) 定期建物賃貸借の終了	①賃貸人からの通知：存続期間が1 年以上➡期間満了の□前から□前	①1年、6ヵ月
	②賃借人による中途解約：床面積□㎡未満の居住用建物でやむを得ない事由で利用が困難な場合➡申入れから□ヵ月経過後に契約終了	②200、1
(17) 集会の招集	①招集の請求：区分所有者の1／□以上で議決権の1／□以上を有する者ができる	①5、5
	②招集の通知：会日より少なくとも□週間前（期間は規約で伸縮可）に発送	②1
(18) 表示に関する登記	①建物の新築・増築・滅失➡□ヵ月以内に登記の申請が必要	①1
	②土地の地目が変更➡□ヵ月以内に登記の申請が必要	②1

キリトリ ✂

キリトリ ✂

法令上の制限

項目	内容	解答
(1)「第二種特定工作物」	ゴルフコースまたは□以上の運動・レジャー施設等	1 ha（1万㎡）
(2) 開発許可が不要となる「小規模開発」	①市街化区域：□㎡未満	①1000
	②区域区分を定めない都市計画区域・準都市計画区域：□㎡未満	②3000
	③都市計画区域および準都市計画区域外：□㎡未満	③10000
(3) 接道義務（原則）	幅員□m以上の道路に□m以上接していなければならない	4、2
(4) 建蔽率の不適用	商業地域または建蔽率が□／10の地域における「防火地域内の耐火建築物等」	8
(5) 低層住居専用地域、田園住居地域の建築規制	①高さの最高限度：□m または □m	①10、12
	②外壁の後退距離：□m または □m	②1.5、1
(6) 日影規制の対象建築物	①低層住専・田園住居：軒高□m超 または□階以上	①7、3
	②その他：高さ□m超	②10
(7) 必ず耐火建築物等にすべき建築物	①防火地域：□階以上または□㎡超	①3、100
	②準防火地域：□階以上または□㎡超	②4、1500
(8)「特殊建築物」	□㎡超	200
(9)「木造の大規模な建築物」	□階以上、□㎡超、高さ□m超、軒高□m超	3、500、13、9
(10)「非木造の大規模な建築物」	□階以上、□㎡超	2、200
(11) 必要な「有効開口部」の面積	①居室の採光：【原則】床面積の□／□以上 【例外】床面積の□／□以上	①1、7 1、10
	②居室の換気：床面積の□／□以上	②1、20
(12) 宅地造成等工事規制区域の「許可」・特定盛土等規制区域の「届出」	①盛土：崖の高さ□m超 切土：崖の高さ□m超 盛土＋切土：崖の高さ□m超 盛土：□m超 面積：□㎡超	①1、2、2、2、500
	②土石の堆積：高さ□m超、かつ、面積□㎡超 面積：□㎡超	②2、300、500
(13) 特定盛土等規制区域の「許可」	①盛土：崖の高さ□m超 切土：崖の高さ□m超 盛土＋切土：崖の高さ□m超 盛土：□m超 面積：□㎡超	①2、5、5、5、3000
	②土石の堆積：高さ□m超、かつ、面積□㎡超 面積：□㎡超	②5、1500、3000
(14) 宅地造成等工事規制区域・特定盛土等規制区域内の一定の行為の「届出」	①宅地造成等工事規制区域の指定の際、既に行われている工事の工事主：指定から□日以内	①21
	②高さ2m 超の擁壁等の除却工事の施行者：工事着手の□日前	②14
	③公共施設用地を宅地・農地等に転用した者：転用から□日以内	③14
(15) 土地区画整理組合の設立	①□人以上で定款・事業計画を策定➡知事の認可が必要	①7
	②設立の認可の申請 ➡土地所有者等の□／□以上の同意が必要	②2、3
(16) 国土利用計画法による「届出面積」	①市街化区域：□㎡以上	①2000
	②市街化調整区域・区域区分を定めない都市計画区域：□㎡以上	②5000
	③都市計画区域外（準都市計画区域を含む）：□㎡以上	③10000

キリトリ
キリトリ

宅建業法

項目	内容	解答
⑴ 免許の有効期間・更新	①有効期間：□年	①5
	②更新：□日前から□日前までに申請	②90、30
⑵ 宅建業者が行う廃業等の届出	①業者の死亡➡相続人が、知った日から□日以内	①30
	②合併・消滅➡消滅会社の代表役員が、合併消滅から□日以内	②30
⑶ 宅建士証の有効期間・更新	①有効期間：□年	①5
	②更新：申請前□ヵ月以内に知事指定の講習を受講	②6
⑷ 専任の宅建士の設置	事務所➡□分の□以上、一定の案内所等➡□名以上	5、1、1
⑸ 営業保証金	本店□万円、支店□万円	1000、500
⑹ 有価証券の評価（額面）	①国債：□%	①100
	②地方債・政府保証債：□%	②90
	③その他：□%	③80
⑺ 弁済業務保証金分担金	本店□万円、支店□万円	60、30
⑻ 供託した旨の届出の催告	□ヵ月で必ず催告し、□ヵ月で取消しが可能	3、1
⑼ 事務所増設時の分担金の納付	増設時から□週間以内	2
⑽ 還付充当金の納付等	保証協会の通知から□週間以内	2
⑾ 社員の地位の喪失時の営業保証金の供託	□週間以内	1
⑿ 専任媒介契約の有効期間	①□ヵ月以内	①3
	②上記①を超えた定めの場合➡□ヵ月に短縮	②3
⒀ 媒介契約の報告義務	①専任媒介：□週間に1回以上（休業日を含む）	①2
	②専属専任媒介：□週間に1回以上（休業日を含む）	②1
⒁ 指定流通機構への登録	①専任媒介：□日以内（休業日を除く、初日不算入）	①7
	②専属専任媒介：□日以内（休業日を除く、初日不算入）	②5
⒂ クーリング・オフの期限	書面による告知から□日以内	8
⒃ 損害賠償額の予定・違約金	合算して代金の□割以内	2
⒄ 手付金の額	代金の□割以内	2
⒅ 担保責任の特約	通知期間を「□から□年以上」とする特約は有効	引渡し、2
⒆ 手付金等の保全措置が不要な場合	①完成物件：□%以下、かつ、□万円以下	①10、1000
	②未完成物件：□%以下、かつ、□万円以下	②5、1000
⒇ 報酬計算の速算式（1物件あたり）	①400万円超：取引価格×□%＋□万円	①3、6
	②200万円超～400万円以下：取引価格×□%＋□万円	②4、2
	③200万円以下：取引価格×□%	③5
㉑「低廉な空家等」	①□万円以下の物件のこと	①400
	②依頼者（売主・交換者）に対する報酬請求の上限➡□万円＋消費税等（＝□円）	②18、19万8000
㉒ 義務違反による罰則	①不正による免許取得・無免許営業・名義貸し・業務停止に違反➡懲役□年以下・罰金□万円以下	①3、300
	②宅建士証の返納・提出、宅建士証の重説時の非提示➡過料□万円以下	②10
㉓ 履行確保等の措置の届出	①免許権者に、基準日から□週間以内に届出	①3
	②届出なし➡□の翌日から□日経過後は、新築住宅の販売が禁止	②基準日、50
㉔ 住宅販売瑕疵担保保証金の供託	床面積が□㎡以下➡「□戸で□戸」として算出	55、2、1

税・価格の評定

項目	内容	解答
(1) 不動産取得税の課税標準の特例	新築住宅：□万円控除、宅地：宅地の価格の□／□	1200、1、2
(2) 不動産取得税の税率の特例	住宅・土地ともに□％（標準税率□％）	3、4
(3) 不動産取得税の免税点	①土地：□万円	①10
	②建築による家屋：□万円	②23
	③その他による家屋：□万円	③12
(4) 固定資産税の課税標準の特例（住宅用地）	200㎡まで□／□、200㎡超は□／□	1、6、1、3
(5) 固定資産税の新築住宅の税額控除	120㎡まで□／□（3年間または5年間）	1、2
(6) 固定資産税の免税点	土地：□万円、家屋：□万円	30、20
(7) 固定資産税の税率	標準税率□／100	1.4
(8)「印紙税の記載金額なし」の場合の課税額	□円	200
(9) 登録免許税の住宅の所有権移転登記の軽減税率の特例の適用要件	①個人の自己の居住用家屋の登記であること ②新築または取得後□年以内に受ける登記であること ③床面積要件：□㎡以上 ④中古住宅の場合：新耐震基準等に適合すること （注：昭和57年1月1日以降に建築された家屋は、適合しているとみなされる）	②1、③50
(10) 住宅取得等資金の贈与税の非課税の適用要件	①受贈者➡□歳以上の子・孫等であること ②年間の合計所得金額➡□万円以下 ③床面積要件➡□㎡以上□㎡以下 （合計所得金額が□万円以下の場合は、□㎡以上）	18、 2000、 50、240 （1000、40）
(11) 土地鑑定委員会による鑑定評価	毎年□回、□人以上の不動産鑑定士による鑑定評価を求める	1、2

5問免除科目

項目	内容	解答
(1) 表示規約：「新築」	建築工事完了後□年未満、かつ、居住の用に供されたことがないもの	1
(2) 表示規約：徒歩の所要時間	道路距離□m ➡□分間として算出	80、1
(3) 令和6年地価公示	全国平均・三大都市圏平均・地方圏平均、全用途平均・住宅地・商業地いずれも、□年連続で□した	3、上昇
(4) 令和5年計の建築着工統計	①新設住宅着工： 持家・貸家・分譲住宅は□し、全体で□となった。	①減少、減少
	②新設住宅着工総戸数： 約□万戸。□年連続の□となった。	②86.0 2、増加
(5) 令和4年度法人企業統計	①不動産業の「売上高」：約□兆□億円、 前年度比4.8%□で、□年ぶりの□	46、3,000、 減、2、減少
	②不動産業の「経常利益」：約□兆□億円、 前年度比2.0%□で、□年ぶりの□	5、9,000、 減、3、減少
(6) 令和4年度末（令和5年3月末）の宅建業者数	①全体では約□業者で、9年連続の□	①13万、増加

キリトリ ✂

第1回
［問　題］

高得点目標模試

直前予想模試・第１回は、**38問の正解を「合格ライン」**と設定しました。**高得点の獲得**が必要とされるここ数年の本試験の傾向に「**最も近いレベルに設定した出題**」ですので、**現時点での実力診断**をするのに**最適**といえます。

まずは、**2時間**（「５問免除」の受験者の方は１時間50分）の制限時間をきっちり守って、高得点を目指して取り組みましょう！

［使用方法］
この色紙部分を残したまま、問題冊子を右側に向かってゆっくり引いて、取り外してください。

日建学院

令和６年度

第１回 模擬問題

次の注意事項をよく読んでから、始めてください。

(注意事項)

1　問　　題

問題は、１ページから 26 ページまでの 50 問です。

試験開始の合図と同時に、ページ数を確認してください。

乱丁や落丁があった場合は、直ちに試験監督員に申し出てください。

2　解　　答

解答は、解答用紙の「記入上の注意」に従って記入してください。

正解は、各問題とも一つだけです。

二つ以上の解答をしたもの及び判読が困難なものは、正解としません。

3　適用法令

問題の中の法令に関する部分は、令和６年４月１日現在施行されている規定に基づいて出題されています。

日建学院

【問　1】 次の１から４までの記述のうち、民法の規定及び下記判決文によれば、誤っているものはどれか。

（判決文）

民法372条によって抵当権に準用される同法304条１項に規定する「債務者」には、原則として、抵当不動産の賃借人（転貸人）は含まれないものと解すべきである。けだし、所有者は被担保債権の履行について抵当不動産をもって物的責任を負担するものであるのに対し、抵当不動産の賃借人は、このような責任を負担するものではなく、自己に属する債権を被担保債権の弁済に供されるべき立場にはないからである。同項の文言に照らしても、これを「債務者」に含めることはできない。また、転貸賃料債権を物上代位の目的とすることができるとすると、正常な取引により成立した抵当不動産の転貸借関係における賃借人（転貸人）の利益を不当に害することにもなる。もっとも、所有者の取得すべき賃料を減少させ、又は抵当権の行使を妨げるために、法人格を濫用し、又は賃貸借を仮装した上で、転貸借関係を作出したものであるなど、抵当不動産の賃借人を所有者と同視することを相当とする場合には、その賃借人が取得すべき転貸賃料債権に対して抵当権に基づく物上代位権を行使することを許すべきものである。

1　抵当権は、その目的不動産の賃貸によって債務者が受けるべき賃料に対しても行使することができるが、そのためには、その払渡し前に、賃料債権を差し押さえることが必要である。

2　抵当不動産の所有者は被担保債権の履行について当該抵当不動産をもって物的責任を負担するものであるのに対し、当該抵当不動産の賃借人はこのような責任を負担するものではない。

3　民法第372条によって準用される同法第304条第１項に規定する「債務者」には、一定の場合を除き、抵当権設定後に抵当不動産を賃借した者は含まれない。

4　抵当権者は、抵当不動産の賃借人を当該不動産の所有者と同視することを相当とする場合には、当該賃借人が取得する転貸賃料債権について物上代位権を行使することができない。

【問　2】 制限行為能力者に関する次の記述のうち、民法の規定によれば、正しいものはどれか。

1　未成年者は、単に権利を得、又は義務を免れる法律行為をする場合であっても、その法定代理人の同意を得なければならない。

2　成年被後見人が、成年後見人の同意を得て、自己所有の居住用建物を売却した場合には、成年被後見人は、その売買契約を取り消すことができない。

3　保佐人は、被保佐人が財産上の重要な行為を行うに際して同意をすることができるが、特定の法律行為について被保佐人を代理することはできない。

4　家庭裁判所が本人以外の者の請求により補助開始の審判をするには、本人の同意が必要である。

【問　3】 取得時効に関する次の記述のうち、民法の規定及び判例によれば、誤っているものはどれか。なお、Ａは、Ｂ所有の甲土地を平穏かつ公然に占有しているものとする。

1　甲土地を自己の物であると過失なく信じて占有を開始したＡは、その後に悪意となった場合であっても、占有の開始時から10年間占有を継続したときは、甲土地の所有権を時効により取得することができる。

2　賃借権に基づき甲土地を占有しているＡは、当該土地の賃料の支払を拒み始めてから20年以上が経過した場合であっても、甲土地の所有権を時効により取得することはできない。

3　賃借権に基づき甲土地を占有していたＡが死亡し、その相続人Ｃが新たに事実上支配することにより甲土地に対する占有を開始し、これに所有の意思が認められる場合であっても、Ｃは、甲土地の所有権を時効により取得することはできない。

4　甲土地を自己の物であると過失なく信じて占有を開始したＡは、自ら３年間使用した後、Ｄに賃貸して７年が経過した場合、甲土地の所有権を時効により取得することができる。

【問　4】 物権変動に関する次の記述のうち、民法及び借地借家法の規定並びに判例によれば、誤っているものはどれか。

1　Aの所有する甲土地をBが買い受けたが、Bが所有権の移転の登記を受ける前にAが死亡し、CがAを単独相続した場合、Bは、登記がなくても、Cに対して甲土地の所有権の取得を主張することができる。

2　DとEが乙土地を共同相続した場合、遺産分割前にDが乙土地を自己の単独所有であるとしてD単独名義で登記し、Fに譲渡してFへの所有権の移転の登記がなされたとき、Eは、登記がなくても、Fに対して自己の持分権を主張することができる。

3　G所有の丙土地につきHの取得時効が完成する前に、Iが丙土地をGから買い受け、GからIへ所有権の移転の登記がなされた場合、丙土地の取得時効が完成したHは、Iに対して丙土地の所有権の時効による取得を主張することができる。

4　Jは、Kから借り入れた債務の担保として抵当権を設定している丁建物を所有しており、抵当権の設定の登記の後、丁建物をLに対して賃貸し引き渡した。その後、Jが借入金の返済のために丁建物をMに任意に売却してMが新たな所有者となった場合には、Lは、Mに対して丁建物の賃借権を主張することができない。

【問　5】 抵当権と根抵当権に関する次の記述のうち、民法の規定によれば、誤っているものはどれか。

1　抵当権でも、根抵当権でも、設定した旨を第三者に対抗するには、登記が必要である。

2　抵当権を設定する場合は、被担保債権を特定しなければならないが、根抵当権を設定する場合には、一定の範囲に属する不特定の債権を被担保債権とすることができる。

3　抵当権でも、元本の確定前の根抵当権でも、被担保債権を譲り受けた者は、担保となっている抵当権又は根抵当権を被担保債権とともに取得する。

4　抵当権の場合には、抵当権の順位を譲渡することができるが、元本の確定前の根抵当権の場合には、根抵当権の順位を譲渡することができない。

【問　6】 保証に関する次の記述のうち、民法の規定によれば、誤っているものはどれか。なお、保証契約は令和６年７月１日に締結されたものとする。

1　保証債務は、主たる債務に関する利息、違約金、損害賠償その他その債務に従たるすべてのものを包含するが、保証人は、その保証債務については、違約金又は損害賠償の額を約定することができない。

2　主たる債務の目的又は態様が保証契約の締結後に加重されたときであっても、保証人の負担は加重されない。

3　債務者が保証人を立てる義務を負う場合には、その保証人は、行為能力者であり、かつ、弁済をする資力を有する者でなければならない。

4　数人の保証人がある場合には、それらの保証人が各別の行為により債務を負担したときであっても、別段の意思表示がないときは、各保証人は、それぞれ等しい割合で義務を負う。

【問　7】 Ａは、自己所有の甲建物を令和６年７月１日に契約期間を２年としてＢに賃貸した。Ｂは、敷金として賃料２か月分に相当する金額をＡに対して支払ったが、当該敷金についてＡによる賃料債権への充当はされていない。この場合、民法の規定及び判例によれば、次の記述のうち正しいものはどれか。

1　ＢがＡの承諾を得て甲建物をＣに転貸した場合、Ａは、Ｂの賃料の不払いを理由に甲建物の賃貸借契約を解除するには、Ｃに対して、Ｂに代わって賃料を支払う機会を与えなければならない。

2　ＡとＢの双方が甲建物の賃貸借契約の期間内に解約できる権利を留保していない場合であっても、Ｂは、１年前に予告することによって当該契約を中途解約することができる。

3　Ａが甲建物をＤに売却し、賃貸人としての地位をＤに承継したときでも、Ｄの承諾がない限りＡの敷金返還債務はＤに承継されず、Ｂは、Ａに対してのみ敷金の返還請求をすることができる。

4　Ｂが賃料の支払いを遅滞している場合には、Ａは、Ｂの債権者Ｅが敷金返還請求権を差し押さえたとしても、Ｂの未払賃料について敷金から優先弁済を受けることができる。

【問　8】 Aが、自己所有の不動産の売買を令和６年７月１日にＢに対して委任する場合に関する次の記述のうち、民法の規定によれば、正しいものはどれか。なお、Ａ及びＢは宅地建物取引業者ではないものとする。

1　Aが、Ｂと当該委任契約をするに際して、報酬についての特約をしていない場合、Ｂは、自己の財産におけると同一の注意をもって事務を処理すれば足りる。

2　Aが、Ｂと当該委任契約をするに際して、報酬についての特約をしていない場合、Ｂは、当該委任契約締結後であれば、報酬の半額については、Ａに対して請求することができる。

3　Ｂは、当該委任契約の履行のために、費用が必要な場合、Ａに対して当該費用の前払請求をすることができる。

4　Ｂは、Ａにとって不利な時期に、当該委任契約を解除する場合には、やむを得ない事由があっても、Ａに損害を賠償しなければならない。

【問　9】 不法行為に関する次の記述のうち、民法の規定及び判例によれば、正しいものはどれか。

1　Ａの被用者Ｂが、Ａの事業の執行について、不法行為によりＣに損害を与えた場合、Ａは、その損害を賠償しなければならないが、Ｂに対してその求償をすることはできない。

2　Ａの被用者Ｂが、Ａの事業の執行について、不法行為によりＣに損害を与えた場合、Ｂは、その損害を賠償したときは、損害の公平な分担という見地から相当と認められる額について、Ａに対して求償することができる。

3　ＡとＢが共同不法行為によりＣに100万円の損害を与えた場合において、Ｃが、その損害の賠償について、Ａに対して裁判上の請求を行ったときは、ＢがＣに対して負う損害賠償債務についても、消滅時効の完成が猶予される。

4　Ａの被用者Ｂと、Ｃの被用者Ｄが、Ａ及びＣの事業の執行についての共同不法行為によりＥに損害を与えた場合、Ａは、Ｂの過失割合に従って定められる自己の負担部分を超えてＥに損害を賠償したときであっても、Ｃに対して、その求償をすることはできない。

【問　10】 Aが死亡した場合の相続に関する次の記述のうち、民法の規定によれば、正しいものはどれか。

1　Aに、配偶者Bと兄Cがいる場合において、Aがその全財産をBに贈与する遺言をしたときは、Cは、Bに対して、遺留分侵害額に相当する金銭の支払を請求することができる。

2　Aに配偶者B、Bとの婚姻前に縁組した養子D、Bとの間の実子E、Eの実子F及びGがいる場合、Eが相続の放棄をしたときは、BとDとFとGが相続人となり、FとGの法定相続分はいずれも８分の１となる。

3　Aに、配偶者B、母H、兄Cがいる場合、BとCとHが相続人となり、Cの法定相続分は３分の１となる。

4　Aに、配偶者B、Bとの間の子E、離婚した元配偶者Ｉ、Ｉとの間の子Ｊがいる場合、BとEとＪが相続人となり、Ｊの法定相続分は４分の１となる。

【問　11】 借地権に関する次の記述のうち、借地借家法の規定によれば、正しいものはどれか。

1　借地権の存続期間が満了する場合において、借地権者が借地契約の更新を請求したときに建物がある場合は、借地権設定者が遅滞なく異議を述べたときでも、その異議の理由にかかわりなく、従前の借地契約と同一の条件で借地契約を更新したものとみなされる。

2　借地権の当初の存続期間が満了し借地契約を更新する場合において、当事者間でその期間を更新の日から10年と定めたときは、その定めは効力を生じず、更新後の存続期間は更新の日から20年となる。

3　存続期間を10年とする借地借家法第23条の借地権（以下この問において「事業用定期借地権」という。）の設定を目的とする契約は、公正証書によらなくとも、書面又は電磁的記録によって適法に締結することができる。

4　事業の用に供する建物の所有を目的とする場合であれば、従業員の社宅として従業員の居住の用に供するときであっても、事業用定期借地権を設定することができる。

【問　12】 A所有の甲建物につき、Bが一時使用目的ではなく賃貸借契約（借地借家法第38条に規定する定期建物賃貸借及び同法第39条に規定する取壊し予定の建物の賃貸借ではないものとする。）を締結する場合と、A所有の乙建物につき、Cが適当な家屋に移るまでの一時的な居住を目的として賃貸借契約を締結する場合に関する次の記述のうち、民法及び借地借家法の規定によれば、正しいものはどれか。なお、それぞれの賃貸借契約について賃借権の登記を備えていないものとする。

1　賃貸借契約（以下この問において「契約」という。）の契約期間を10月とする場合、AB間の契約では期間の定めがない建物の賃貸借とみなされるが、AC間の契約では当該期間の定めのある賃貸借となる。

2　契約を期間の定めがないものとした場合、AB間及びAC間のそれぞれの契約は、Aが解約の申入れをした日から6月を経過した日に終了する。

3　Aがそれぞれの契約を締結し、甲建物をBに、乙建物をCに引き渡した後に、甲建物をDに、乙建物をEに売却した場合、BはDに対して、CはEに対して、それぞれ賃借権を主張することができる。

4　AB間の契約締結後、甲建物の一部がBの責めに帰することができない事由によって滅失した場合には、Bの賃料は減額されるのに対して、AC間の契約締結後、乙建物の一部がCの責めに帰することができない事由によって滅失した場合には、Cの賃料が減額されることはない。

【問　13】 建物の区分所有等に関する法律に関する次の記述のうち、正しいものはどれか。

1　規約の設定、変更又は廃止は、区分所有者及び議決権の各過半数による集会の決議により行うことができる。

2　規約の変更が一部の区分所有者の権利に特別の影響を及ぼす場合に、その区分所有者の承諾を得られないときは、区分所有者及び議決権の各4分の3以上の多数による集会の決議を行うことにより、規約の変更をすることができる。

3　一部共用部分に関する事項で、区分所有者全員の利害に関係しないものについて、区分所有者全員の規約で定める場合には、一部共用部分を共用すべき区分所有者の4分の1を超える者又はその議決権の4分の1を超える議決権を有する者が反対しても、区分所有者及び議決権の各4分の3以上の多数による集会の決議により定めることができる。

4　最初に建物の専有部分の全部を所有する者は、公正証書により、建物の共用部分を定める規約を設定することができる。

【問　14】　土地の分筆の登記及び建物の分割の登記に関する次の記述のうち、不動産登記法の規定によれば、誤っているものはどれか。

1　土地の分筆の登記は、表題部所有者又は所有権の登記名義人以外の者は、申請することができない。

2　登記官は、表題部所有者又は所有権の登記名義人の申請がない場合であっても、職権で、その建物の分割の登記をしなければならない。

3　登記官は、表題部所有者又は所有権の登記名義人の申請がない場合であっても、一筆の土地の一部が別の地目となったときは、職権で、その土地の分筆の登記をしなければならない。

4　建物の分割の登記は、表題部所有者又は所有権の登記名義人以外の者は、申請することができない。

【問　15】　都市計画法に関する次の記述のうち、正しいものはどれか。

1　都道府県は、準都市計画区域を指定しようとするときは、あらかじめ、関係市町村及び都道府県都市計画審議会の意見を聴かなければならない。

2　無秩序な市街化を防止し、計画的な市街化を図るため、すべての都市計画区域において、市街化区域と市街化調整区域との区分を定めなければならない。

3　地区計画の区域のうち、開発整備促進区が定められている区域内において、建築物の建築を行おうとする者は、一定の場合を除き、都道府県知事の許可を受けなければならない。

4　市街地開発事業は、市街化区域又は区域区分が定められていない都市計画区域内において、一体的に開発し、又は整備する必要がある土地の区域について定めるものであるが、必要に応じて市街化調整区域内においても定めることができる。

【問　16】 都市計画法に関する次の記述のうち、正しいものはどれか。

1　風致地区は、都市の風致を維持するため定める地区であり、同地区内における建築物の建築、宅地の造成、木竹の伐採その他の行為については、地方公共団体の条例で、都市の風致を維持するため必要な規制をすることができる。

2　市街化区域内の既に造成された宅地において、敷地面積が2,500㎡の共同住宅を建築する場合は、当該宅地の区画形質の変更を行わないときでも、原則として開発許可を受けなければならない。

3　開発許可を受けた開発区域内の土地においては、開発行為に関する工事完了の公告があるまでの間は、当該開発行為に関する工事用の仮設建築物又は特定工作物を建築し、又は建設するときを除き、建築物を建築することができない。

4　都市計画施設の区域又は市街地開発事業の施行区域内において、非常災害のため必要な応急措置として建築物の建築をしようとする者は、行為の種類、場所及び設計又は施行方法を都道府県知事（市の区域内にあっては、当該市の長）に届け出れば足りる。

【問　17】 建築基準法に関する次の記述のうち、正しいものはどれか。

1　建築確認を申請しようとする建築主は、あらかじめ、当該確認に係る建築物の所在地を管轄する消防長又は消防署長の同意を得ておかなければならない。

2　建築物の壁は、地盤面下の部分についても、壁面線を越えて建築してはならない。

3　建築物の敷地が工業地域と工業専用地域にわたる場合において、当該敷地の過半が工業地域内であるときは、その用途について特定行政庁の許可を受けなくとも、共同住宅を建築することができる。

4　建蔽率の限度が10分の８とされている地域内で、かつ、防火地域内にある耐火建築物については、建蔽率の限度が10分の９に緩和される。

【問　18】 建築基準法（以下この問において「法」という。）に関する次の記述のうち、正しいものはどれか。

1　居室を有する建築物の建築に際し、飛散又は発散のおそれがある石綿を添加した建築材料を使用するときは、その居室内における衛生上の支障がないようにするため、当該建築物の換気設備を政令で定める技術的基準に適合するものとしなければならない。

2　建築協定区域内の土地の所有者等は、特定行政庁から認可を受けた建築協定を変更又は廃止しようとする場合においては、土地所有者等の過半数の合意をもってその旨を定め、特定行政庁の認可を受けなければならない。

3　高さが60mを超える建築物は、当該建築物の安全上必要な構造方法に関して政令で定める技術的基準に適合するものであり、その構造方法は国土交通大臣の認定を受けたものでなければならない。

4　建築物が第二種中高層住居専用地域及び近隣商業地域にわたって存する場合で、当該建築物の過半が近隣商業地域に存する場合には、当該建築物に対して法第56条第１項第３号の規定（北側斜線制限）は適用されない。

【問　19】 宅地造成及び特定盛土等規制法に関する次の記述のうち、正しいものはどれか。なお、この問において「都道府県知事」とは、地方自治法に基づく指定都市、中核市及び施行時特例市にあってはその長をいうものとする。

1　宅地造成等工事規制区域内において行われる宅地造成等に関する工事の請負人は、宅地造成等に伴う災害の発生のおそれがないと認められるものとして政令で定める工事を除き、工事に着手する前に、都道府県知事の許可を受けなければならない。

2　宅地造成等工事規制区域内において行われる宅地造成等に関する工事（宅地造成等に伴う災害の発生のおそれがないと認められるものとして政令で定める工事を除く。）は、擁壁、排水施設の設置など、宅地造成等に伴う災害を防止するため必要な措置が講ぜられたものでなければならない。

3　宅地造成等工事規制区域内の土地（公共施設用地を除く。）において、高さが３mの擁壁の除却工事を行った場合には、一定の場合を除き、その工事に着手した日から14日以内に、その旨を都道府県知事に届け出なければならない。

4　都道府県知事は、関係市町村長の意見を聴いて、宅地造成等工事規制区域内で、宅地造成又は特定盛土等に伴う災害で相当数の居住者その他の者に危害を生ずるものの発生のおそれが大きい一団の造成宅地の区域であって、一定の基準に該当するものを、造成宅地防災区域として指定することができる。

【問　20】 土地区画整理法の土地区画整理組合（以下この問において「組合」という。）に関する次の記述のうち、誤っているものはどれか。なお、この問において「都道府県知事」とは、地方自治法に基づく指定都市、中核市及び施行時特例市にあってはその長をいうものとする。

1　組合は、市街化調整区域と定められた区域を、施行地区に編入することができる場合がある。

2　組合を設立しようとする者は、事業計画の決定に先立って組合を設立する必要があると認める場合を除き、7人以上共同して、定款及び事業計画を定め、その設立について、都道府県知事の認可を受けなければならない。

3　組合は、賦課金を滞納する者がある場合においては、督促状を発して督促し、その者がその督促状において指定した期限までに納付しないときは、都道府県知事に対し、その徴収を申請することができる。

4　組合が解散した場合、その清算人は、組合の債務を弁済した後でなければ、その残余財産を処分することができない。

【問　21】 農地法（以下この問において「法」という。）に関する次の記述のうち、誤っているものはどれか。

1　農業者が、自ら農業用倉庫を建築する目的で自己の所有する農地を転用する場合、転用する農地の面積が2アールであるときは、法第4条第1項の許可を受けなければならない。

2　農業者が、耕作する目的で農地の所有権を取得する場合、その取得する農地の面積にかかわらず、農業委員会による法第3条第1項の許可を受けなければならない。

3　法第5条第1項の許可を受けた農地を、その許可に係る目的に従って転用するときは、法第4条第1項の許可を受けることを要しない。

4　法第4条第1項の許可を受けた農地について、転用前に、同一の転用目的で第三者に所有権を移転する場合には、法第5条第1項の許可を受けることを要しない。

【問　22】　国土利用計画法第23条の届出（以下この問において「事後届出」という。）に関する次の記述のうち、正しいものはどれか。なお、この問において「都道府県知事」とは、地方自治法に基づく指定都市にあってはその長をいうものとする。

1　Aが所有する準都市計画区域内に所在する面積5,000㎡の土地をBが賃借し、その対価として権利金を支払う契約がAB間で締結された場合、Bは契約締結日から起算して２週間以内に事後届出を行う必要がある。

2　Cが所有する市街化区域内に所在する面積2,000㎡の甲地とDが所有する市街化調整区域内に所在する面積5,000㎡の乙地を金銭の授受を伴わずに交換する契約を締結した場合、C及びDともに事後届出をする必要がある。

3　事後届出の届出事項には、土地売買等の契約による土地に関する権利の移転又は設定後における土地の利用目的は含まれるが、その対価の額は含まれない。

4　都道府県知事は、事後届出に係る土地に関する権利の移転又は設定の額について、当該土地を含む周辺の地域の適正かつ合理的な土地利用を図るために必要な助言をすることができる。

【問　23】　印紙税に関する次の記述のうち、正しいものはどれか。なお、以下の領収書または契約書はいずれも書面により作成されたものとする。

1　宅地建物取引業を営むA社が、「A社は、売主Bの代理人として、土地代金5,000万円を受領した」旨を記載した領収書を作成した場合、当該領収書の納税義務者はA社である。

2　当初作成の「土地を１億円で譲渡する」旨を記載した土地譲渡契約書の契約金額を変更するために作成する契約書で、「当初の契約書の契約金額を1,000万円減額し、9,000万円とする」旨を記載した変更契約書は、契約金額を減額するものであることから、印紙税は課されない。

3　「時価3,000万円の土地を贈与する」旨を記載した契約書について、印紙税の課税標準となる当該契約書の契約金額は、3,000万円である。

4　土地の売買契約書（記載金額8,000万円）を３通作成し、売主C社、買主D社及び媒介した宅地建物取引業者E社がそれぞれ１通ずつ保存する場合、E社が保存する契約書には、印紙税は課されない。

【問　24】　固定資産税に関する次の記述のうち、正しいものはどれか。

1　固定資産税を既に全納した者が、年度の途中において土地の譲渡を行った場合には、その所有の月数に応じて税額の還付を受けることができる。

2　市町村長は、固定資産評価員又は固定資産評価補助員に当該市町村所在の固定資産の状況を少なくとも３年に１回実地に調査させなければならない。

3　住宅用地のうち小規模住宅用地に対して課する固定資産税の課税標準は、当該小規模住宅用地に係る固定資産税の課税標準となるべき価格の２分の１の額である。

4　新築された一定の住宅に対して課される固定資産税については、当該住宅に対して新たに固定資産税が課されることとなった年度から３年度分（中高層耐火建築物である住宅は５年度分）の固定資産税に限り、当該住宅に係る固定資産税額の２分の１に相当する額が減額される。

【問　25】　地価公示法に関する次の記述のうち、正しいものはどれか。

1　都市及びその周辺の地域等において、土地の取引を行う者は、取引の対象土地に類似する利用価値を有すると認められる標準地について公示された価格を指標として取引を行うよう努めなければならない。

2　不動産鑑定士は、公示区域内の標準地について、毎年１回、鑑定評価を行い、その結果を審査し、必要な調整を行って、一定の基準日における当該標準地の単位面積当たりの正常な価格を判定し、これを公示するものとする。

3　土地鑑定委員会は、標準地の鑑定評価を行うにあたっては、近傍類地の取引価格から算定される推定の価格、近傍類地の地代等から算定される推定の価格及び同等の効用を有する土地の造成に要する推定の費用の額を勘案してこれを行わなければならない。

4　公示価格を規準とするとは、対象土地の価格を求めるに際して、当該対象土地に隣接する標準地との位置、地積、環境等の土地の客観的価値に作用する諸要因についての比較を行い、その結果に基づき、当該標準地の公示価格と当該対象土地の価格との間に均衡を保たせることをいう。

【問　26】 宅地建物取引業の免許（以下この問において「免許」という。）に関する次の記述のうち、宅地建物取引業法の規定によれば、正しいものはどれか。

1　Aが、自ら所有するマンションを宅地建物取引業者に媒介を依頼して不特定多数の者に賃貸する場合、Aは、免許を必要とする。

2　農家のBが、市街化調整区域内に所有する畑を10区画に分割し、倉庫の敷地に供する目的で、農家のみに分譲する場合、Bは、免許を必要とする。

3　Cが、土地区画整理組合による土地区画整理事業により造成された保留地を宅地として、当該土地区画整理組合を代理して不特定多数の者に分譲する行為を継続して行う場合、Cは、免許を必要としない。

4　甲県住宅供給公社Dが、県民を対象に、継続的に分譲住宅を抽選方式で分譲する場合、Dは免許を必要とする。

【問　27】 営業保証金を供託している宅地建物取引業者A社が行う業務に関する次の記述のうち、宅地建物取引業法（以下この問において「法」という。）の規定に違反しないものはどれか。なお、この問において「37条書面」とは、法第37条の規定に基づき交付すべき書面をいい、法第34条の２第１項の規定に基づく書面及び37条書面の交付に代えて電磁的方法により提供する場合については考慮しないものとする。

1　A社は、法第35条の２第１号に規定する供託所及びその所在地を説明しないままに、自らが所有する宅地の売買契約を宅地建物取引業者Bとの間で成立させた。

2　A社は、宅地建物取引業者ＣからＣ所有の既存の建物の売却に係る媒介を依頼され、Ｃと一般媒介契約（専任媒介契約でない媒介契約）を締結したが、Ｃに対する建物状況調査を実施する者のあっせんに関する事項を、法第34条の２第１項に規定する書面に記載しなかった。

3　A社は、建物の貸借の媒介を行う場合、宅地建物取引業者でない借主Dに対し、契約の期間については説明したが、契約の更新については、37条書面への記載事項であることから、法第35条に規定する重要事項としては説明をしなかった。

4　A社は、宅地建物取引業者Eと宅地建物取引業者Fの間の既存の建物の売買の媒介に際し、当該建物の構造耐力上主要な部分等の状況について当事者の双方が確認した事項があったが、当該確認した事項について37条書面への記載を省略した。

【問　28】　甲県知事の宅地建物取引士の登録（以下この問において「登録」という。）を受けている宅地建物取引士Ａに関する次の記述のうち、宅地建物取引業法の規定によれば、正しいものはどれか。

1　Ａが、甲県知事の免許を受けている宅地建物取引業者Ｂの事務所の業務に従事している場合、Ｂが乙県内に事務所を設置したときでも、Ａは、甲県知事に対して、変更の登録を申請する必要はない。

2　甲県内に所在する宅地建物取引業者Ｃの事務所の業務に従事しているＡが、乙県内に住所を移転した後、転勤により丙県内に所在するＣの事務所の業務に従事しようとするときは、Ａは、乙県知事を経由して、丙県知事に対して登録の移転の申請をすることができる。

3　Ａが、事務の禁止の処分に違反したことを理由に、甲県知事から登録の消除の処分を受けた場合、当該処分の３年後に、Ａが、転居先の乙県で宅地建物取引士資格試験に合格したときは、Ａは、いつでも乙県知事の登録を受けることができる。

4　Ａが、甲県知事の宅地建物取引業の免許を受けている宅地建物取引業者でもある場合、Ａが、業務停止処分に違反したことを理由に、甲県知事から免許取消処分を受けたときは、Ａは、甲県知事から登録消除処分も受けることとなる。

【問　29】　宅地建物取引業者Ａの業務に関する次の記述のうち、宅地建物取引業法の規定によれば、正しいものはいくつあるか。

ア　Ａが、宅地建物取引業者ＢからＢ所有の宅地の売却の依頼を受け、Ｂと専任媒介契約（専属専任媒介契約ではない媒介契約）を締結した。この場合、Ａは、当該宅地について購入の申込みがあったときでも、その旨をＢに報告する必要はない。

イ　Ａが、自ら売主となる宅地の売買契約が成立した後、媒介を依頼した宅地建物取引業者Ｃへ報酬を支払うことを拒む行為は、宅地建物取引業法第44条に規定する不当な履行遅延に該当する。

ウ　Ａは、自ら売主として、宅地建物取引業者ではないＤ所有の宅地について、宅地建物取引業者Ｅとの間で売買契約を締結してはならない。

1　一つ

2　二つ

3　三つ

4　なし

【問 30】 次の記述のうち、宅地建物取引業法の規定によれば、正しいものはどれか。

1　宅地建物取引士Ａ（甲県知事登録）が勤務している宅地建物取引業者が、宅地建物取引業に関し不正な行為を行ったとして業務の停止の処分を受けた場合でも、Ａは、自己の宅地建物取引士証を甲県知事に提出しなければならない。

2　個人である宅地建物取引業者Ｂが宅地建物取引士であるときは、Ｂが自ら主として業務に従事する事務所等については、Ｂは、その事務所等に置かれる成年者である専任の宅地建物取引士とみなされる。

3　宅地建物取引業者Ｃ社は、従業者13名の事務所において、その事務所に従事する専任の宅地建物取引士３名のうち１名が退職したときは、30日以内に、必要な措置を執らなければならない。

4　未成年者であるＤは、法定代理人から宅地建物取引業の営業に関し許可を得て登録を受けることができるが、宅地建物取引業者がその事務所等に置かなければならない成年者である専任の宅地建物取引士とみなされることはない。

【問 31】 甲県知事から免許を受けている宅地建物取引業者Ａの営業保証金に関する次の記述のうち、宅地建物取引業法の規定によれば、正しいものはどれか。

1　甲県知事は、免許をした日から３月以内にＡが営業保証金を供託した旨の届出をしないため、その届出をすべき旨の催告をした場合、当該催告が到達した日から１月以内にＡが当該届出をしないときは、Ａの免許を取り消さなければならない。

2　Ａは、甲県内で事業を開始した後、甲県内に事務所を１つ増設したときは、当該事務所の最寄りの供託所に500万円の営業保証金を供託し、その旨を甲県知事に届け出た後でなければ、当該事務所で事業を開始することができない。

3　Ａとの宅地建物取引業に関する取引により生じた債権を有する宅地建物取引業者Ｂは、Ａが供託している営業保証金から、その弁済を受ける権利を有する。

4　Ａが死亡し、ＣがＡを相続した場合、Ａが締結した契約に基づく取引をＣが結了していなければ、Ｃは、Ａが供託した営業保証金を取り戻すことができない。

【問　32】 宅地建物取引業者Ａ（甲県知事免許）が行う広告に関する次の記述のうち、宅地建物取引業法の規定によれば、正しいものはどれか。

1　Ａが、賃貸マンションを建設し、当該マンションを賃貸する場合、Ａは、当該マンションに係る建築基準法第６条第１項の建築確認の申請中であっても、当該マンションに関する広告を行うことができない。

2　Ａが、自ら売主となって自己所有の宅地の売却に関する広告を行うときは、取引態様の別を明示する必要がない。

3　Ａは、宅地の売買に係る広告において、当該宅地に関する都市計画法第29条の許可を受けていても、当該造成工事に係る検査済証の交付を受けていなければ、当該広告を行うことができない。

4　Ａが、実際には販売する意思がない宅地についての広告を行った場合、その情状が特に重いときは、甲県知事は、Ａの免許を取り消さなければならない。

【問　33】 宅地建物取引業者Ａが、Ｂから自己所有の甲土地の取引に関して媒介を依頼された場合における当該媒介に係る契約に関する次の記述のうち、宅地建物取引業法（以下この問において「法」という。）の規定によれば、誤っているものはいくつあるか。なお、この問における「一般媒介契約」とは、専任媒介契約でない媒介契約をいうものとし、法第34条の２第１項の規定に基づき交付すべき書面の交付に代えて電磁的方法により提供する場合については考慮しないものとする。

ア　Ａが、Ｂとの間に甲土地の売却に関する一般媒介契約を締結した場合と、貸借に関する一般媒介契約を締結した場合とにかかわらず、甲土地を売買すべき価額又は甲土地を貸借する場合の借賃について、法第34条の２第１項の規定に基づき交付すべき書面に記載しなければならない。

イ　Ａが、Ｂとの間に甲土地の売却に関する一般媒介契約を締結した場合と、専任媒介契約を締結した場合とにかかわらず、当該媒介契約の有効期間は、３月を超えることができず、これより長い期間を定めたときは、その期間は、３月となる。

ウ　Ａが、Ｂとの間に甲土地の売却に関する専任媒介契約を締結した場合には、契約の相手方を探索するため、甲土地につき、所在、規模、形質、売買すべき価額等を指定流通機構に登録しなければならないが、一般媒介契約を締結したときには、当該事項を登録することができない。

1　一つ

2　二つ

3　三つ

4　なし

【問　34】 宅地建物取引業者が行う宅地建物取引業法第35条に規定する重要事項の説明に関する次の記述のうち、正しいものはいくつあるか。なお、説明の相手方は宅地建物取引業者ではないものとする。

ア　昭和56年６月１日以降に新築の工事に着手した建物の売買の媒介を行う場合、当該建物が指定確認検査機関による耐震診断を受けたものであっても、その内容を説明する必要はない。

イ　分譲マンションの売買の媒介を行う場合、建物の区分所有等に関する法律第２条第４項に規定する共用部分に関する規約の定めが案の段階であっても、その案の内容を説明しなければならない。

ウ　建物の貸借の媒介を行う場合、当該貸借に係る契約の終了時において精算することとされている敷金の精算に関する事項について、説明しなければならない。

1　一つ

2　二つ

3　三つ

4　なし

【問　35】 宅地建物取引業者が行う宅地建物取引業法第35条に規定する重要事項の説明及び重要事項を記載した書面（以下この問において「重要事項説明書」という。）の交付に関する次の記述のうち、誤っているものはどれか。なお、説明の相手方は宅地建物取引業者ではないものとし、重要事項説明書の交付に代えて電磁的方法により提供する場合については考慮しないものとする。

1　宅地の貸借の媒介の場合、当該宅地が都市計画法の田園住居地域内にあり、建築基準法第56条第１項第１号に基づく道路斜線制限があるときは、その概要を重要事項説明書に記載しなければならない。

2　建物の売買の媒介の場合は、建築基準法に規定する建蔽率及び容積率に関する制限があるときはその概要を重要事項説明書に記載しなければならないが、建物の貸借の媒介の場合は記載する必要はない。

3　重要事項説明書の交付及び説明は、宅地建物取引士が設置されている事務所だけでなく、取引の相手方の自宅又は勤務する場所で行うこともできる。

4　宅地の売買の媒介の場合は、土砂災害警戒区域等における土砂災害防止対策の推進に関する法律第７条第１項により指定された土砂災害警戒区域内にあるときはその旨を重要事項説明書に記載しなければならないが、建物の貸借の媒介の場合は記載する必要はない。

【問　36】 宅地建物取引業者Aが売主Bと買主Cの間の建物の売買について媒介を行う場合に関する次の記述のうち、宅地建物取引業法（以下この問において「法」という。）の規定に違反するものはどれか。なお、「重要事項説明書」とは法第35条の規定に基づく重要事項を記載した書面を、「37条書面」とは法第37条の規定に基づく契約の内容を記載した書面をいうものとし、重要事項説明書及び37条書面の交付に代えて電磁的方法により提供する場合については考慮しないものとする。

1　重要事項説明書には、当該建物の種類又は品質に関して契約の内容に適合しない場合におけるその不適合を担保すべき責任の履行に関し保証保険契約の締結その他の措置を講ずるかどうか、及びその措置を講ずる場合におけるその措置の概要を記載したが、当該責任の履行に関して講ずべき保証保険契約の締結その他の措置についての定めをしなかったので、その内容については37条書面に記載しなかった。

2　重要事項説明書には、契約の解除に関する事項を記載し、さらに、契約の解除に関する定めをしたので、その内容について37条書面に記載した。

3　重要事項説明書には、代金以外に授受される金銭の額及び当該金銭の授受の目的について記載したが、代金以外に授受される金銭について定めがなかったので、37条書面には記載しなかった。

4　重要事項説明書には、損害賠償額の予定に関する事項を記載し、さらに、損害賠償額の予定に関する定めをしたが、内容が同一であることから37条書面には記載しなかった。

【問　37】 宅地建物取引業者Aが、自ら売主となって、宅地建物取引業者ではないBに対して宅地を売却する契約を締結する場合に関する次の記述のうち、民法及び宅地建物取引業法の規定によれば、正しいものはどれか。

1　当該宅地の売買契約の締結に際し、AがBから違約手付200万円を受領していた場合において、Aが契約の履行に着手する前であっても、Bは手付を放棄して契約を解除することができない。

2　当該宅地が未完成物件である場合、Aは、受領する手付金等のうち売買代金の額の100分の5を超える部分について手付金等の保全措置を講じた後は、Bから当該手付金等を受領する契約を締結することができる。

3　当該宅地の売買契約の締結に際し、AとBが損害賠償額の予定及び違約金を定めなかった場合、Aは、Bに対して、代金の額の10分の2を超えて損害賠償を請求することはできない。

4　AがBから手付を受領するに際し、AB間で「Bは、Aが契約の履行に着手した後であっても、手付を放棄して、当該売買契約を解除することができる」旨の特約をしたときは、当該特約は有効である。

【問　38】 宅地建物取引業者A社が、自ら売主として宅地建物取引業者ではない買主との間で締結した土地付建物の売買契約について、買主が宅地建物取引業法第37条の２の規定に基づき、いわゆるクーリング・オフによる契約の解除をする場合における次の記述のうち、正しいものはどれか。

1　買主Bは、自ら申し出て勤務先で売買契約に関する説明を受けて買受けの申込みをし、その際にA社からクーリング・オフについて何も告げられずに契約を締結した。この場合、Bは、当該契約の締結の日から８日を経過するまでは、契約の解除をすることができる。

2　買主Cは、ファミリーレストランにおいて買受けの申込みをし、その際にA社からクーリング・オフについて何も告げられずに契約を締結した。この場合、Cは、当該契約の締結をした日の10日後において、契約の解除をすることができる。

3　A社は、買主Dとの間で契約解除に伴う違約金の定めをした場合であれば、クーリング・オフによる契約の解除が行われたときであっても、Dに対して違約金の支払を請求することができる。

4　A社は、買主Eによりクーリング・オフによる契約の解除が行われた場合、買受けの申込み又は売買契約の締結に際し受領した手付金の倍額をEに償還しなければならない。

【問　39】 宅地建物取引業者Aが、自ら売主となって、宅地建物取引業者ではない買主に対して宅地（造成工事完了済み）を売却する契約を締結しようとし、又は締結した場合に関する次の記述のうち、民法及び宅地建物取引業法（以下この問において「法」という。）の規定によれば、誤っているものはいくつあるか。

ア　当該宅地が、Aの所有に属しない場合、Aは、当該宅地を取得する契約を締結し、その効力が発生しているときでも、当該宅地の引渡しを受けるまでは、買主Bとの間で売買契約を締結することができない。

イ　Aが、買主CからCの自宅近くのレストランで当該宅地の買受けの申込みを受け、Cと宅地の売買契約を締結した場合、AがCに書面を交付して法第37条の２の規定により契約を解除できる旨を告げ、同条の規定に基づき解除できる期間を経過したときは、Cは、Aに債務不履行があったとしても、当該不履行を理由に契約を解除することはできない。

ウ　Aは、買主Dと当該宅地を4,000万円で売却する契約を締結し、手付金100万円をDから受領した後、中間金として1,900万円を受領する場合、当該中間金を受領した後に、受領した全額について法第41条の２の規定による手付金等の保全措置を講ずればよい。

1　一つ

2　二つ

3　三つ

4　なし

【問　40】 宅地建物取引業者Ａ及びＢ（ともに消費税課税事業者）が受領した報酬に関する次の記述のうち、宅地建物取引業法の規定に違反するものの組合せはどれか。なお、この問において「消費税等相当額」とは、消費税額及び地方消費税額に相当する金額をいうものとする。

ア　Ａは、店舗用建物について、貸主と借主双方から媒介を依頼され、借賃１か月分20万円（消費税等相当額を含まない。）、権利金400万円（権利設定の対価として支払われる金銭であって返還されないもので、消費税等相当額を含まない。）の賃貸借契約を成立させ、貸主と借主からそれぞれ19万7,000円を報酬として受領した。

イ　建物（代金4,000万円。消費税等相当額を含まない。）の売買について、Ａは売主から代理を依頼され、Ｂは買主から媒介を依頼され、Ａは売主から277万2,000円、Ｂは買主から138万6,000円を報酬として受領した。

ウ　居住用建物（借賃１か月分15万円）の賃貸借について、Ａは貸主から媒介を依頼され、Ｂは借主から媒介を依頼され、Ａは貸主から10万円、Ｂは借主から８万1,000円を報酬として受領した。なお、Ａは、媒介の依頼を受けるに当たって、報酬が借賃の0.55か月分を超えることについて貸主から承諾を得ていた。

1　ア、イ

2　ア、ウ

3　イ、ウ

4　ア、イ、ウ

【問　41】　次の記述のうち、宅地建物取引業法（以下この問において「法」という。）の規定によれば、正しいものはどれか。なお、法第35条の規定に基づく重要事項説明書及び法第37条の規定に基づく書面の交付に代えて電磁的方法により提供する場合については考慮しないものとする。

1　宅地建物取引業者は、自ら売主として、自己所有の宅地の売買契約を宅地建物取引業者ではない者と締結するまでの間に、宅地建物取引士をして、重要事項説明書を交付して説明をさせなかった場合、50万円以下の罰金に処せられることがある。

2　宅地建物取引業者（法第64条の２第１項の規定により指定を受けた一般社団法人の社員ではないものとする。）は、自ら売主として、自己所有の宅地の売買契約を宅地建物取引業者ではない者と締結するまでの間に、営業保証金を供託した主たる事務所の最寄りの供託所及びその所在地について説明をしなかった場合、100万円以下の罰金に処せられることがある。

3　宅地建物取引業者は、自ら売主として、宅地建物取引業者である者と自己所有の宅地の売買契約を締結したが、法第37条の規定に基づく書面を交付しなかった場合、50万円以下の罰金に処せられることがある。

4　宅地建物取引業者は、自ら売主として、宅地建物取引業者ではない者と自己所有の宅地の割賦販売の契約を締結したが、その者が代金額の10分の５しか支払わなかったために、当該宅地の登記を自己名義のままにしていた場合、100万円以下の罰金に処せられることがある。

【問　42】　宅地建物取引業者Ａ（甲県知事免許）が宅地建物取引業保証協会（以下この問において「保証協会」という。）に加入した場合に関する次の記述のうち、宅地建物取引業法の規定によれば、正しいものはどれか。

1　Ａは、保証協会に加入した後に新たに事務所を設置したときは、その日から２週間以内に、弁済業務保証金分担金を金銭又は有価証券で保証協会に納付しなければならない。

2　Ａと、宅地の売買契約を締結した宅地建物取引業者Ｂは、当該宅地の引渡しの前にＡが失踪し、宅地の引渡しを受けることができなくなったときは、当該取引から生じた債権について、弁済業務保証金から弁済を受けることができる。

3　Ａの取引について弁済業務保証金が還付された場合に、Ａが保証協会からその還付に係る還付充当金を納付すべき旨の通知を受けた日から２週間以内に、その通知された額の還付充当金を保証協会に納付しないときは、甲県知事は、Ａに対して業務停止の処分をすることができる。

4　Ａが、保証協会の社員の地位を失ったときは、当該地位を失った日から２週間以内に、営業保証金を主たる事務所の最寄りの供託所に供託しなければならない。

【問　43】 宅地建物取引業者Ａが行った業務に関する次の記述のうち、宅地建物取引業法（以下この問において「法」という。）の規定に違反するものはいくつあるか。

ア　Ａがオフィスビルの貸借の媒介をするに当たり、依頼者Ｂからの依頼に基づくことなくインターネット上で広告をし、その広告が貸借の契約の成立に寄与したので、Ａは、限度額の報酬とは別に、その広告料金に相当する額をＢから受領した。

イ　Ａは、宅地建物取引業者Ｃからマンションの売却の媒介を依頼され、Ｃと宅地建物取引業者ではない買主Ｄとの売買契約を成立させたが、法第37条の規定に基づく書面に、法第37条の２に規定するクーリング・オフについての記載をしなかった。

ウ　Ａは、売主Ｅと買主Ｆとの間におけるマンションの売買の媒介を行った際に、媒介の依頼者であるＥから「管理費用を滞納していることを秘密にしてほしい。」と頼まれたため、Ｅが管理費用を滞納している事実をＦに告げずに、Ｆに対して契約の締結について勧誘をした。

1　一つ

2　二つ

3　三つ

4　なし

【問　44】 甲県知事の免許を受けている宅地建物取引業者Ａは、甲県の区域内で100区画の一団の宅地の分譲について乙県知事の免許を受けている宅地建物取引業者Ｂに代理を依頼し、Ｂが宅地の所在地の近く（甲県内）にテント張りの案内所を設けて契約の申込みを受けることとなった。この場合に関する次の記述のうち、宅地建物取引業法の規定によれば、誤っているものはどれか。

1　Ａは、当該案内所に標識を掲示する必要はないが、Ｂは、掲示しなければならない。

2　Ａ及びＢは、業務開始の10日前までに甲県知事及び乙県知事に届出をしなければならない。

3　Ａは、当該案内所に成年者である専任の宅地建物取引士を設置する必要はないが、Ｂは、これを設置しなければならない。

4　Ｂは、当該案内所に従業者名簿を備え付ける必要はない。

【問　45】 宅地建物取引業者Ａが、自ら売主として、Ｂに新築住宅を販売する場合における次の記述のうち、特定住宅瑕疵担保責任の履行の確保等に関する法律の規定によれば、正しいものはどれか。

1　Ａは、各基準日において、当該基準日前10年間に自ら売主となる売買契約に基づき宅地建物取引業者であるＢに引き渡した新築住宅についても、Ｂに対する特定住宅販売瑕疵担保責任の履行を確保するため、住宅販売瑕疵担保保証金の供託又は住宅販売瑕疵担保責任保険契約の締結をしていなければならない。

2　Ａは、住宅販売瑕疵担保保証金を供託する場合には、主たる事務所の最寄りの供託所に、必ず金銭をもって供託しなければならない。

3　Ａは、住宅販売瑕疵担保保証金の供託をしている場合、当該住宅の売買契約を締結するまでに、宅地建物取引業者ではないＢに対し、供託所の所在地等について、それらの事項を記載した書面を交付して、又は当該書面の交付に代えて、Ｂの書面等による承諾を得て、当該書面に記載すべき事項を電磁的方法により提供して、説明しなければならない。

4　Ａが、住宅販売瑕疵担保保証金を供託する場合、当該住宅の床面積が65㎡以下であるときは、新築住宅の合計戸数の算定に当たって、２戸をもって１戸と数えることになる。

【問　46】 独立行政法人住宅金融支援機構（以下この問において「機構」という。）の業務に関する次の記述のうち、正しいものはどれか。

1　機構は、災害復興住宅融資、密集市街地における建替融資、子育て世帯向け・高齢者世帯向け賃貸住宅融資など、政策上重要で民間金融機関では対応が困難なものについて融資業務を実施している。

2　機構は、子供を育成する家庭又は高齢者の家庭に適した良好な居住性能及び居住環境を有する賃貸住宅の改良に必要な資金の貸付けに係る貸付金の償還を行う場合には、割賦償還の方法によらないこともできる。

3　機構は、主務省令で定める金融機関に対し、譲り受けた貸付債権に係る元利金の回収その他回収に関する業務、及び建築物又は建築物の部分の購入に必要な資金の貸付けに係る当該建築物又は建築物の部分の規模、規格その他の事項についての審査を委託することができる。

4　機構は、財形住宅貸付けを受けた者が、災害その他特殊な事由として機構が定める事由により、元利金の支払が著しく困難となった場合においては、機構の定めるところにより貸付けの条件の変更をすることができるが、延滞元利金の支払方法の変更をすることはできない。

【問　47】 宅地建物取引業者が行う広告に関する次の記述のうち、不当景品類及び不当表示防止法（不動産の表示に関する公正競争規約を含む。）の規定によれば、誤っているものはどれか。

1　路地状部分のみで道路に接する土地であって、その路地状部分の面積が当該土地面積のおおむね30％以上を占めるときは、路地状部分を含む旨及び路地状部分の割合又は面積を明示しなければならない。

2　土地取引において、当該土地上に古家、廃屋等が存在するときは、その旨を明示しなければならない。

3　自動車による所要時間は、走行に通常要する時間を表示すれば、道路距離を明示する必要はない。

4　面積は、メートル法により表示しなければならない。この場合において１㎡未満の数値は、切り捨てて表示することができる。

【問　48】 次の記述のうち、正しいものはどれか。

1　令和６年地価公示（令和６年３月公表）によれば、令和５年１月以降の１年間の地価は、全国平均では、住宅地について前年に引き続き下落するとともに、地方圏平均でも、住宅地について前年に引き続き下落した。

2　建築着工統計調査報告（令和５年計。令和６年１月公表）によれば、令和５年の新設住宅着工戸数は、持家、貸家及び分譲住宅が減少したため、全体で減少となった。

3　年次別法人企業統計調査（令和４年度。令和５年９月公表）によれば、令和４年度における不動産業の売上高は約46兆3,000億円と対前年度比で4.8％増加した。

4　令和４年度宅地建物取引業法の施行状況調査（令和５年10月公表）によれば、令和５年３月末における宅地建物取引業者数は、10万を下回っている。

【問　49】 土地に関する次の記述のうち、最も不適当なものはどれか。

1　湿潤な土地、出水のおそれの多い土地に建築物を建築する場合は、盛土、地盤の改良などの措置を講じなければならない。

2　急傾斜地の崩壊を防止するための排水施設は、その浸透又は停滞により急傾斜地の崩壊の原因となる地表水及び地下水を、急傾斜地から速やかに排除することができる構造でなければならない。

3　森林は、防災機能として、土地の表面浸食防止機能と表層崩壊防止機能を有するが、深層崩壊には効果が期待できない。

4　自然堤防の背後に広がる低平地は、強度の地盤であることが多く、盛土の沈下は起こりにくい。

【問　50】 建築物に関する次の記述のうち、最も不適当なものはどれか。

1　杭基礎は、建築物自体の重量が大きく、浅い地盤の地耐力では建築物を支えられない場合に用いられる。

2　枠組壁工法は、木材で組まれた枠組みに構造用合板等を釘打ちした壁及び床により構造体が形成されるため、耐震性が高い。

3　鉄筋コンクリート造において、構造耐力上主要な部分である柱については、主筋は４本以上とし、主筋と帯筋は緊結しなければならない。

4　自然換気設備を設ける場合においては、給気口をできるだけ高くし、排気口をできるだけ低くするのがよい。

受験番号記入欄（受験番号シール貼り付け欄）
—
受 験 者 氏 名

令和6年度問題

第2回
[問　題]

標準レベル模試

直前予想模試・第２回は、「**合格ライン**」を**36問**と、ここ数年必要とされている“**合格水準**”に、ほぼ**狙いを定めた内容**です。

本番と同様に知識と経験をフル稼働させて、１問でも多くの正解を獲得できるようにしましょう！

[使用方法]
この色紙部分を残したまま、問題冊子を右側に向かってゆっくり引いて、取り外してください。

日建学院

令和６年度

第２回 模擬問題

次の注意事項をよく読んでから、始めてください。

(注意事項)

１　問　　題

問題は、１ページから 27 ページまでの 50 問です。

試験開始の合図と同時に、ページ数を確認してください。

乱丁や落丁があった場合は、直ちに試験監督員に申し出てください。

２　解　　答

解答は、解答用紙の「記入上の注意」に従って記入してください。

正解は、各問題とも一つだけです。

二つ以上の解答をしたもの及び判読が困難なものは、正解としません。

３　適用法令

問題の中の法令に関する部分は、令和６年４月１日現在施行されている規定に基づいて出題されています。

日建学院

【問　1】 次の１から４までの記述のうち、民法の規定、判例及び下記判決文によれば、正しいものはどれか。

（判決文）

（略）上記の計画は、確認済証や検査済証を詐取して違法建物の建築を実現するという、大胆で、極めて悪質なものといわざるを得ない。（中略）以上の事情に照らすと、本件各建物の建築は著しく反社会性の強い行為であるといわなければならず、これを目的とする本件各契約は、公序良俗に反し、無効であるというべきである。（中略）これに対し、本件追加変更工事は、本件本工事の施工が開始された後、Ｃ区役所の是正指示や近隣住民からの苦情など様々な事情を受けて別途合意の上施工されたものとみられるのであり、その中には本件本工事の施工によって既に生じていた違法建築部分を是正する工事も含まれていたというのであるから、基本的には本件本工事の一環とみることはできない。そうすると、本件追加変更工事は、その中に本件本工事で計画されていた違法建築部分につきその違法を是正することなくこれを一部変更する部分があるのであれば、その部分は別の評価を受けることになるが、そうでなければ、これを反社会性の強い行為という理由はないから、その施工の合意が公序良俗に反するものということはできないというべきである。

1　公の秩序又は善良の風俗に反する法律行為は、何人も取り消すことができ、この場合において、取り消された行為は、初めから無効であったものとみなされる。

2　建築基準法等の法令の規定に適合しない本件建物の建築が著しく反社会性の強い行為である場合であっても、これを目的とする本件建築請負契約は、本件建物の建築とは別の評価を受けることになるので、公の秩序又は善良の風俗に反する法律行為と評価されることはない。

3　本件追加変更工事の施工の合意は、その中に本件本工事で計画されていた違法建築部分につきその違法を是正することなくこれを一部変更する部分があるのでなければ、必ずしも公序良俗に反するものであるということはできない。

4　請負契約は、当事者の一方がある仕事を完成することを約し、相手方がその仕事の結果に対してその報酬を支払うことを約することによって、その効力を生ずるとされているので、建築請負契約の注文者は、仕事の完成と同時に、その請負人に対して、報酬を支払わなければならない。

【問　2】 A所有の甲土地につき、AとBとの間で令和６年７月１日に売買契約が締結された場合における次の記述のうち、民法の規定及び判例によれば、誤っているものはどれか。

1　Aが第三者Cの強迫によりBとの間で売買契約を締結した場合、Bがその強迫の事実を知っていたか否かにかかわらず、AはAB間の売買契約に関する意思表示を取り消すことができる。

2　BがDに甲土地を転売した後に、AがBの強迫を理由にAB間の売買契約を取り消した場合には、DがBによる強迫の事実を知らなかったことにつき過失がなくても、AはDから甲土地を取り戻すことができる。

3　AB間の売買契約が、AとBとで意を通じた仮装のものであったとしても、Aの売買契約の動機が債権者からの差押えを逃れるというものであることをBが知っていた場合には、AB間の売買契約は有効に成立する。

4　AB間の売買契約が、AとBとで意を通じた仮装のものであったとしても、Eが、AB間の契約の事情につき過失により知らずにBから甲土地の譲渡を受けた場合に、所有権移転登記を受けていないときでも、Eは、Aに対して、甲土地の所有権を主張することができる。

【問　3】 Aは、Bの代理人として、令和６年７月１日にB所有の甲土地をCに売り渡す売買契約をCと締結した。この場合に関する次の記述のうち、民法の規定及び判例によれば、誤っているものはどれか。

1　BがAに対し甲土地を売却する代理権を与えていない場合、Aが甲土地を売却する代理権を有しないことをCが知らないときは、Bが追認をした後でも、Cは、当該売買契約を取り消すことができる。

2　BがAに対し甲土地に抵当権を設定する代理権のみを与えていた場合、甲土地を売り渡す具体的な代理権がAにあるとCが信ずべき正当な理由があるときは、Cは、Bに対し当該売買契約の履行を請求することができる。

3　BがAに対し甲土地を売却する代理権を与えていたが、当該売買契約締結前にAが破産手続開始の決定を受けたために、Aの代理権が消滅していた場合、Cは、Aの代理権消滅の事実を知らず、かつ、そのことに過失がないのであれば、Bに対し当該売買契約の履行を請求することができる。

4　BがAに対し甲土地を売却する代理権を与えていない場合において、Aの行為が表見代理に該当するときであっても、Cは、Bに対し当該売買契約の履行を請求せずに、Aに対しCの受けた損害の賠償を請求できることがある。

【問　4】 条件に関する次の記述うち、民法の規定によれば、誤っているものはどれか。

1　条件の成否が未定である間における当事者の権利義務は、一般の規定に従い、処分し、相続し、若しくは保存し、又はそのために担保を供することができる。

2　条件が成就することによって利益を受ける当事者が不正にその条件を成就させたときは、相手方は、その条件が成就したものとみなすことができる。

3　停止条件付法律行為は、停止条件が成就した時からその効力を生じ、解除条件付法律行為は、解除条件が成就した時からその効力を失う。

4　条件が法律行為の時に既に成就していた場合において、その条件が停止条件であるときはその法律行為は無条件とし、条件が成就しないことが法律行為の時に既に確定していた場合において、その条件が停止条件であるときはその法律行為は無効とする。

【問　5】 A、B及びCが、持分各３分の１の割合で甲土地を共有している場合に関する次の記述のうち、民法の規定及び判例によれば、正しいものはどれか。

1　甲土地の分割についてA、B及びCの間に協議が調わず、裁判所に分割請求がなされた場合、裁判所は、Aに債務を負担させて、B及びCの持分の全部をAに取得させる方法により、甲土地の分割を命ずることができる。

2　第三者Dが甲土地について虚偽の所有権の移転の登記を備えたときは、A単独では、Dに対して、その登記の抹消を求めることができない。

3　第三者Eが甲土地を不法に占拠したとき、Bは、A、B及びCに生じた損害の全部について、Eに対して、賠償を請求する訴えを提起することができる。

4　第三者Fが甲土地を賃借していたが、賃料の支払について債務不履行に陥った場合、A、B及びCの全員の合意がなければ、Fの債務不履行を理由として当該賃貸借契約を解除することができない。

【問　6】 Ａが、Ｂから敷金の交付を受けて、Ｂに建物を賃貸した場合に関する次の記述のうち、民法の規定及び判例によれば、誤っているものはどれか。

1　Ｂの債務不履行により建物の賃貸借契約が解除された後に、Ｂが建物の修繕のため必要費を支出した場合には、Ｂは、その必要費の償還を受けていなくても、留置権に基づき当該建物の返還を拒否することができない。

2　Ｂがその建物内のＢ所有の動産をＣに売却した場合、Ａは、その代金債権について、Ｃの支払前に差押えをしなければ、先取特権を行使することができない。

3　Ａは、その敷金により弁済を受けることができなかった債権の部分についてのみならず、賃料債権の全額について、Ｂが建物に備え付けた動産に先取特権を有する。

4　Ｂが、Ａの承諾を得て、敷金返還請求権についてＤのために質権を設定した場合、Ｄは、ＤのＢに対する債権の弁済期が到来したときでも、この敷金返還請求権の弁済期の前には、Ａに対して、当該敷金をＤに交付するよう請求することはできない。

【問　7】 次の記述のうち、民法の規定によれば、誤っているものはどれか。

1　債権の目的がその性質上可分である場合において、法令の規定又は当事者の意思表示によって数人が連帯して債権を有するときは、各債権者は、全ての債権者のために全部又は一部の履行を請求することができ、債務者は、全ての債権者のために各債権者に対して履行をすることができる。

2　債務者が連帯債権者の１人に対して債権を有する場合において、その債務者が相殺を援用したときは、その相殺は、他の連帯債権者に対しても、その効力を生ずる。

3　債務の目的がその性質上可分である場合において、法令の規定又は当事者の意思表示によって数人が連帯して債務を負担するときは、債権者は、その連帯債務者の１人に対し、又は同時に若しくは順次に全ての連帯債務者に対し、全部又は一部の履行を請求することができる。

4　連帯債務者の１人が債権者に対して債権を有する場合において、その連帯債務者が相殺を援用したときは、その連帯債務者の負担部分の限度において、他の連帯債務者は、債権者に対して債務の履行を拒むことができる。

【問　8】 売主Ａと買主Ｂの間で、令和６年７月１日に土地付建物の売買契約（代金5,000万円、手付金500万円、違約金400万円）が締結され、Ｂが手付金を支払った。この場合に関する次の記述のうち、民法の規定によれば、正しいものはどれか。なお、Ａ及びＢは、宅地建物取引業者ではないものとする。

1　Ｂが不可抗力によって代金債務の履行期に弁済をすることができなかった場合であっても、Ｂは、Ａに履行遅滞の責任を負う。

2 「Ａは、手付金の1.5倍の額をＢに償還すれば、契約を解除することができる。」旨の特約がなされた場合、この特約は無効である。

3　Ｂが代金を支払うことができなくなったために、Ａが契約を解除した場合、Ａの損害が500万円であるときは、Ａは、Ｂの債務不履行の事実を証明すれば、Ｂに500万円の損害の賠償を請求することができる。

4　Ｂの代金支払義務の履行期がＡの土地付建物の引渡し及び移転登記の３か月後と定められている場合、Ｂは、引渡し及び移転登記を受けてから３か月経過後にＡから請求を受けた時から、代金の利息を支払う義務を負う。

【問　9】 ＡのＢに対する土地の贈与（Ｂの負担はないものとする。）に関する次の記述のうち、民法の規定及び判例によれば、正しいものはどれか。なお、当該契約は、令和６年７月１日に締結されたものとする。

1　贈与が書面によらないものであった場合、Ａは、当該土地の引渡しをするまで、自己の財産に対するのと同一の注意をもって、当該土地を保存しなければならない。

2　贈与が書面によるものであった場合、Ｂが未成年者であり、法定代理人の同意を得ずに当該贈与契約を締結したときは、Ｂは、当該贈与契約を取り消すことができる。

3　贈与が書面による死因贈与であった場合、Ａは、当該贈与を撤回することができない。

4　贈与が書面によらないものであった場合、その履行が終了していないときは、Ａのみならず Ｂも、当該贈与を解除することができる。

【問　10】 配偶者居住権及び配偶者短期居住権に関する次の記述のうち、民法の規定によれば、誤っているものはいくつあるか。

ア　配偶者居住権及び配偶者短期居住権は、これらの居住権を有する配偶者の死亡によって終了する。

イ　配偶者居住権及び配偶者短期居住権は、譲渡することができない。

ウ　配偶者居住権を有する配偶者及び配偶者短期居住権を有する配偶者は、居住建物の使用及び収益に必要な修繕をすることができる。

エ　配偶者居住権を有する配偶者及び配偶者短期居住権を有する配偶者は、居住建物の通常の必要費を負担する。

1　一つ

2　二つ

3　三つ

4　なし

【問　11】 Aは、令和６年４月に、B所有の土地を建物所有の目的で賃借して建物を建築した。この場合に関する次の記述のうち、借地借家法の規定によれば、正しいものはどれか。

1　ＡＢ間の土地賃貸借契約で存続期間の定めがない場合、当該契約期間は20年となる。

2　令和６年10月に借地上の建物が火災により焼失した場合、Aは、Bの承諾なく建物を再築することができる。

3　契約の存続期間の満了前に、借地上の建物が滅失し、AがBの承諾を得ないで、契約の残存期間を超えて存続すべき建物を築造した場合、Aの借地権は建物が築造された日から20年間存続する。

4　Aが、借地上の建物をCに売却しようとする場合において、土地の賃借権の譲渡についてBの承諾を求めたが、Bに不利となる事情がないにもかかわらず、Bが承諾をしないとき、Aは、Bに対して建物の買取りを請求することができる。

【問　12】 建物の賃貸借契約（定期建物賃貸借契約、取壊し予定の建物の賃貸借及び一時使用目的の建物の賃貸借契約を除く。）に関する次の記述のうち、民法及び借地借家法の規定によれば、正しいものはどれか。

1　賃借人に対して建物の引渡しがされていても、賃借権の登記がなければ、賃借人は、その後当該建物を賃貸人から譲り受けた者に対して、その賃借権を対抗することができない。

2　賃借人が建物を第三者に転貸しようとする場合、転貸が行われても賃貸人に不利となるおそれがないにもかかわらず賃貸人が承諾しないときは、裁判所は賃貸人の承諾に代わる許可を与えることができる。

3　建物の賃貸借契約が存続期間の定めがないものであった場合、賃借人は、いつでも解約の申入れをすることができるが、この解約申入れには正当の事由が必要となる。

4　建物の賃貸借契約の存続期間を1年未満とした場合、当該契約は、期間の定めのないものとなる。

【問　13】 建物の区分所有等に関する法律に関する次の記述のうち、誤っているものはどれか。

1　建物の価格の3分の1に相当する部分が滅失したときは、規約に別段の定め及び集会の決議がない限り、各区分所有者は、単独で、滅失した共用部分の復旧を行うことができる。

2　区分所有者は、規約に別段の定めがないときは、集会の決議によって管理者を選任できるが、その管理者は区分所有者以外の者から選任することができる。

3　区分所有建物の一部が滅失し、その滅失した部分が建物の価格の2分の1を超える場合、滅失した共用部分の復旧を集会で決議するためには、区分所有者及び議決権の各4分の3以上の多数が必要であるが、この定数は、規約で別段の定めをすることができる。

4　集会で建替え決議を行う場合、区分所有者及び議決権の各5分の4以上の多数による決議が必要であるが、この定数は、規約で別段の定めをすることができない。

【問　14】 不動産の登記に関する次の記述のうち、不動産登記法の規定によれば、誤っているものはどれか。

1　土地の分筆の登記の申請人は、所有権の登記名義人でなければならない。

2　登記官は、一筆の土地の一部が別の地目となり、又は地番区域を異にするに至ったときは、職権で、その土地の分筆の登記をしなければならない。

3　表題部所有者又は所有権の登記名義人が相互に異なる土地は、合筆の登記を申請することができない。

4　相互に接続していない土地は、合筆の登記を申請することができない。

【問　15】 都市計画法に関する次の記述のうち、正しいものはどれか。

1　都市計画区域については、都市計画に、当該都市計画区域の整備、開発及び保全の方針を定めるものとする。

2　準都市計画区域については、都市計画に、特別用途地区、特定用途制限地域及び特例容積率適用地区を定めることができる。

3　地区計画は、建築物の建築形態、公共施設その他の施設の配置等からみて、一体としてそれぞれの区域の特性にふさわしい態様を備えた良好な環境の各街区を整備し、開発し、及び保全するための計画であり、用途地域が定められている土地の区域においてのみ定められる。

4　高度地区は、用途地域内の市街地における土地の合理的かつ健全な高度利用と都市機能の更新とを図るため、建築物の容積率の最高限度及び最低限度、建築物の建蔽率の最高限度、建築物の建築面積の最低限度並びに壁面の位置の制限を定める地区とする。

【問　16】 都市計画法に関する次の記述のうち、正しいものはどれか。ただし、この問において「都道府県知事」とは、地方自治法に基づく指定都市、中核市及び施行時特例市にあってはその長をいうものとする。

1　都道府県知事は、用途地域の定められていない土地の区域における開発行為について開発許可をする場合において必要があると認めるときは、当該開発区域内の土地について、建築物の建蔽率に関する制限を定めることができる。

2　開発許可を受けた者の相続人その他の一般承継人は、都道府県知事の承認を受けて、被承継人が有していた開発許可に基づく地位を承継することができる。

3　開発許可の取消しの訴えは、当該開発許可についての審査請求に対する開発審査会の裁決を経た後でなければ、提起することができない。

4　田園住居地域内の農地の区域内において、建築物の建築を行おうとする者は、非常災害のため必要な応急措置として行う行為であっても、市町村長の許可を受けなければならない。

【問　17】 建築基準法に関する次の記述のうち、正しいものはいくつあるか。

ア　特定行政庁は、街区内における建築物の位置を整えその環境の向上を図るために必要があると認める場合においては、建築審査会の同意を得て、壁面線を指定することができる。

イ　高さ15mの建築物には、周囲の状況によって安全上支障がない場合を除き、有効に避雷設備を設けなければならない。

ウ　建築基準法第56条の２第１項の規定による日影規制の対象区域は、地方公共団体が条例で指定することとされているが、近隣商業地域、商業地域及び工業地域においては、日影規制の対象区域として指定することができない。

1　一つ

2　二つ

3　三つ

4　なし

【問　18】 建築基準法に関する次の記述のうち、正しいものはどれか。

1　建築物の前面道路の幅員が12m未満である場合には、当該建築物の容積率は、都市計画において定められた数値以下でありさえすればよい。

2　準防火地域内において建築物の屋上に看板を設ける場合は、その主要な部分を不燃材料で造り、又は覆わなければならない。

3　近隣商業地域内では、カラオケボックスは建築することができるが、特定行政庁の許可がなければ、料理店は建築することができない。

4　都市計画区域及び準都市計画区域以外の区域内の一定の区域内においては、都市計画で、建築物又はその敷地と道路との関係、建築物の容積率、建築物の高さその他の建築物の敷地又は構造に関して必要な制限を定めることができる。

【問　19】 宅地造成及び特定盛土等規制法（以下この問において「法」という。）に関する次の記述のうち、誤っているものはどれか。なお、この問において「都道府県知事」とは、地方自治法に基づく指定都市、中核市及び施行時特例市にあってはその長をいうものとする。

1　都道府県知事は、基本方針に基づき、かつ、基礎調査の結果を踏まえ、宅地造成、特定盛土等又は土石の堆積に伴い災害が生ずるおそれが大きい市街地若しくは市街地となろうとする土地の区域又は集落の区域（これらの区域に隣接し、又は近接する土地の区域を含む。）であって、宅地造成等に関する工事につき規制を行う必要があるものを、宅地造成等工事規制区域として指定することができる。

2　宅地造成等工事規制区域内において行われる宅地造成等に関する工事については、工事主は、当該工事に着手する日の21日前までに、法第12条第１項本文の工事の許可を受けなければならない。

3　都道府県知事は、法第12条第１項本文の工事の許可の申請があった場合においては、遅滞なく、許可又は不許可の処分をしなければならず、当該申請をした者に、許可の処分をしたときは許可証を交付し、不許可の処分をしたときは文書をもってその旨を通知しなければならない。

4　宅地造成等工事規制区域内の土地（公共施設用地を除く。）において、過去に宅地造成等に関する工事が行われ、現在は工事主とは異なる者がその工事が行われた土地を所有している場合においては、当該土地の所有者は、宅地造成等に伴う災害が生じないよう、その土地を常時安全な状態に維持するように努めなければならない。

【問　20】 土地区画整理事業に関する次の記述のうち、土地区画整理法の規定によれば、誤っているものはどれか。

1　換地計画において換地を定める場合においては、換地及び従前の宅地の位置、地積、土質、水利、利用状況、環境等が照応するように定めなければならない。

2　都道府県が施行する土地区画整理事業の施行地区内において、当該事業の施行の障害となるおそれのある建築物の新築を行おうとする者は、原則として、国土交通大臣の許可を受けなければならない。

3　従前の宅地の所有者が、仮換地について使用又は収益を開始することができる日を別に定められたため、従前の宅地について使用し、又は収益することができなくなったことにより損失を受けた場合においては、施行者は、その損失を受けた従前の宅地の所有者に対して、通常生ずべき損失を補償しなければならない。

4　換地処分の公告があった場合において、施行地区内の土地及び建物について土地区画整理事業の施行により変動があったときは、当該事業の施行者は、遅滞なく、当該変動に係る登記を申請し、又は嘱託しなければならない。

【問　21】 農地法（以下この問において「法」という。）に関する次の記述のうち、正しいものはどれか。

1　市街化調整区域内の農地を駐車場に転用するに当たって、当該農地がすでに利用されておらず遊休化している場合には、法第４条第１項の許可を受ける必要はない。

2　市街化調整区域内の農地を宅地に転用する場合は、あらかじめ農業委員会に届け出れば、法第４条第１項の許可を受ける必要はない。

3　市街化区域内の農地を耕作目的で取得する場合には、あらかじめ農業委員会に届け出れば、法第３条第１項の許可を受ける必要はない。

4　法第３条第１項又は法第５条第１項の許可が必要な農地の売買については、これらの許可を受けずに売買契約を締結しても、その所有権の移転の効力は生じない。

【問　22】 次の記述のうち、正しいものはどれか。

1　国土利用計画法によれば、市街化区域内に所在する面積3,000㎡の土地について、担保権の実行としての競売により取得した者は、その取得した日から起算して２週間以内に、都道府県知事（地方自治法に基づく指定都市にあっては、当該指定都市の長）に届け出る必要はない。

2　急傾斜地の崩壊による災害の防止に関する法律によれば、急傾斜地崩壊危険区域内において、切土を行おうとする者は、原則として市町村長の許可を受けなければならない。

3　地すべり等防止法によれば、地すべり防止区域内において、地表水を放流し、又は停滞させる行為を行おうとする者は、原則として国土交通大臣の許可を受けなければならない。

4　土砂災害警戒区域等における土砂災害防止対策の推進に関する法律によれば、土砂災害特別警戒区域内において同法第10条第１項に規定する特定開発行為をしようとする者は、その旨を都道府県知事に届け出なければならない。

【問　23】 特定の贈与者から住宅取得等資金の贈与を受けた場合の相続時精算課税の特例に関する次の記述のうち、正しいものはどれか。

1　増改築のために金銭の贈与を受けた場合には、増改築後の家屋の床面積が40㎡以上であるとともに、その工事に要した費用の額が100万円以上でなければ、この特例の適用を受けることができない。

2　父又は祖母双方から住宅取得のための資金の贈与を受けた場合において、父又は祖母のいずれかが60歳以上であるときは、双方の贈与はすべて、この特例の適用を受けることができない。

3　住宅取得等資金の贈与を受けた者について、その年の所得税法に定める合計所得金額が2,000万円を超えている場合には、この特例の適用を受けることができない。

4　60歳未満の父母又は祖父母から住宅用家屋の贈与を受けた場合でも、この特例の適用を受けることができる。

【問　24】 不動産取得税に関する次の記述のうち、誤っているものはどれか。

1　令和６年５月に建築された床面積180㎡の新築住宅の取得に係る不動産取得税の課税標準の算定については、当該新築住宅の価格から1,200万円が控除される。

2　相続により不動産を取得した場合、不動産取得税は課されない。

3　家屋が新築された日から３年を経過して、なお、当該家屋について最初の使用又は譲渡が行われない場合においては、当該家屋が新築された日から３年を経過した日において家屋の取得がなされたものとみなし、当該家屋の所有者を取得者とみなして、これに対して不動産取得税を課する。

4　令和６年５月に宅地を取得した場合、当該取得に係る不動産取得税の課税標準は、当該宅地の価格の２分の１の額とされる。

【問　25】 不動産の鑑定評価に関する次の記述のうち、誤っているものはどれか。

1　特定価格とは、市場性を有する不動産について、法令等による社会的要請を背景とする鑑定評価目的の下で、正常価格の前提となる諸条件を満たさないことにより正常価格と同一の市場概念の下において形成されるであろう市場価値と乖離することとなる場合における不動産の経済価値を適正に表示する価格をいう。

2　不動産の価格を求める鑑定評価の基本的な手法は、原価法、取引事例比較法及び収益還元法に大別され、このほかこれら三手法の考え方を活用した開発法等の手法がある。

3　収益還元法は、対象不動産が将来生み出すであろうと期待される純収益の現在価値の総和を求めることにより対象不動産の試算価格を求める手法であり、自用の不動産以外のものには基本的にすべて適用すべきものである。

4　鑑定評価の手法の適用に当たっては、鑑定評価の手法を当該案件に即して適切に適用すべきである。この場合、地域分析及び個別分析により把握した対象不動産に係る市場の特性等を適切に反映した複数の鑑定評価の手法を適用すべきであり、対象不動産の種類、所在地の実情、資料の信頼性等により複数の鑑定評価の手法の適用が困難な場合においても、その考え方をできるだけ参酌するように努めるべきである。

【問　26】　宅地建物取引業の免許（以下この問いにおいて「免許」という。）に関する次の記述のうち、宅地建物取引業法の規定によれば、誤っているものはどれか。

1　個人Ａが、自ら所有する市街化区域内の雑種地２ヘクタールを10アールずつに分筆し、宅地建物取引業者Ｂの媒介により分譲する場合、Ａは、免許を受けなければならない。

2　個人である宅地建物取引業者Ｃが死亡した場合、Ｃの相続人Ｄは、Ｃが締結した契約に基づく取引を結了する目的の範囲内において、宅地建物取引業者とみなされる。

3　株式会社Ｅが、自ら所有する市街化区域内の20筆の宅地について、宅地建物取引業者Ｆの代理により不特定多数の者と借地借家法第22条に規定する定期借地権設定契約を締結する場合、Ｅは、免許を受けなければならない。

4　株式会社Ｇが、自ら所有するマンションの15室について、株式会社Ｈの代理により不特定多数の者と賃貸借契約を締結する場合、Ｈは、免許を受けなければならない。

【問　27】　次の記述のうち、宅地建物取引業法（以下この問において「法」という。）の規定によれば、正しいものはどれか。なお、この問いにおいて「免許」とは宅地建物取引業の免許をいう。

1　宅地建物取引業者Ａ社の取締役Ｂが、暴力団員による不当な行為の防止等に関する法律に規定する暴力団員に該当することが判明し、法第66条第１項第３号の規定に該当することにより、Ａ社の免許は取り消された。その後、ＢはＡ社の取締役を退任したが、当該取消しの日から５年を経過しなければ、Ａ社は免許を受けることができない。

2　宅地建物取引業者Ｃ社は、不正の手段により免許を取得したことによる免許の取消処分に係る聴聞の期日及び場所が公示された日から当該処分がなされる日までの間に、合併により消滅したが、合併に相当の理由がなかった。この場合においては、当該公示の日の50日前にＣ社の取締役を退任したＤは、当該消滅の日から５年を経過しなければ、免許を受けることができない。

3　宅地建物取引業者Ｅ社（甲県知事免許）は、甲県知事から指示処分を受けたが、その指示処分に従わなかった。この場合、甲県知事は、Ｅ社に対し、１年を超える期間を定めて、業務停止を命ずることができる。

4　宅地建物取引業者Ｆ社（乙県知事免許）は、自ら所有しているマンション（10部屋）について、宅地建物取引業者ではない賃借人と賃貸借契約を締結するに当たり、法第35条に規定する重要事項の説明を行わなかった。この場合、Ｆ社は、乙県知事から業務停止を命じられることがある。

【問　28】 宅地建物取引業法に関する次の記述のうち、正しいものはどれか。

1　宅地建物取引業者Ａ社（甲県知事免許）が、宅地建物取引業法第66条の規定により免許を取り消されたときは、当該処分から30日以内に、甲県知事に免許証を返納しなければならない。

2　宅地建物取引業者Ｂ社（乙県知事免許）が、宅地建物取引業者Ｃ社（国土交通大臣免許）に吸収合併され、消滅した。この場合、Ｃ社を代表する役員Ｄは、当該合併の日から30日以内に、Ｂ社が消滅したことを国土交通大臣に届け出なければならない。

3　宅地建物取引業者Ｅ社（丙県知事免許）は、その事務所において業務に従事している専任ではない宅地建物取引士が退職した場合は、30日以内に、その旨を丙県知事に届け出なければならない。

4　丁県内に事務所を１つ設置している宅地建物取引業者Ｆ社（丁県知事免許）は、その事務所に従事する唯一の専任の宅地建物取引士が退職した場合、２週間以内に、必要な措置を執らなければ監督処分を受けることがある。

【問　29】 甲県知事の宅地建物取引士資格登録（以下この問において「登録」という。）を受けている宅地建物取引士Ａの登録及び宅地建物取引士証に関する次の記述のうち、宅地建物取引業法の規定によれば、誤っているものはどれか。

1　Ａが、乙県に住所を移転した場合、遅滞なく、変更の登録を申請するとともに、当該申請とあわせて、宅地建物取引士証の書換え交付を申請しなければならない。

2　Ａが、宅地建物取引士証の有効期間満了前に甲県知事の指定する講習を受けることができなかったことにやむを得ない事情がある場合、Ａは、その講習を受講しなくても、宅地建物取引士証の有効期間の更新を受けることができる。

3　Ａが、丙県に所在する宅地建物取引業者の事務所の業務に従事するため、登録の移転とともに宅地建物取引士証の交付を受けたとき、登録移転後の新たな宅地建物取引士証の有効期間は、従前の宅地建物取引士証の有効期間が満了するまでの期間となる。

4　Ａが、甲県の区域内における業務に関して甲県知事から事務禁止の処分を受け、その禁止期間中にＡから登録の消除の申請をして登録を消除された場合、Ａは、当該事務禁止の期間が満了すれば、登録を受けることができる。

【問　30】 営業保証金を供託している宅地建物取引業者Aと、宅地建物取引業保証協会（以下この問において「保証協会」という。）の社員である宅地建物取引業者Bに関する次の記述のうち、宅地建物取引業法の規定によれば、正しいものはどれか。なお、宅地建物取引業に関し取引をした者は、宅地建物取引業者ではないものとする。

1　新たに1つの事務所を設置する場合、その日から2週間以内に、Aは、主たる事務所の最寄りの供託所に営業保証金500万円を供託しなければならず、Bは、保証協会に弁済業務保証金分担金30万円を納付しなければならない。

2　A（事務所数2）と宅地建物取引業に関し取引をした者も、B（事務所数2）と宅地建物取引業に関し取引をした者も、その取引により生じた債権に関し、1,500万円を限度として弁済を受ける権利を有する。

3　主たる事務所を移転したためその最寄りの供託所が変更した場合、A及びBは、営業保証金又は弁済業務保証金を供託している供託所に対し、移転後の主たる事務所の最寄りの供託所への営業保証金又は弁済業務保証金の保管替えを請求しなければならない。

4　宅地建物取引業に関する取引により生じた債権を有する者がその権利を実行し、営業保証金及び弁済業務保証金が政令で定める額に不足することとなった場合、その不足が生じた日から2週間以内に、Aはその不足額を主たる事務所の最寄りの供託所に供託しなければならず、Bはその不足額を保証協会に納付しなければならない。

【問　31】 次の記述のうち、宅地建物取引業法の規定によれば、誤っているものはいくつあるか。

ア　宅地建物取引業者は、宅地の造成又は建物の建築に関する工事の完了前においては、当該工事に必要な都市計画法に基づく開発許可、建築基準法に基づく建築確認その他法令に基づく許可等の申請をした後でなければ、当該工事に係る宅地又は建物の売買その他の業務に関する広告をしてはならない。

イ　宅地建物取引業者は、宅地又は建物の売買又は交換に関する広告をするときに取引態様の別を明示していても、注文を受けたときに改めて取引態様の別を明らかにしなければならないが、貸借については、広告をするときに取引態様の別を明示していれば、注文を受けたときに改めて取引態様の別を明らかにする必要はない。

ウ　宅地建物取引業者は、販売する宅地又は建物の所在、規模、形質等について広告に著しく事実に相違する表示をした場合、監督処分の対象となるほか、6月以下の懲役又は100万円以下の罰金に処せられることがある。

エ　宅地建物取引業者は、宅地の造成又は建物の建築に関する工事の完了前においては、当該工事に必要な都市計画法に基づく開発許可、建築基準法に基づく建築確認その他法令に基づく許可等の処分で政令で定めるものがあった後でなければ、当該工事に係る宅地又は建物につき、当事者を代理してその売買、交換若しくは貸借の契約を締結し、又はその売買、交換若しくは貸借の媒介をしてはならない。

1　一つ

2　二つ

3　三つ

4　四つ

【問　32】 宅地建物取引業者ＡがＢの所有する宅地の売却の依頼を受け、Ｂと専属専任媒介契約を締結した場合に関する次の記述のうち、宅地建物取引業法（以下この問において「法」という。）の規定によれば、正しいものはどれか。なお、法第34条の２第１項の規定に基づく書面の交付に代えて電磁的方法により提供する場合については考慮しないものとする。

1　当該専属専任媒介契約の有効期間が満了した場合において、Ｂからの更新の申出があれば、Ａの承諾の有無にかかわらず、従前の契約と同一内容で当該専属専任媒介契約は更新される。

2　ＡＢ間の合意により、「Ａは、５日ごとに当該専属専任媒介契約に係る業務の処理状況をＢに報告することとする」旨の特約をしたときは、その特約は有効である。

3　Ａは、当該物件の所在、規模、形質、売買すべき価額等を、当該専属専任媒介契約締結の日から７日以内（休業日を除く。）に、指定流通機構に登録しなければならない。

4　Ｂが宅地建物取引業者である場合、Ａは、Ｂの承諾を得れば、法第34条の２第１項の規定に基づく書面の交付を省略することができる。

【問　33】 宅地建物取引業者Ａが、Ｂ所有の新築住宅の売却の媒介依頼を受け、Ｂと専任媒介契約を締結した。この場合において、次の記述のうち、ＡがＢに交付する宅地建物取引業法（以下この問において「法」という。）第34条の２第１項の規定に基づく書面に記載する必要がある事項はどれか。なお、同書面の交付に代えて電磁的方法により提供する場合については考慮しないものとする。

1　当該建物に係る都市計画法その他の法令に基づく制限で主要なもの

2　当該依頼者に対する法第34条の２第１項第４号に規定する建物状況調査を実施する者のあっせんに関する事項

3　当該媒介契約の有効期間及び解除に関する事項

4　当該建物を売買すべき価額について意見を述べるときは、その根拠

【問　34】 宅地建物取引業者Aが宅地の売買の媒介を行うに際して、その従業員である宅地建物取引士Bに、宅地建物取引業法第35条に規定する重要事項の説明及び重要事項説明書の交付を行わせた場合に関する次の記述のうち、同法の規定に違反しないものはいくつあるか。なお、重要事項説明書の交付に代えて電磁的方法により提供する場合については考慮しないものとする。

ア　Aは、事務所の応接室が使用できず、また宅地建物取引業者ではない買主Cからの申出もあったことから、事務所ではなく近くのホテルのロビーで、Cに対する重要事項の説明をBに行わせた。

イ　Aは、契約締結前に事前に重要事項説明書を宅地建物取引業者ではない買主Dに郵送し、あらかじめ当該説明書の内容についてDの了承を得た上で、Dに対する重要事項の説明を契約締結後遅滞なくBに行わせた。

ウ　Bは、宅地建物取引業者ではない買主Eと最初に会った時に宅地建物取引士証を提示しており、Eからも請求がなかったので、重要事項の説明を行う際に、Eに対して宅地建物取引士証を提示しなかった。

エ　Aは、買主Fが宅地建物取引業者であったことから、Fに対して重要事項説明書を交付したが、BによるFに対する重要事項の説明を省略した。

1　一つ

2　二つ

3　三つ

4　四つ

【問　35】 宅地建物取引業者が媒介により中古のマンションの貸借の契約を成立させた場合に関する次の記述のうち、宅地建物取引業法（以下この問において「法」という。）の規定によれば、誤っているものはいくつあるか。なお、この問において「重要事項説明書」とは法第35条の規定により交付すべき書面を、「37条書面」とは法第37条の規定により交付すべき書面をいうものとし、両書面の交付に代えて電磁的方法により提供する場合については考慮しないものとする。

ア　天災その他不可抗力による損害の負担に関して定めがない場合には、その旨を37条書面に記載しなければならない。

イ　借賃以外に金銭の授受がある場合に、その額及び授受の目的について、重要事項説明書に記載しているのであれば、37条書面に記載する必要はない。

ウ　建物の構造耐力上主要な部分等の状況について当事者の双方が確認した事項を、37条書面に記載しなければならない。

1　一つ

2　二つ

3　三つ

4　なし

【問　36】 宅地建物取引業者が媒介により建物の貸借の契約を成立させた場合、宅地建物取引業法第37条の規定により当該貸借の契約の当事者に対して交付すべき書面に必ず記載しなければならない事項は、次の記述のうちいくつあるか。なお、同書面の交付に代えて電磁的方法により提供する場合については考慮しないものとする。

ア　当該媒介に関する報酬の額

イ　当該建物に係る租税その他の公課の負担に関する定めがあるときは、その内容

ウ　借賃の額並びにその支払の時期及び方法

エ　契約の解除に関する定めがあるときは、その内容

1　一つ

2　二つ

3　三つ

4　四つ

【問　37】 宅地建物取引業法第35条に規定する重要事項の説明及び同法第37条の規定により交付すべき書面（以下この問において「37条書面」という。）に関する次の記述のうち、正しいものはどれか。なお、説明及び書面の交付の相手方は宅地建物取引業者ではないものとする。

1　宅地建物取引業者は、マンションの１戸の売買の媒介における重要事項の説明において、当該マンションの管理組合の総会の議決権に関する事項について説明するとともに、37条書面に記載しなければならない。

2　宅地建物取引士は、重要事項の説明をする際に、説明の相手方に対して宅地建物取引士証を提示しなかった場合、監督処分の対象となるが、10万円以下の過料に処せられることはない。

3　宅地建物取引業者は、37条書面の作成を宅地建物取引士でない従業者に行わせることができる。

4　宅地建物取引業者は、37条書面の交付に代えて、当該書面の交付の相手方の書面又は口頭による承諾を得て、当該書面に記載すべき事項を電磁的方法により提供することができる。

【問　38】 宅地建物取引業者Ａが、自ら売主として宅地建物取引業者でない買主Ｂとの間で締結した宅地の売買契約について、Ｂが宅地建物取引業法第37条の２の規定に基づき、いわゆるクーリング・オフによる契約の解除をする場合における次の記述のうち、正しいものはどれか。

1　当該売買契約がテント張りの案内所で締結され、Ａから当該宅地について移転登記及び引渡しを受けた場合、Ｂは、代金の一部が未払いであっても、当該契約を解除することができない。

2　当該売買契約がＢの取引先の銀行で締結された場合、Ａは、クーリング・オフについて書面で告知しなければならない。

3　当該売買契約が、Ａの申出により、Ａの知り合いの宅地建物取引業者Ｃの事務所で締結された場合、Ｂは、当該契約を解除することができない。

4　Ｂは、喫茶店で買受けの申込みをし、Ａの事務所でクーリング・オフについて書面で告げられた上で契約を締結した。この書面の中で、クーリング・オフによる契約の解除ができる期間を２週間としていた場合、Ｂは、契約の締結の日から10日後であっても契約の解除をすることができる。

【問　39】 宅地建物取引業者Aが、自ら売主となって、宅地建物取引業者でない買主Bに、建築工事完了前の建物を価格4,000万円で譲渡する契約を締結した場合に関する次の記述のうち、宅地建物取引業法の規定によれば、正しいものはどれか。なお、この問において「保全措置」とは、同法第41条第1項の規定による手付金等の保全措置をいうものとする。

1　AがBから200万円の手付金を受領した後、Bが契約締結前にAに支払っていた10万円の申込証拠金を代金に充当するときは、Aは、その申込証拠金については保全措置を講ずる必要がない。

2　Aは、指定保管機関による保管により保全措置を講ずれば、Bから800万円の手付金を受領することができる。

3　Aは、Bから中間金として1,000万円を受領しようとする場合には、当該建物についてBへの所有権移転の登記がなされているときでも、保全措置を講じなければならない。

4　Aは、Bから250万円の手付金を受領しようとする場合には、Aが供託している営業保証金の額にかかわらず、保全措置を講じなければならない。

【問　40】 宅地建物取引業者Aが自ら売主として、宅地建物取引業者でない買主Bと宅地（価格4,000万円）の売買契約を締結した場合に関する次の記述のうち、宅地建物取引業法及び民法の規定によれば、誤っているものはどれか。

1　売買契約の締結に際し、AがBから1,000万円の金銭を手付として受領した場合、その後、Bが手付を放棄して契約を解除したときには、Aは、Bに対して、200万円を返還しなければならない。

2　「債務不履行による契約解除に伴う損害賠償の予定額と違約金の額をそれぞれ800万円とする」旨の特約をした場合、損害賠償と違約金を合計した額は、1,200万円となる。

3　Bとの割賦販売契約において、「Bが賦払金の支払を30日以上遅延した場合は、催告なしに契約の解除又は支払時期の到来していない賦払金の支払を請求することができる」と定めた契約書の条項は無効である。

4　売買契約が「宅地の引渡しまでに代金の一部として1,500万円支払う」という条件の割賦販売であった場合で、Bが1,500万円を支払い、Aが宅地を引き渡すときは、Aは、原則として登記その他引渡し以外の売主の義務も履行しなければならない。

【問　41】 宅地建物取引業者Ａ社による投資用マンションの販売の勧誘に関する次の記述のうち、宅地建物取引業法の規定に違反するものはいくつあるか。

ア　Ａ社の従業員は、勧誘の相手方に対し、「この物件を購入したら、一定期間、確実に収入が得られる。損はしない。」などと告げたが、当該従業員には故意に誤解させるつもりはなかった。

イ　Ａ社の従業員は、勧誘の相手方に対し、「この物件から300mの位置には、国道が２～３年後に必ず開通する。」と告げ、将来の環境について誤解させるべき断定的判断を提供したが、当該従業員には故意に誤解させるつもりはなかった。

ウ　Ａ社の従業員は、勧誘の相手方が「契約の締結をするかどうかしばらく考えさせてほしい。」と申し出たにもかかわらず、事実を歪めて「明日では契約締結はできなくなるので、今日しか待てない。」と告げた。

エ　Ａ社の従業員は、勧誘の相手方が当該勧誘を引き続き受けることを希望しない旨の意思を表示したにもかかわらず、当該契約を締結しない旨の意思を明確に表示しなかったので、当該勧誘を継続した。

1　一つ

2　二つ

3　三つ

4　四つ

【問　42】 宅地建物取引業者Ａ（消費税課税事業者）が受領する報酬に関する次の記述のうち、宅地建物取引業法の規定によれば、Ａが受領することのできる報酬の最高限度額を少ない順に並べたものはどれか。

ア　Ａは、Ｂから代理の依頼を受けて、Ｂ所有の3,000万円の宅地とＣ所有の3,300万円の宅地の交換契約を成立させ、Ｂから報酬を受領した。

イ　Ａは、Ｄから媒介の依頼を受けて、Ｄが所有する土地付建物を売却する契約を成立させ、Ｄから報酬を受領した。なお、土地付建物の代金は7,200万円（うち、土地代金は5,000万円）で、消費税額及び地方消費税額を含むものとする。

ウ　Ａは、宅地建物取引業者Ｅ（消費税課税事業者）とともにＦから媒介の依頼を受けて、Ｆが所有する宅地を代金１億5,000万円で売却する契約を共同して成立させ、Ｆから報酬を得て、Ｅと２分の１ずつ受領した。

1　ア、イ、ウ

2　イ、ア、ウ

3　ウ、ア、イ

4　ウ、イ、ア

【問　43】 宅地建物取引業者Aに関する次の記述のうち、宅地建物取引業法（以下この問において「法」という。）の規定によれば、誤っているものはどれか。

1　Aは、その事務所ごとに、法第48条第3項に規定する従業者名簿を備えなかった場合、監督処分の対象となるほか、50万円以下の罰金に処せられることがある。

2　Aは、宅地建物取引士証の交付を受けた従業者については、法第48条第1項に規定する従業者であることを証する証明書を携帯させることなく、その者を業務に従事させることができる。

3　Aは、法第49条に規定する帳簿の記載事項が、電子計算機に備えられたファイル又は電磁的記録媒体に記録され、必要に応じ当該事務所において電子計算機その他の機器を用いて明確に紙面に表示されるときは、当該記録をもって帳簿への記載に代えることができる。

4　Aは、その事務所ごとに、公衆の見やすい場所に、当該事務所に置かれている成年者である専任の宅地建物取引士の氏名が記載された標識を掲げなければならない。

【問　44】 宅地建物取引業法の規定によれば、次の記述のうち、誤っているものはどれか。

1　国土交通大臣又は都道府県知事は、その免許を受けた宅地建物取引業者が免許を受けてから1年以内に事業を開始せず、又は引き続いて1年以上事業を休止したときは、当該免許を取り消さなければならない。

2　国土交通大臣は、すべての宅地建物取引業者に対して、宅地建物取引業の適正な運営を確保し、又は宅地建物取引業の健全な発達を図るため必要な指導、助言及び勧告をすることができる。

3　都道府県知事は、指示の処分をしたときは、当該都道府県の公報又はウェブサイトへの掲載その他の適切な方法により公告を行わなければならず、また、遅滞なく、その旨を、当該宅地建物取引業者が国土交通大臣の免許を受けたものであるときは国土交通大臣に報告し、他の都道府県知事の免許を受けたものであるときはその都道府県知事に通知しなければならない。

4　宅地建物取引業者（法人）の従業者が、その法人の業務に関し、宅地建物取引業法第47条の規定に違反して同条第1号に掲げる行為（重要な事項に関する不告知等）をしたときは、その法人は1億円以下の罰金刑に処せられることがある。

【問　45】　特定住宅瑕疵担保責任の履行の確保等に関する法律に基づく住宅販売瑕疵担保保証金の供託又は住宅販売瑕疵担保責任保険契約の締結（以下この問において「資力確保措置」という。）に関する次の記述のうち、正しいものはどれか。

1　宅地建物取引業者は、自ら売主として宅地建物取引業者である買主との間で新築住宅の売買契約を締結し、当該住宅を引き渡す場合、資力確保措置を講ずる義務を負う。

2　住宅販売瑕疵担保責任保険契約は、新築住宅の買主が保険料を支払うことを約し、住宅瑕疵担保責任保険法人と締結する保険契約であり、当該住宅の引渡しを受けた時から10年間、当該住宅の瑕疵によって生じた損害について保険金が支払われる。

3　住宅販売瑕疵担保責任保険契約は、国土交通大臣の承認を受けた場合を除き、変更又は解除をすることができない。

4　自ら売主として新築住宅を宅地建物取引業者ではない買主に引き渡した宅地建物取引業者は、基準日に係る資力確保措置の状況の届出をしなければ、当該基準日以後、新たに自ら売主となる新築住宅の売買契約を締結することができない。

【問　46】　独立行政法人住宅金融支援機構（以下この問において「機構」という。）の業務に関する次の記述のうち、誤っているものはどれか。

1　機構は、民間金融機関が貸し付けた住宅ローンについて、住宅融資保険を引き受けることにより、民間金融機関による住宅資金の供給を支援している。

2　機構は、証券化支援事業（買取型）において、銀行、保険会社、農業協同組合、信用金庫、信用組合などが貸し付けた住宅ローンの債権を買い取ることができる。

3　機構は、証券化支援事業（保証型）において、高齢者が自ら居住する住宅に対してバリアフリー工事、ヒートショック対策工事又は耐震改修工事を行う場合に、債務者本人の死亡時に一括して借入金の元金を返済する制度を設けている。

4　機構は、証券化支援事業（買取型）において、債権譲受けにより譲り受けた貸付債権に係る建築物又は土地については、原則として、当該貸付債権に係る貸付けを受けた者に、機構のために第1順位の抵当権を設定させることとしている。

【問　47】 宅地建物取引業者が行う広告に関する次の記述のうち、不当景品類及び不当表示防止法（不動産の表示に関する公正競争規約を含む。）の規定によれば、正しいものはどれか。

1　高圧電線路下にある土地を販売するための広告においては、当該土地の面積のおおむね50％以上が高圧電線路下にある場合に限り、その旨及びその実測面積を表示しなければならない。

2　各種施設までの徒歩による所要時間を表示する場合は、直線距離80mにつき1分間を要するものとして算出した数値を表示し、また、1分未満の端数が生じたときは1分間として計算して表示しなければならない。

3　マンションの広告を行う場合、当該マンションが建築工事完了後2年を経過していたとしても、居住の用に供されたことがなければ「新築分譲マンション」と表示することができる。

4　住宅の居室等の広さを畳数で表示する場合においては、畳1枚当たりの広さは1.62㎡（各室の壁心面積を畳数で除した数値）以上の広さがあるという意味で用いなければならない。

【問　48】 次の記述のうち、正しいものはどれか。

1　令和6年地価公示（令和6年3月公表）によれば、令和5年1月以降の1年間の地価は、三大都市圏平均及び地方圏平均では、全用途平均、住宅地、商業地のいずれも3年連続で上昇した。

2　「令和5年住宅・土地統計調査（速報集計）結果」（総務省統計局、令和6年4月30日公表）によると、令和5年10月1日現在における全国の総住宅数は、平成30年と比べ、4.2％の減少となっている。

3　建築着工統計調査報告（令和5年計。令和6年1月公表）によれば、令和5年の新設住宅の着工戸数は、令和4年と比較すると増加したが、令和3年の新設住宅着工戸数を下回っていた。

4　年次別法人企業統計調査（令和4年度。令和5年9月公表）によれば、令和4年度における不動産業の経常利益は、前年度と比べ2.0％増加した。

【問　49】 土地に関する次の記述のうち、最も不適当なものはどれか。

1　山間地に住宅を建築する場合、過去に深層崩壊の現象が知られた地域では、これを念頭に置く必要がある。

2　地すべりが活動している可能性が高いかどうかを判断するにあたっては、宅地予定地周辺の擁壁等にひび割れが見られるかどうかを確認することが重要である。

3　主として砂質土からなるのり面は、地表水による浸食には比較的強く、簡易な排水施設の設置により安定を図ることが可能である。

4　宅地の地盤条件は過去の地形とも関係するので、過去にいかなる地形であったかについて、過去の地形図（旧版地図）や古地図等で確認することが必要である。

【問　50】 建築物の構造に関する次の記述のうち、最も不適当なものはどれか。

1　建築物の基礎は、建築物に作用する荷重及び外力を安全に地盤に伝え、かつ、地盤の沈下又は変形に対して構造耐力上安全なものとしなければならない。

2　木造建築物においては、引張り力を負担する筋かいは、必ず鉄筋を使用したものとしなければならない。

3　木造建築物においては、圧縮力を負担する筋かいは、原則として、厚さ3cm以上で幅9cm以上の木材を使用したものでなければならない。

4　構造耐力上主要な部分である壁、柱及び横架材を木造とした建築物にあっては、すべての方向の水平力に対して安全であるように、原則として、各階の張り間方向及びけた行方向に、それぞれ壁を設け又は筋かいを入れた軸組を釣合い良く配置しなければならない。

〔問 49〕 土地に関する次の記述のうち、最も不適当なものはどれか。

1 [illegible]

2 [illegible]

3 [illegible]

4 [illegible]

〔問 50〕 建築物の構造に関する次の記述のうち、最も不適当なものはどれか。

1 [illegible]

2 [illegible]

3 [illegible]

4 [illegible]

受験番号記入欄（受験番号シール貼り付け欄）
—
受 験 者 氏 名

令和6年度問題

第3回
［問　題］

法改正・新傾向対策模試

直前予想模試・第３回のテーマは、ズバリ、**「直近・近年の法改正点の完全攻略」**および**「新しい出題スタイル・論点に挑戦」**です。

設定されている**「合格ライン」**は**34問**です。**法改正**の実戦的な習得および**「初めて見る」**形式の出題にアタックする、**絶好のチャンス**です！ぜひじっくり取り組んでください。

なお、**法改正ポイントの総括**を巻頭の**「特集 Part3」**で掲載しています。解説とあわせてしっかり確認しておきましょう。

［使用方法］
この色紙部分を残したまま、問題冊子を右側に向かってゆっくり引いて、取り外してください。

日建学院

令和6年度

第3回 模擬問題

次の注意事項をよく読んでから、始めてください。

(注意事項)

1　問　　題

問題は、1ページから27ページまでの50問です。

試験開始の合図と同時に、ページ数を確認してください。

乱丁や落丁があった場合は、直ちに試験監督員に申し出てください。

2　解　　答

解答は、解答用紙の「記入上の注意」に従って記入してください。

正解は、各問題とも一つだけです。

二つ以上の解答をしたもの及び判読が困難なものは、正解としません。

3　適用法令

問題の中の法令に関する部分は、令和6年4月1日現在施行されている規定に基づいて出題されています。

日建学院

【問　1】 次の１から４までの記述のうち、民法の規定及び下記判決文によれば、誤っているものはどれか。

（判決文）

このような地震保険に加入するか否かについての意思決定は、生命、身体等の人格的利益に関するものではなく、財産的利益に関するものであることにかんがみると、この意思決定に関し、仮に保険会社側からの情報の提供や説明に何らかの不十分、不適切な点があったとしても、特段の事情が存しない限り、これをもって慰謝料請求権の発生を肯認し得る違法行為と評価することはできないものというべきである。（中略）したがって、前記の事実関係の下において、被上告人らの上告人に対する前記の募取法（保険募集の取締に関する法律をいう。なお、同法は、平成７年法律第105号により廃止された。）11条１項、不法行為、債務不履行及び契約締結上の過失に基づく慰謝料請求が理由のないことは明らかである。

1　火災保険契約の申込者は、特段の事情が存する場合には、同契約に附帯して地震保険契約を締結するか否かの意思決定をするに当たり保険会社側からの地震保険の内容等に関する情報の提供や説明に不十分、不適切な点があったことを理由として、慰謝料を請求できる可能性がある。

2　他人の身体、自由若しくは名誉を侵害した場合又は他人の財産権を侵害した場合のいずれであるかを問わず、故意又は過失によって他人の権利又は法律上保護される利益を侵害したことにより損害賠償の責任を負う者は、財産以外の損害に対しても、その賠償をしなければならない。

3　保険会社が、火災保険契約の申込者に対し、地震保険に関する事項についての情報提供や説明をすべき信義則上の義務を履行することによって、当該申込者が地震保険契約の申込みをした可能性も否定できないのであって、この自己決定の機会を喪失したことにより当該申込者が被った精神的苦痛は、保険会社の上記の義務の違反と相当因果関係のある損害である。

4　火災保険契約の申込書には「地震保険は申し込みません」との記載のある欄が設けられ、申込者が地震保険に加入しない場合にはこの欄に押印をすることとされていること、当該申込者が上記欄に自らの意思に基づき押印をしたこと、保険会社が当該申込者に対し地震保険の内容等について意図的にこれを秘匿したという事実はないこと等の事情の下においては、保険会社側に、慰謝料請求権の発生を肯認し得る違法行為と評価すべき特段の事情が存するものとはいえない。

【問　2】　AがBに令和6年7月1日に甲土地を売却した場合に関する次の記述のうち、民法の規定及び判例によれば、正しいものはどれか。

1　Aが意思無能力である間にＡＢ間の売買契約がなされた場合、Aが当該契約を取り消せば、当該契約は、その取消しの時点から将来に向かって無効になる。

2　ＡＢ間の売買契約が仮装譲渡であり、その後BがCに甲土地を転売した場合、Cが仮装譲渡の事実を過失により知らなかったのであれば、Aは、虚偽表示による無効を主張して、Cに対して、甲土地の返還を請求することができる。

3　ＡＢ間の売買契約がAの重大な過失によらない錯誤に基づくものであり、その錯誤が重要なものである場合でも、Aの錯誤の事実を過失により知らないDが、Bから甲土地を買い受けて所有権移転登記を備えていたときは、Aは、錯誤による取消しをして、Dに対して、甲土地の返還を請求することはできない。

4　Aが第三者の詐欺によってBに甲土地を売却し、その後BがEに甲土地を転売した場合、第三者による詐欺の事実をB及びEが過失により知らなかったのであれば、Aは、詐欺による取消しをして、Eに対して、甲土地の返還を請求することができる。

【問　3】　AがBに対して有する債権の消滅時効に関する次の記述のうち、民法の規定によれば、正しいものはどれか。なお、時効の対象となる債権の発生原因は、令和6年7月1日に生じたものとする。

1　当該債権が売買代金請求権である場合、当該債権は、Aが権利を行使することができることを知った時から3年間行使しないときは、権利を行使することができる時から10年間が経過していなくても、時効によって消滅する。

2　当該債権が人の生命又は身体の侵害による損害賠償請求権である場合、当該債権は、Aが権利を行使することができる時から10年間行使しないときは、時効によって消滅する。

3　当該債権が売買目的物の種類又は品質に関する契約不適合を理由とする損害賠償請求権である場合、Aが当該契約不適合を知らなかったときは、当該債権は、Aが権利を行使することができる時から10年間が経過しても、時効によって消滅しない。

4　当該債権についてAのBに対する催告によって時効の完成が猶予されている間にされた再度の催告は、時効の完成猶予の効力を有しない。

【問　4】 法定地上権の成立に関する次の記述のうち、民法の規定及び判例によれば、誤っているものはどれか。

1　土地を目的とする先順位の甲抵当権設定当時、土地と建物の所有者が異なっていた場合、土地と建物が同一の所有者となった後に、当該土地に後順位の乙抵当権が設定されても、その後に抵当権が実行され甲抵当権が消滅するときは、法定地上権は成立しない。

2　A及びBの共有地にAが所有する建物が存在し、Aの土地持分に抵当権が設定された場合、当該抵当権が実行されても、法定地上権は成立しない。

3　土地を目的とする先順位の丙抵当権設定当時、土地と建物の所有者が異なっていた場合、土地と建物が同一の所有者となった後に土地に後順位の丁抵当権が設定され、その後、丙抵当権が設定契約の解除により消滅した後に、丁抵当権が実行されたときは、法定地上権が成立する。

4　Cが所有する土地にC及びDの共有建物が存在し、当該土地に抵当権が設定された場合、当該抵当権が実行されても、法定地上権は成立しない。

【問　5】 次の記述のうち、民法の規定によれば、正しいものはどれか。なお、債務は令和6年7月1日に生じたものとする。

1　Aに対してBとCとが連帯債務を負う場合、別段の意思表示がないときは、Aが、Bに対して履行を請求した効果はCに及び、Cに対して履行を請求した効果はBに及ぶ。

2　Dに対してEが負う債務について、FがEと連帯して保証する場合、別段の意思表示がないときは、Dが、Eに対して履行を請求した効果はFに及び、Fに対して履行を請求した効果はEに及ぶ。

3　Gに対してHが債務を負う場合、Iが、Hと連帯して、当該債務と同一の内容の債務を負担する債務引受は、HとIとの契約によってすることはできるが、この場合において、当該債務引受は、GがIに対して承諾をした時に、その効力を生ずる。

4　Jに対してKが債務を負う場合、Lが当該債務と同一の内容の債務を負担し、Kが当該債務を免れる債務引受は、JとLとの契約によってすることはできない。

【問　6】　ＡがＢに対して有する貸金債権をＣに譲渡した場合に関する次の記述のうち、民法の規定及び判例によれば、正しいものはどれか。なお、債権の譲渡は令和６年４月１日以降に行われたものとする。

1　譲渡の当時にＢがＡに対して相殺適状にある反対債権を有していた場合でも、Ｂは、相殺をもってＣに対抗することはできない。

2　譲渡の当時にＡ及びＢが債権の譲渡制限の意思表示をしていた場合でも、Ｂは、そのことを重大な過失によって知らなかったＣに対して、債務の履行を拒むことができない。

3　Ｂが債務を履行しない場合において、譲渡の当時にＡ及びＢが債権の譲渡制限の意思表示をしていたことを知っていたＣが、Ｂに対し相当の期間を定めてＡへの履行を催告し、その期間内にＢからＡに履行がないときは、Ｂは、Ｃに対して、債務の履行を拒むことができない。

4　Ａが当該貸金債権をDに対しても譲渡し、Ｃに対する債権譲渡については令和６年10月19日付、Dに対する債権譲渡については同月20日付のそれぞれ確定日付のある証書によってＢに通知した場合で、いずれの通知もＢによる弁済前に到達したとき、Ｂへの通知の到達の先後にかかわらず、ＣがDに優先して権利を行使することができる。

【問　7】　Ａは、Ｂに対し、1,000万円の貸付金債権（弁済期は、令和６年10月20日とする。）を有している。この場合に関する次の記述のうち、民法の規定及び判例によれば、誤っているものはどれか。なお、貸付金債権は令和６年４月１日以降に生じたものとする。

1　Ｃが、Ａの代理人と称してＢに本件貸付金債務の弁済を請求したところ、Ｂが善意無過失でＣに弁済した場合、表見代理が成立しなければ、Ａの追認がない限り弁済は無効である。

2　Ｂの父ＤがＢの委託を受けて本件貸付金債務を弁済をする場合において、そのことをＡが知っていたときは、当該弁済がＡの意思に反していたとしても、Ｄの弁済は有効である。

3　Ｂの妹ＥがＢの代わりに本件貸付金債務を弁済した場合において、その弁済がＢの意思に反することをＡが知らなかったときは、Ｅの弁済は有効である。

4　ＢがＡに対して1,000万円の代金債権（弁済期は、令和６年10月10日）を有している場合、同年10月11日において、Ａは本件貸付金債権とＢの代金債権とを相殺することができないが、Ｂは両債権を相殺することができる。

【問　8】 AがBとの間で、①Aを売主、Bを買主とする建物の売買契約を締結した場合と、②Aを請負人、Bを注文者とする建物の建築請負契約を締結した場合に関する次の記述のうち、民法の規定によれば、正しいものはどれか。なお、これらの契約は、令和6年7月1日に締結され、担保責任に関する特約はないものとする。

1　①の契約において、Aが品質に関して契約の内容に適合しない建物をBに引き渡した場合、Bは、その不適合がAの責めに帰することができない事由によるものであるときは、契約の解除をすることができない。

2　②の契約において、Aが品質に関して契約の内容に適合しない建物をBに引き渡した場合、Bは、その不適合がAの責めに帰することができない事由によるものであるときでも、Aに対し、損害賠償の請求をすることができる。

3　①及び②のいずれの契約においても、Aが品質に関して契約の内容に適合しない建物をBに引き渡した場合において、その不適合がBの責めに帰すべき事由によるものであるときは、Bは、Aに対し、履行の追完の請求をすることはできない。

4　②の契約において、Aが品質に関して契約の内容に適合しない建物をBに引き渡した場合、Bは、その不適合を理由として契約を解除することはできない。

【問　9】 不法行為（令和6年4月1日以降に行われたもの）に関する次の記述のうち、民法の規定及び判例によれば、正しいものはどれか。

1　不法行為による損害賠償の支払債務は、被害者から加害者へ履行の請求があった時から履行遅滞となり、加害者は、その時以降完済に至るまでの遅延損害金を、被害者に支払わなければならない。

2　土地の工作物の設置又は保存に瑕疵があることによって他人に損害を生じたときは、その工作物の占有者は、被害者に対してその損害を賠償する責任を負うが、占有者が損害の発生を防止するのに必要な注意をしたときは、所有者がその損害を賠償しなければならない。

3　建物の建築に携わる施工者は、建物としての基本的な安全性が欠ける建物を建築した場合でも、契約関係にない当該建物の居住者に対しては、損害賠償責任を負わない。

4　人の生命又は身体を害する不法行為による損害賠償請求権は、被害者又はその法定代理人が損害及び加害者を知った時から3年間行使しない場合には、時効によって消滅する。

【問　10】 相続（令和６年４月１日に相続の開始があったものとする。）に関する次の記述のうち、民法の規定によれば、誤っているものはどれか。

1　被相続人の生前に、その長女が家庭裁判所の許可を受けて遺留分を放棄していた場合であっても、その者は、被相続人の遺産を相続する権利を失わない。

2　各共同相続人は、遺産に属する預貯金債権のうち相続開始の時の債権額の３分の２に当該共同相続人の相続分を乗じた額については、単独でその権利を行使することができる。

3　配偶者は、被相続人の財産に属した建物に相続開始の時に無償で居住していた場合であっても、相続開始の時において居住建物に係る配偶者居住権を取得したときは、配偶者短期居住権を有しない。

4　遺留分権利者及びその承継人は、受遺者又は受贈者に対し、遺留分侵害額に相当する金銭の支払を請求することができる。

【問　11】 Ａが、建物の所有を目的として、ＢからＢの所有地を賃借しようとする場合又は賃借している場合に関する次の記述のうち、借地借家法の規定及び判例によれば、正しいものはどれか。

1　ＡＢ間の借地契約が、専ら事業の用に供する建物（居住の用に供するものを除く。）の所有を目的とし、かつ、借地権の存続期間を20年として締結された場合、当該借地契約は、公正証書又は当該契約の内容を記録した電磁的記録によってしなければならない。

2　ＡＢ間の借地契約の存続期間が満了し、契約の更新がないためＡがＢに対して建物買取請求権を行使した場合、Ａは、同時履行の抗弁権を主張して、建物の代金の支払の提供を受けるまで、土地の明渡しを拒むことができる。

3　Ｃが当該建物を競売により取得した場合に、Ｃが当該土地の賃借権を取得してもＢに不利となるおそれがないにもかかわらず、Ｂが当該賃借権の譲渡を承諾しないときは、Ｃは、裁判所に対して、Ｂの承諾に代わる許可の申立てをすることができるが、Ｂに対して建物買取請求権を行使することはできない。

4　ＡＢ間の借地契約において、存続期間を50年以上として借地借家法第22条の定期借地権を定める場合には、契約の更新がない旨を書面で合意しなければ、その旨を借地契約に定めることはできず、当該合意がその内容を記録した電磁的記録によってされたときは、契約の更新がない旨の特約は無効となる。

【問　12】 Aが、令和６年７月１日に、A所有の甲建物につきBとの間で借地借家法第38条第１項の定期建物賃貸借契約を締結する場合におけるテレビ会議等のＩＴを活用した同条第３項の規定に基づく事前説明（以下この問において「事前説明」という。）及び事前説明に係る書面（以下この問において「事前説明書」という。）に関する次の記述のうち、借地借家法の規定によれば、正しいものはどれか。なお、事前説明書の交付に代えて、当該書面に記載すべき事項を電磁的方法により提供する場合については、考慮しないものとする。

1　Ａ及びＢが、事前説明書及び説明の内容について十分に理解できる程度に映像を視認でき、又は双方が発する音声を十分に聞き取ることができれば、対面による事前説明と同様に取り扱うことができる。

2　事前説明は、Ａが事前説明書をＢにあらかじめ送付していなければ、対面による事前説明と同様に取り扱うことができない。

3　事前説明は、Ｂが事前説明書を確認しながら説明を受けることができる状態にあること並びに映像及び音声の状況について、Ａが事前説明を開始した後直ちに確認している場合に限り、対面による事前説明と同様に取り扱うことができる。

4　事前説明は、Ａの代理人が行った場合には、対面による事前説明と同様に取り扱うことができない。

【問　13】 建物の区分所有等に関する法律に関する次の記述のうち、正しいものはどれか。

1　附属の建物は、規約により共用部分とすることができるが、専有部分に属しない建物の附属物は、規約により共用部分とすることができない。

2　集会の議事録が書面で作成されているときは、議長及び集会に出席した区分所有者の２人がこれに署名し、押印をしなければならない。

3　共用部分に対する各共有者の持分は、その有する専有部分の床面積の割合によることとされており、規約で別段の定めをすることはできない。

4　共用部分の変更（その形状又は効用の著しい変更を伴わないものを除く。）は、区分所有者及び議決権の各４分の３以上の多数による集会の決議で決し、規約で別段の定めをすることができない。

【問　14】　不動産の登記に関する次の記述のうち、不動産登記法の規定によれば、正しいものはどれか。

1　所有権の登記名義人について相続の開始があったときは、当該相続により所有権を取得した者は、自己のために相続の開始があったことを知り、かつ、当該所有権を取得したことを知った日から1年以内に、所有権の移転の登記を申請しなければならない。

2　相続人に対する遺贈による所有権の移転の登記は、登記権利者が単独で申請することができる。

3　相続人に対する遺贈により所有権を取得した者は、所有権の移転の登記を申請する義務を負わない。

4　所有権の登記名義人について相続の開始があったことにより所有権の移転の登記を申請する義務を負う者は、登記官に対し、自己のために相続の開始があったことを知り、かつ、当該所有権を取得したことを知った日から1年以内に相続人である旨の申出をすれば、相続による所有権の移転の登記の申請義務を履行したものとみなされる。

【問　15】　都市計画法に関する次の記述のうち、誤っているものはどれか。

1　区域区分は、地方自治法に基づく指定都市の区域の一部を含む都市計画区域であって、その区域内の人口が50万未満であるものには、必ず定めるものとされている。

2　用途地域のうち、田園住居地域については、都市計画に少なくとも建築物の容積率、建蔽率及び高さの限度を定めなければならない。

3　都道府県又は市町村は、都市施設等の整備に係る都市計画の案を作成しようとする場合において、当該都市計画に係る都市施設等の円滑かつ確実な整備を図るため特に必要があると認めるときは、当該都市施設等の整備を行うと見込まれる者との間において、都市施設等整備協定を締結することができる。

4　都市計画協力団体は、市町村に対し、業務の実施を通じて得られた知見に基づき、当該市町村の区域内の一定の地区における当該地区の特性に応じたまちづくりの推進を図るために必要な都市計画の決定又は変更をすることを提案することができる。

【問　16】　都市計画法に関する次の記述のうち、正しいものはどれか。ただし、この問において「都道府県知事」とは、地方自治法に基づく指定都市、中核市及び施行時特例市にあってはその長をいうものとする。

1　区域区分が定められていない都市計画区域内において、分譲住宅の建築の用に供する目的で行われる5,000㎡の開発行為を行おうとする者は、都道府県知事の許可を受けなくてよい。

2　市街化調整区域内において、当該市街化調整区域内で生産される農産物の貯蔵に必要な建築物の建築の用に供する目的で行われる1,000㎡の開発行為を行おうとする者は、都道府県知事の許可を受けなくてよい。

3　市街化区域内において、大学である建築物の建築の用に供する目的で行われる2,000㎡の開発行為を行おうとする者は、都道府県知事の許可を受けなくてよい。

4　都市計画区域及び準都市計画区域外の区域内において、非常災害のため必要な応急措置として行う10,000㎡の開発行為を行おうとする者は、都道府県知事の許可を受けなくてよい。

【問　17】　建築基準法に関する次の記述のうち、誤っているものはどれか。

1　耐火建築物とは、防火上及び避難上支障がないものとして政令で定める部分を含む主要構造部の全てが耐火構造であること等の基準に適合する建築物をいう。

2　防火地域内にある２階建ての鉄筋コンクリート造の建築物を増築する場合、その増築に係る部分の床面積の合計が10㎡以内であっても、その工事が完了したときは、建築主事若しくは建築副主事又は指定確認検査機関の完了検査を受けなければならない。

3　建築主は、階数が３で、延べ面積250㎡、高さ10m及び軒の高さ８mの木造の住宅を新築する場合において、建築主事若しくは建築副主事又は指定確認検査機関が、安全上、防火上及び避難上支障がないものとして国土交通大臣が定める基準に適合していることを認めたときは、検査済証の交付を受ける前においても、仮に、当該共同住宅を使用することができる。

4　住宅の地上階における居住のための居室には、採光のための窓その他の開口部を設け、その採光に有効な部分の面積は、原則としてその居室の床面積に対して７分の１以上としなければならないが、床面において50ルックス以上の照度を確保することができるよう照明設備を設置している居室については、居室の床面積に対して10分の１まで緩和される。

【問　18】 建築基準法（以下この問において「法」という。）に関する次の記述のうち、正しいものはどれか。

1　特別用途地区内においては、地方公共団体は、その地区の指定の目的のために必要と認める場合は、国土交通大臣の承認を得て、条例で、法第48条第１項から第13項までの規定による用途制限を緩和することができる。

2　建築物の容積率の算定の基礎となる延べ面積には、一定の基準に適合する給湯設備を設置するために住宅又は老人ホーム等に設ける機械室で、特定行政庁が交通上、安全上、防火上及び衛生上支障がないと認めるものの床面積は、当該建築物の延べ面積の30分の１を限度として、算入しない。

3　建築物の建蔽率の算定の基礎となる建築面積には、宅配ボックス設置部分の床面積は、当該建築物の用途にかかわらず、当該敷地内の建築物の各階の床面積の合計に100分の１を乗じて得た面積を限度として、算入しない。

4　建築物のエネルギー消費性能（建築物のエネルギー消費性能の向上等に関する法律第２条第１項第２号に規定するエネルギー消費性能をいう。）の向上のため必要な外壁に関する工事を行う所定の建築物であっても、建築基準法第56条第１項から第９項の規定による容積率の限度を超えるものとすることは一切できない。

【問　19】 宅地造成及び特定盛土等規制法（以下この問において「法」という。）に関する次の記述のうち、誤っているものはどれか。なお、この問において「都道府県知事」とは、地方自治法に基づく指定都市、中核市及び施行時特例市にあってはその長をいうものとする。

1　宅地造成等工事規制区域内の森林において行う盛土であって、当該盛土をする土地の面積が400㎡で、かつ、高さ1.5mの崖を生ずることとなるものに関する工事については、工事主は、都道府県知事の法第12条第１項本文の工事の許可を受ける必要はない。

2　特定盛土等規制区域内の農地において行う盛土であって、当該盛土をする土地の面積が1,000㎡で、かつ、高さ80㎝の崖を生ずることとなるものに関する工事については、工事主は、特定盛土等又は土石の堆積に伴う災害の発生のおそれがないと認められるものとして政令で定める工事を除き、当該工事に着手する日の30日前までに、当該工事の計画を都道府県知事に届け出なければならない。

3　特定盛土等規制区域内の森林において行う土石の堆積（一定期間の経過後に当該土石を除却するものとする。）であって、当該土石の堆積を行う土地の面積が1,600㎡で、かつ、高さ６ｍのものに関する工事については、工事主は、特定盛土等又は土石の堆積に伴う災害の発生のおそれがないと認められるものとして政令で定める工事を除き、当該工事に着手する前に、都道府県知事の法第30条第１項本文の工事の許可を受けなければならない。

4　特定盛土等規制区域の指定の際、当該特定盛土等規制区域内において行われている特定盛土等又は土石の堆積に関する工事の工事主は、当該工事について都道府県知事の許可を受ける必要はない。

【問　20】 土地区画整理組合が施行する土地区画整理事業に関する次の記述のうち、土地区画整理法（以下この問において「法」という。）の規定によれば、誤っているものはどれか。なお、この問における「都道府県知事」とは、市の区域内において施行する土地区画整理事業にあっては当該市の長をいうものとする。

1　都道府県知事は、法第76条第１項の許可を受けずに建築物を新築した者から当該建築物を購入した者に対して、相当の期限を定めて、土地区画整理事業の施行に対する障害を排除するため必要な限度において、当該建築物の除却を命ずることができる。

2　都道府県知事が、法第76条第１項に規定する建築行為等の許可をする場合において、土地区画整理事業の施行のため必要があると認めるときに付する条件は、当該許可を受けた者に不当な義務を課するものであってはならない。

3　土地区画整理組合による施行についての認可の公告があった日後、換地処分の公告がある日までは、施行地区内において、土地区画整理事業の施行の障害となるおそれがある土地の形質の変更を行おうとする者は、都道府県知事及び市町村長の許可を受けなければならない。

4　都道府県知事は、法第76条第１項に規定する建築行為等の許可の申請があった場合において、その許可をしようとするときは、当該土地区画整理組合の意見を聴かなければならない。

【問　21】 農地法（以下この問において「法」という。）に関する次の記述のうち、正しいものはどれか。

1　相続により農地を取得する場合は、法第３条第１項の許可を要しないが、包括遺贈により農地を取得する場合は、同項の許可を受ける必要がある。

2　４ヘクタールを超える農地を住宅地に転用する場合は、法第４条第１項又は法第５条第１項の農林水産大臣の許可を受けなければならない。

3　都道府県が市街化調整区域内の４ヘクタールを超える農地を取得して医療法第１条の５第１項に規定する病院を建設する場合、当該都道府県と農林水産大臣との協議が成立することをもって法第５条第１項の許可があったものとみなされる。

4　都道府県知事（指定市町村の区域内にあっては、指定市町村の長）は、法第５条第１項の許可を要する農地取得について、その許可を受けずに農地の転用を行った者に対して、必要な限度において原状回復を命ずることができる。

【問　22】 国土利用計画法第23条の都道府県知事への届出（以下この問において「事後届出」という。）に関する次の記述のうち、正しいものはどれか。

1　Aが、Bから金銭を借り入れ、Aが所有する都市計画区域外に所在する面積12,000㎡の土地にBの抵当権を設定した場合、Bは、事後届出を行う必要はない。

2　Cが所有する市街化調整区域内に所在する面積5,000㎡の土地について、担保権の実行としての競売によりDが取得した場合、Dは、事後届出を行わなければならない。

3　E社が所有する市街化区域内に所在する面積3,000㎡の土地について、E社を吸収合併することによりF社が取得した場合、F社は、事後届出を行わなければならない。

4　Gが所有する市街化区域内に所在する面積2,000㎡の土地について、HがGからの代物弁済により取得した場合、Hは、事後届出を行う必要はない。

【問　23】 住宅借入金等を有する場合の所得税額の特別控除（以下この問において「住宅ローン控除」という。）に関する次の記述のうち、正しいものはどれか。

1　令和6年中にZEH（ネット・ゼロ・エネルギーハウス）水準省エネ住宅である新築の居住用家屋を居住の用に供した場合、令和6年以後10年間に限り、その住宅借入金等の年末残高の0.7％相当額の税額控除の適用を受けることができる。

2　令和6年中に居住用家屋を居住の用に供した場合、当該居住用家屋以外の資産（従前住宅）の譲渡について令和9年において居住用財産を譲渡した場合の3,000万円特別控除の適用を受けるときでも、令和6年分の所得税について住宅ローン控除の適用を受けることができる。

3　令和6年中に居住用家屋を居住の用に供した場合、住宅ローン控除の適用を受けようとする者のその年分の合計所得金額が2,000万円を超えるときは、その超える年分の所得税について、住宅ローン控除の適用を受けることはできない。

4　令和6年中に床面積が40㎡で令和5年12月31日以前に建築基準法第6条第1項の規定による確認を受けた新築の居住用家屋を居住の用に供した場合、住宅ローン控除の適用を受けようとする者のその年分の合計所得金額が800万円であるときは、住宅ローン控除の適用を受けることはできない。

【問　24】　固定資産税に関する次の記述のうち、正しいものはどれか。

1　固定資産税の納税者は、固定資産課税台帳に登録された価格について不服がある場合に限り、固定資産評価審査委員会に対して、審査の申出をすることができる。

2　市町村は、固定資産の所有者の所在が震災、風水害、火災その他の事由により不明である場合又は相当な努力が払われたと認められるものとして政令で定める方法により探索を行っても、なお固定資産の所有者の存在が不明である場合には、当該固定資産について固定資産税を課することができない。

3　令和６年２月１日に新築された家屋に対する令和６年度分の固定資産税は、新築住宅に係る特例措置により税額の２分の１が減額される。

4　200㎡以下の住宅用地に対して課する固定資産税の課税標準は、課税標準となるべき価格の３分の１の額とする特例措置が講じられている。

【問　25】　地価公示法に関する次の記述のうち、正しいものはどれか。

1　土地の取引を行う者は、取引の対象土地に類似する利用価値を有すると認められる標準地について公示された価格を指標として取引を行わなければならない。

2　公示区域とは、土地鑑定委員会が都市計画法第４条第２項に規定する都市計画区域内のみにおいて定める区域である。

3　土地鑑定委員会は、標準地の単位面積当たりの正常な価格を判定したときは、標準地の利用の現況だけでなく、標準地の周辺の土地の利用の現況についても、公示しなければならない。

4　公示価格を規準とするとは、対象土地の価格を求めるに際して、当該対象土地に最も近い位置に存する標準地との比較を行い、その結果に基づき、当該標準地の公示価格と当該対象土地の価格との間に均衡を保たせることをいう。

【問　26】 宅地建物取引業の免許（以下この問において「免許」という。）に関する次の記述のうち、宅地建物取引業法の規定によれば、正しいものはいくつあるか。

ア　Aが、土地区画整理事業により造成された甲県所有の宅地について、甲県から販売の代理を依頼され、不特定多数の者に対して分譲する場合、Aは、免許を受ける必要はない。

イ　破産管財人Bが、破産財団の換価のために自らの名において任意売却により宅地又は建物の取引を反復継続して行う場合、Bは、免許を受ける必要がある。

ウ　Cが、組合方式による住宅の建築という名目で組合参加者を募集し、自らは組合員となることなく、組合員による住宅の建築のため宅地の購入の媒介を繰り返し行う場合、Cは、免許を受ける必要がある。

エ　法人Dの代表者Eは、免許を申請するに当たり、免許申請書に旧姓を併記又は旧姓を使用することができる。

1　一つ

2　二つ

3　三つ

4　なし

【問　27】 宅地建物取引業の免許（以下この問において「免許」という。）に関する次の記述のうち、宅地建物取引業法の規定によれば、正しいものはどれか。

1　宅地建物取引業に係る営業に関し成年者と同一の行為能力を有しない未成年者Aは、その法定代理人である未成年後見人が法人である場合には、その役員Bが刑法第208条（暴行）の罪を犯し、罰金の刑に処せれ、その刑の執行を終わった日から5年を経過していないときであっても、免許を受けることができる。

2　暴力団員による不当な行為の防止等に関する法律第2条第6号に規定する暴力団員であるCが法人Dの事業活動を支配している場合、Dは、CがDの役員であるか否かにかかわらず、免許を受けることができない。

3　法人Eの取締役Fが、かつて暴力団員による不当な行為の防止等に関する法律第2条第6号に規定する暴力団員であった場合、Fが同号に規定する暴力団員でなくなった日から3年を経過するまでは、Eは、免許を受けることができない。

4　法人Gの役員Hが、刑法第204条（傷害）の罪により、懲役1年、刑の全部の執行猶予2年の刑に処せられ、その猶予期間を満了した場合であっても、その満了した日から5年を経過していないときは、Gは、免許を受けることができない。

【問　28】 宅地建物取引士の登録（以下この問において「登録」という。）に関する次の記述のうち、宅地建物取引業法の規定によれば、正しいものはどれか。

1　暴力団員による不当な行為の防止等に関する法律第２条第６号に規定する暴力団員であった者は、暴力団員でなくなった日から５年を経過するまでは、登録を受けることができない。

2　甲県知事の登録を受けている者は、乙県内に所在する宅地建物取引業者の事務所の業務に従事しようとする場合には、甲県知事を経由して乙県知事に対して登録の移転を申請しなければならない。

3　宅地建物取引士は、勤務先の宅地建物取引業者が商号を変更した場合には、遅滞なく、登録をしている都道府県知事に対して変更の登録を申請するとともに、当該申請とあわせて、宅地建物取引士証の書換え交付を申請しなければならない。

4　甲県知事の登録を受けている宅地建物取引士は、乙県内において宅地建物取引士として行う事務に関し著しく不当な行為をしたために、乙県知事から事務禁止処分を受けた場合には、速やかに、宅地建物取引士証を乙県知事に提出しなければならない。

【問　29】 宅地建物取引士に関する次の記述のうち、宅地建物取引業法の規定によれば、正しいものはいくつあるか。

ア　宅地建物取引士は、取引の関係者から請求があったときは、宅地建物取引士証を提示しなければならならないが、提示に当たり、宅地建物取引士証の住所欄に容易に剥がすことが可能なシールを貼ったうえで提示することはできない。

イ　宅地建物取引業者は、50戸の一団の建物の分譲を行う案内所を設置し契約の申込みを受ける場合、当該案内所に従事する者が７名であるときは、当該案内所に少なくとも３名の成年者である専任の宅地建物取引士を設置しなければならない。

ウ　宅地建物取引業者は、その従業者である宅地建物取引士が住所を変更した場合、事務所ごとに備えている従業者名簿に変更内容を記載する必要はない。

エ　宅地建物取引士証の記載事項のうち宅地建物取引士の氏名については、旧姓使用を希望する者に対しては、宅地建物取引士証に旧姓を併記することができる。

1　一つ

2　二つ

3　三つ

4　なし

【問　30】　宅地建物取引業者Ａ（甲県知事免許）の営業保証金に関する次の記述のうち、宅地建物取引業法の規定によれば、正しいものはどれか。

1　Ａは、主たる事務所及びその他の事務所ごとに政令で定める額の営業保証金を、免許を受けた日から２週間以内に主たる事務所の最寄りの供託所に供託しなければならない。

2　Ａは、営業保証金の還付が行われ、営業保証金が政令で定める額に不足することとなった場合には、その旨の通知書の送付を受けた日から２週間以内に不足額を必ず金銭で供託しなければならない。

3　Ａが甲県内の一部の事務所を廃止したため、営業保証金の額が政令で定める額を超えることになった場合、Ａは、その超過額について直ちに取り戻すことができる。

4　Ａと宅地建物取引業に関する取引をした宅地建物取引業者Ｂは、その取引により生じた債権に関し、Ａが供託した営業保証金について弁済を受ける権利を有しない。

【問　31】　宅地建物取引業者Ａが行う業務に関する次の記述のうち、宅地建物取引業法の規定に違反しないものはいくつあるか。

ア　Ａは、自ら売主として宅地建物取引業者ではないＢとの間で新築住宅の売買契約を締結したが、履行の着手前にＢから手付放棄による契約解除の申出を受けた際、Bに対して違約金の支払を要求した。

イ　Ａは、その事務所ごとに、その業務に関する帳簿を備え、宅地建物取引業に関し取引のあった月の翌月30日に、その年月日、その取引に係る宅地又は建物の所在及び面積等をまとめて記載した。

ウ　Ａは、自ら売主として一団の新築住宅の分譲を行う場合に、当該住宅から約500m離れた駅前に案内所を設置して、当該住宅の所在する場所及び案内所のそれぞれに、免許証番号、主たる事務所の所在地等の所定の事項を記載した標識を掲示した。

1　一つ

2　二つ

3　三つ

4　なし

【問　32】 宅地建物取引業者A社が、BからB所有の甲宅地の売却の媒介を依頼され、Bと媒介契約を締結した場合における次の記述のうち、宅地建物取引業法（以下この問において「法」という。）の規定によれば、正しいものはいくつあるか。

ア　A社が、Bとの間に専属専任媒介契約を締結した場合、Bからの申出があれば、甲宅地について所定の事項を指定流通機構に登録しない旨の特約を定めることができる。

イ　A社は、Bとの間に一般媒介契約（専任媒介契約でない媒介契約）を締結した場合、Bに対して甲宅地を売買すべき価額又はその評価額について意見を述べるときは、その根拠を明らかにしなくてもよい。

ウ　A社は、Bとの間で専任媒介契約を締結し、所定の事項を指定流通機構に登録したときは、当該登録から7日（休業日を除く。）以内に、その登録を証する書面をBに引き渡すか、又は当該書面の引渡しに代えて、Bの承諾を得て、当該書面において証されるべき事項を電磁的方法であって国土交通省令で定めるものにより提供するか、いずれかをしなければならない。

エ　A社は、法第34条の2第1項の規定に基づく書面の交付に代えて、Bの書面等による承諾を得て、当該書面に記載すべき事項を電磁的方法であって同項の規定による記名押印に代わる措置を講ずるものとして国土交通省令で定めるものにより提供することができるが、この場合において、A社は、当該書面に記名押印し、これを交付したものとみなされる。

1　一つ
2　二つ
3　三つ
4　なし

【問　33】　宅地建物取引業者Ａは、Ｂから、Ｂが所有し居住している甲住宅の売却について媒介の依頼を受けた。Ａが宅地建物取引業法第34条の２の規定に基づき交付すべき書面に同条第１項第４号に規定する建物状況調査を実施する者のあっせんに関する事項を記載する場合における次の記述のうち、宅地建物取引業法の規定によれば、正しいものはどれか。なお、同書面の交付に代えて電磁的方法により提供する場合については考慮しないものとする。

1　Ａは、Ｂが当該あっせんを希望しなかった場合を除き、同調査を実施する者のあっせんに関する事項の記載を省略することができない。

2　Ａは、当該書面に、Ｂに対する同調査を実施する者のあっせんに関する事項として、「建物状況調査を実施する者のあっせんの有無」について記載しなければならない。

3　Ａは、Ｂ及び甲住宅の購入を希望する依頼者の同意があっても、同調査の実施主体となることができない。

4　Ａは、Ｂに対し同調査を実施する者をあっせんした場合、報酬とは別にあっせんに係る料金を受領することができる。

【問　34】　宅地建物取引業者が建物の貸借の媒介を行う場合における宅地建物取引業法第35条に規定する重要事項の説明をテレビ会議等のＩＴを活用して行う場合に関する次の記述のうち、誤っているものはどれか。なお、当該建物を借りようとする者は宅地建物取引業者ではないものとする。

1　宅地建物取引士は、説明を開始した後、映像を視認できない状況が生じた場合には、直ちに説明を中断し、当該状況が解消された後でなければ、説明を再開してはならない。

2　宅地建物取引業者は、宅地建物取引士により記名された重要事項説明書及び添付書類を、重要事項の説明を受けようとする者にあらかじめ交付（電磁的方法による提供を含む。）しておかなければならない。

3　宅地建物取引士は、相手方の承諾があっても、宅地建物取引士証の提示を省略することができない。

4　当該建物が既存の住宅であるときは、設計図書、点検記録その他の建物の建築及び維持保全の状況に関する書類で国土交通省令で定めるものの保存の状況について説明しなければならない。

【問　35】　宅地建物取引業者が行う宅地建物取引業法（以下この問において「法」という。）第35条に規定する重要事項の説明に関する次の記述のうち、正しいものはどれか。なお、説明の相手方は宅地建物取引業者ではないものとする。

1　既存の建物の売買の媒介を行う場合、当該建物が鉄筋コンクリート造の共同住宅であるときは、法第34条の２第１項第４号に規定する建物状況調査（実施後１年を経過していないものに限る。）を実施しているかどうか、及びこれを実施している場合におけるその結果の概要を説明しなければならない。

2　建物の売買の媒介を行う場合、当該建物が宅地造成及び特定盛土等規制法の規定により指定された造成宅地防災区域内にあるときは、その旨を説明しなければならないが、当該建物の貸借の媒介を行う場合においては、説明する必要はない。

3　マンションの売買の媒介を行う場合、共用部分に関する規約の定め（その案を含む。）があるときは、その内容を説明しなければならないが、規約もその案もなければ、その旨を説明する必要はない。

4　宅地の売買の媒介を行う場合、天災その他不可抗力による損害の負担に関する定めがあるときは、その内容を説明しなければならない。

【問　36】　宅地建物取引業者が、宅地建物取引業者である相手方に対して行う宅地建物取引業法第35条に規定する重要事項の説明及び重要事項を記載した書面（以下この問において「重要事項説明書」という。）の交付に関する次の記述のうち、正しいものはいくつあるか。なお、重要事項説明書の交付に代えて電磁的方法により提供する場合については考慮しないものとする。

ア　昭和45年に竣工した建物の売買の媒介を行う場合、当該建物が地方公共団体による耐震診断を受けたものであるときは、その内容を記載した重要事項説明書を交付した上で、宅地建物取引士をして説明させなければならない。

イ　建物の売買の媒介を行う場合、当該建物が既存の建物であるときは、設計図書、点検記録その他の建物の建築及び維持保全の状況に関する書類に記載されている内容を記載した重要事項説明書を交付しなければならない。

ウ　建物の貸借の媒介を行う場合、当該建物が津波防災地域づくりに関する法律第53条第１項により指定された津波災害警戒区域内にあるときは、その旨を記載した重要事項説明書を交付しなければならない。

1　一つ

2　二つ

3　三つ

4　なし

【問　37】 宅地建物取引業者が媒介により既存建物の貸借の契約を成立させた場合、宅地建物取引業法第37条の規定により、当該貸借の契約当事者に対して交付すべき書面に必ず記載しなければならない事項はいくつあるか。なお、同書面の交付に代えて電磁的方法により提供する場合については考慮しないものとする。

ア　当該建物を特定するために必要な表示

イ　当該建物の構造耐力上主要な部分等の状況について当事者双方が確認した事項

ウ　損害賠償額の予定又は違約金に関する定めがあるときは、その内容

エ　当該建物に係る租税その他の公課の負担に関する定めがあるときは、その内容

1　一つ

2　二つ

3　三つ

4　なし

【問　38】 宅地建物取引業者Aが、自ら売主として宅地建物取引業者ではない買主Bとの間で締結した投資用マンションの売買契約について、Bが、宅地建物取引業法第37条の2の規定に基づき、いわゆるクーリング・オフによる契約の解除をする場合における次の記述のうち、正しいものはどれか。

1　Bは、ファミリーレストランで買受けの申込みをした場合であっても、その5日後、Aの事務所で売買契約を締結したときは、クーリング・オフによる契約の解除をすることができない。

2　Aが電話による勧誘によりBの自宅を訪問した場合であっても、AがBから自宅への訪問の了解を得たうえでBの自宅で売買契約の締結を行ったときは、Bは、クーリング・オフによる契約の解除をすることができない。

3　Bは、ホテルのロビーで買受けの申込み及び売買契約の締結をした場合には、AがBからクーリング・オフをしない旨の合意を取り付けていたとしても、クーリング・オフによる契約の解除をすることができる。

4　Bが喫茶店で買受けの申込み及び売買契約の締結をした際に、Aが、Bに対して、クーリング・オフをすることができない旨を告げたとしても、Aは、そのことを理由として監督処分を受けることはない。

【問　39】 宅地建物取引業者Ａが自ら売主として、宅地建物取引業者ではない買主Ｂと宅地（代金5,000万円）の売買契約を締結した場合に関する次の記述のうち、宅地建物取引業法及び民法の規定によれば、正しいものはどれか。

1　ＡＢ間で当事者の債務不履行を理由とする契約解除に伴う損害賠償の予定額についての特約をしなかった場合、Ａが請求することができる損害賠償の限度額は、1,000万円となる。

2　Ａは、自らが当該契約の履行に着手した後においては、Ｂが当該契約の履行に着手していなくても、契約の締結に際してＢから受領した手付金の倍額を、Ｂに現実に提供して契約を解除することはできない。

3　ＡＢ間の契約において、その宅地の引渡しを当該売買契約締結の日の１か月後とし、その宅地が種類又は品質に関して契約の内容に適合しない場合におけるその不適合を担保すべき責任に関し、民法第566条に規定する期間について当該契約を締結した日から２年間とする特約を定めた場合、その特約は無効である。

4　Ａが、Ｂとの間で当該宅地の割賦販売の契約を締結し、当該宅地を引き渡した場合、Ａは、Ｂから1,000万円の割賦金の支払を受けるまでに、当該宅地に係る所有権の移転登記をしなければならない。

【問　40】 宅地建物取引業者Ａは、自ら売主として建築工事完了前のマンションを代金3,000万円で分譲した。この場合、宅地建物取引業法の規定によれば、次の記述のうち正しいものはいくつあるか。なお、この問において「保全措置」とは、同法第41条第１項の規定による手付金等の保全措置をいう。

ア　Ａが当該マンションを宅地建物取引業者ではないＢに分譲し、建築工事完了後に、中間金200万円を受領することとなった場合、Ａは、保全措置を講じる必要はない。

イ　Ａが当該マンションを宅地建物取引業者Ｃに分譲し、当該マンションの引渡し前に手付金300万円を受領する場合、Ａは、保全措置を講じなければならない。

ウ　Ａが当該マンションを宅地建物取引業者ではないＤに分譲し、中間金200万円を受領することとなったため、銀行Ｅと保証委託契約を締結し、その契約を証する書面をＤに交付したが、その後Ｄに対する所有権移転の登記を行った場合、Ａは、Ｅとの保証委託契約を解除することができる。

1　一つ

2　二つ

3　三つ

4　なし

【問　41】 宅地建物取引業者Ａが受け取ることのできる報酬の上限額に関する次の記述のうち、宅地建物取引業法の規定によれば、正しいものはどれか。なお、消費税及び地方消費税に関しては考慮しないものとする。

1　遠隔地に存する中古住宅（１か月分の借賃10万円）の貸借について、Ａが貸主Ｂから代理を依頼され、現地調査等の費用が通常の貸借の代理に比べ10万円多く要する場合、その旨をＢに対し説明した上で、ＡがＢから受け取ることができる報酬の上限額は、180,000円である。

2　土地付中古住宅（代金1,000万円）の売買について、Ａが売主Ｃから媒介を依頼され、現地調査等の費用が通常の売買の媒介に比べ10万円多く要する場合、その旨をＣに対し説明した上で、ＡがＣから受け取ることができる報酬の上限額は、460,000円である。

3　宅地（代金300万円）の売買について、Ａが売主Ｄから媒介を依頼され、現地調査等の費用が通常の売買の媒介に比べ10万円多く要する場合、その旨をＤに対し説明した上で、ＡがＤから受け取ることができる報酬の上限額は、180,000円である。

4　土地付中古住宅（代金200万円）の売買について、Ａが買主Ｅから媒介を依頼され、現地調査等の費用が通常の売買の媒介に比べ10万円多く要する場合、その旨をＥに対し説明した上で、ＡがＥから受け取ることができる報酬の上限額は、180,000円である。

【問　42】 宅地建物取引業者Ａ社による投資用マンションの販売の勧誘に関する次の記述のうち、宅地建物取引業法の規定に違反しないものはいくつあるか。

ア　Ａ社の従業員は、勧誘の相手方に対し、「将来南側に５階建て以上の建物が建つ予定は全くない」と告げ、将来の環境について誤解させるべき断定的判断を提供したが、当該従業員に故意に誤解させるつもりはなかった。

イ　Ａ社の従業員は、勧誘の相手方が「契約の締結をするかどうかしばらく考えさせてほしい」と申し出たにもかかわらず、事実を歪めて「明日では契約締結はできなくなるので、今日しか待てない」と告げた。

ウ　Ａ社の従業員は、勧誘の相手方が当該勧誘を引き続き受けることを希望しない旨の意思を表示するだけで、当該契約を締結しない旨の意思を表示しなかったので、当該勧誘を継続した。

1　一つ

2　二つ

3　三つ

4　なし

【問　43】　甲県内に一団の宅地を所有している宅地建物取引業者Ａ（甲県知事免許）が、宅地建物取引業者Ｂに当該一団の宅地の分譲の代理を依頼し、Ｂが甲県内に案内所（土地に定着する建物内に設けられているものとする。）を設け、当該案内所で当該宅地の分譲の代理を行う場合に関する次の記述のうち、宅地建物取引業法（以下この問において「法」という。）の規定によれば、正しいものはいくつあるか。

ア　Ｂは、法第50条第２項により、案内所の所在地、業務内容、業務を行う期間を届け出なければならないが、設置する専任の宅地建物取引士の氏名を届け出る必要はない。

イ　Ｂは、当該案内所に標識を掲示しなければならず、その標識には、Ａの商号又は名称を表示しなければならない。

ウ　当該案内所で売買契約を締結した買主は、実際は当該案内所に専任の宅地建物取引士が設置されていなかったとしても、法第37条の２の規定に基づく売買契約の解除をすることができない。

1　一つ

2　二つ

3　三つ

4　なし

【問　44】　宅地建物取引業法の規定に基づく監督処分に関する次の記述のうち、正しいものはどれか。

1　宅地建物取引業者Ａ（甲県知事免許）が、乙県の区域内の業務に関し乙県知事から受けた業務停止の処分に違反した場合、国土交通大臣は、Ａの免許を取り消さなければならない。

2　宅地建物取引業者（丙県知事免許）であるＢ（個人）が、暴力団員による不当な行為の防止等に関する法律第２条第６号に規定する暴力団員となった場合、Ｂは、丙県知事から業務停止の処分を受けることがある。

3　丁県知事は、宅地建物取引業者Ｃ（丁県知事免許）に対して業務停止の処分をしたときは、丁県の公報又はウェブサイトへの掲載その他の適切な方法により、その旨を公告しなければならない。

4　国土交通大臣は、宅地建物取引業を営む者のうち国土交通大臣免許を受けた者のみに対して、その業務について必要な報告を求めることができる。

【問　45】 特定住宅瑕疵担保責任の履行の確保等に関する法律に基づく住宅販売瑕疵担保保証金の供託又は住宅販売瑕疵担保責任保険契約の締結（以下この問において「資力確保措置」という。）に関する次の記述のうち、正しいものはどれか。

1　自ら売主として新築住宅を宅地建物取引業者ではない買主に引き渡した宅地建物取引業者は、基準日に係る資力確保措置を講じない場合又は資力確保措置の状況についての届出をしない場合には、当該基準日の翌日から起算して30日を経過した日以後、新たに自ら売主となる新築住宅の売買契約を締結することができない。

2　資力確保措置を講ずる義務を負う宅地建物取引業者は、基準日から３週間以内に、当該基準日に係る資力確保措置の状況について、その免許を受けた国土交通大臣又は都道府県知事に届け出なければならない。

3　主たる事務所と２か所の従たる事務所を設置している宅地建物取引業者が住宅販売瑕疵担保保証金を供託する場合、その供託額は、主たる事務所について1,000万円及び従たる事務所１か所について500万円として算出した額の合計額である2,000万円である。

4　宅地建物取引業者は、自ら売主として、宅地建物取引業者でないハウスメーカーとの間で新築住宅の売買契約を締結し、当該住宅を引き渡す場合には、資力確保措置を講ずる必要はない。

【問　46】 独立行政法人住宅金融支援機構（以下この問において「機構」という。）に関する次の記述のうち、誤っているものはどれか。

1　機構は、住宅のエネルギー消費性能の向上を主たる目的とする住宅の改良に必要な資金の貸付けを業務として行っている。

2　機構は、高齢者が自ら居住する住宅について行う当該住宅のエネルギー消費性能の向上を主たる目的とする改良に係る貸付けについて、貸付金の償還を高齢者の死亡時に一括して行うという制度を設けている。

3　機構は、災害復興建築物の購入に付随しない当該災害復興建築物の改良に必要な資金の貸付けについては、政令で定めるものに限り、業務として行っている。

4　機構は、リバースモーゲージ型住宅ローンのうち、リコース型だけでなく、ノンリコース型についても、住宅融資保険を引き受けている。

【問　47】　宅地建物取引業者が行う広告等に関する次の記述のうち、不当景品類及び不当表示防止法（不動産の表示に関する公正競争規約及び不動産業における景品類の提供の制限に関する公正競争規約を含む。）の規定によれば、正しいものはどれか。

1　電車、バス等の交通機関の所要時間については、通勤時の所要時間が平常時の所要時間を著しく超えるか否かに関係なく、朝の通勤ラッシュ時の所要時間を明示することにより、表示しなければならない。

2　宅地建物取引業者は、不動産の購入者に対して景品を提供する場合、懸賞の方法により提供するものを除き、その最高額について制限を受ける。

3　団地（一団の宅地又は建物をいう。）と駅との間の道路距離は、駅から最も近い当該団地内の地点を起点又は着点として算出した数値を表示すれば足りる。

4　建築工事完了前の建物の販売広告においては、当該建物を施工する者が過去に施工した建物であり、かつ、建物の外観は、当該建物と構造、階数、仕様が同一であって、規模、形状、色等が類似するものであっても、他の建物の外観の写真又は動画を用いて表示することはできない。

【問　48】　次の記述のうち、正しいものはどれか。

1　年次別法人企業統計調査（令和４年度。令和５年９月公表）によれば、不動産業の売上高経常利益率は、平成30年度から令和４年度までの５年間は、いずれも10％以下となっている。

2　「令和５年住宅・土地統計調査（速報集計）結果」（総務省統計局、令和６年４月公表）によると、令和５年10月１日現在における我が国の空き家数のうち、賃貸・売却用及び二次的住宅を除く空き家は、平成30年と比べ、37万戸の減少となっており、総住宅数に占める割合は5.9％となっている。

3　令和６年地価公示（令和６年３月公表）によれば、令和５年１月以降の１年間の地価は、全国平均では、全用途平均、住宅地及び商業地のいずれも３年連続で上昇し、上昇率が拡大した。

4　建築着工統計調査報告（令和５年計。令和６年１月公表）によれば、分譲住宅の新設住宅着工戸数は、コロナ禍による影響を脱し、マンション及び一戸建住宅ともに令和４年から２年連続の増加となった。

【問　49】 土地に関する次の記述のうち、最も不適当なものはどれか。

1　一般に凝灰岩、集塊岩、頁岩、花崗岩等は崩壊しやすく、玄武岩、安山岩、珪質岩等は崩壊しにくいとされている。

2　谷出口に広がる扇状地は、土砂・礫が堆積してできたものであるため、地盤は堅固であるが、一般的に、土石流災害に対して危険であることも多い。

3　液状化現象は、地下水位が深く、固結した砂質土で形成された地盤の地域で発生しやすい。

4　臨海部の低地は、洪水、高潮、地震による津波などの災害が多く、住宅地として利用するには十分な防災対策と注意が必要である。

【問　50】 建築物の構造に関する次の記述のうち、最も不適当なものはどれか。

1　木造建築物において、地震力の大きさは、屋根の重さより見付面積の大きさに大きく影響を受ける。

2　鉄筋コンクリート造における柱の帯筋やはりのあばら筋は、地震力に対するせん断補強の効果がある。

3　免震構造は、地震時において、垂直方向の揺れよりも水平方向の揺れによる建築物への影響の緩和に、より効果を発揮する。

4　制震構造は、建築物に作用する地震力を建築物の骨組み等に設けられた制震装置によって吸収し、地震時の揺れを低減するように設計された構造である。

【問 49】 土地に関する次の記述のうち、最も不適当なものはどれか。

1 [illegible]

2 [illegible]

3 [illegible]

4 [illegible]

【問 50】 建築物の構造に関する次の記述のうち、最も不適当なものはどれか。

1 [illegible]

2 [illegible]

3 [illegible]

4 [illegible]

受験番号記入欄（受験番号シール貼り付け欄）
—
受 験 者 氏 名

令和6年度問題

2024年度版　これで合格！

宅建士直前予想模試

解答・解説編

「解説編」の利用法

★ 各回解説冒頭に設置されている「**実力判定表**」で、「**総合得点**」とともに「**各分野・重要度**」**別の得点**をしっかり確認しましょう。チャレンジした時点の**実力診断**と**弱点チェック**が、きっちり的確に行えます。

★ 「**講評**」では、その回の模試の“**ねらい**”や各分野の**得点戦略**、合格に向けた具体的な**学習指針**について詳細解説しました。「**実力判定表**」とあわせて確認すれば、ご自分にぴったりフィットする直前期の学習方法がわかります！

★ 「**特に注意**して確認すべき**重要な肢**」には特に重要、「**内容が高度で深入り厳禁！ここで納得できればOKな肢**」には禁、また、1問ごとに“**得点必至な問題・捨て問**”がわかる、次のような「**重要度**」**アイコン**を付けました。

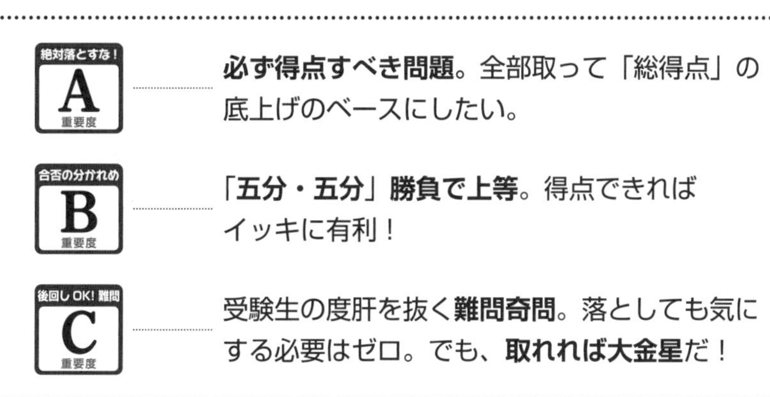

★ 各問題の解説には、日建学院 一発合格！シリーズ『**どこでも！学ぶ宅建士基本テキスト**』の参照ページが記載されています。あわせて確認すれば理解は万全です。

［凡例一覧］

＊宅地建物取引業法 …………………………………………………… 宅建業法
＊宅地建物取引業 ………………………………………………………… 宅建業
＊宅地建物取引士 ………………………………………………………… 宅建士
＊宅地建物取引業者 …………………………………………………… 宅建業者
＊宅地建物取引業法の解釈・運用の考え方 ……… 宅建業法の解釈・運用の考え方
＊建物の区分所有等に関する法律 ………………………………… 区分所有法
＊特定住宅瑕疵担保責任の履行の確保等に関する法律 ……… 住宅瑕疵担保履行法
＊住宅の品質確保の促進等に関する法律 …………………… 住宅品質確保法
＊不当景品類及び不当表示防止法 ………………………………… 景品表示法
＊不動産の表示に関する公正競争規約 ………………………… 表示規約
＊独立行政法人住宅金融支援機構法 …………………… 住宅金融支援機構法

宅地建物取引士資格試験　模擬問題－①　解答用紙

<記入上の注意>

1　受験番号及び氏名のフリガナ欄を確認すること。
2　氏名の漢字欄に、漢字で氏名を記入すること。
3　各問の解答番号には、二つ以上マークしないこと。
4　Ｂ又はＨＢの鉛筆でマークすること。
5　訂正する場合は、消しゴムで完全に消してからマークし直すこと。
6　解答用紙を汚したり折り曲げたりしないこと。
7　次の「良い例」のように、マークすること。

－　マ　ー　ク　例　－

良い例：ぬりつぶし ●
悪い例：うすい、はみだし、縦棒、丸、小さい、レ点、横棒、バッテン

実施日	令和６年　月　日	試験地	
		電算番号	
受験番号			
氏名　フリガナ			
氏名　漢字			

この欄は記入しないこと

0	0	0	0	0	0	0	0
1	1	1	1	1	1	1	1
2	2	2	2	2	2	2	2
3	3	3	3	3	3	3	3
4	4	4	4	4	4	4	4
5	5	5	5	5	5	5	5
6	6	6	6	6	6	6	6
7	7	7	7	7	7	7	7
8	8	8	8	8	8	8	8
9	9	9	9	9	9	9	9

解　答　欄

問題番号	解答番号			
問　1	①	②	③	④
問　2	①	②	③	④
問　3	①	②	③	④
問　4	①	②	③	④
問　5	①	②	③	④
問　6	①	②	③	④
問　7	①	②	③	④
問　8	①	②	③	④
問　9	①	②	③	④
問　10	①	②	③	④
問　11	①	②	③	④
問　12	①	②	③	④
問　13	①	②	③	④
問　14	①	②	③	④
問　15	①	②	③	④
問　16	①	②	③	④
問　17	①	②	③	④
問　18	①	②	③	④
問　19	①	②	③	④
問　20	①	②	③	④
問　21	①	②	③	④
問　22	①	②	③	④
問　23	①	②	③	④
問　24	①	②	③	④
問　25	①	②	③	④

問題番号	解答番号			
問　26	①	②	③	④
問　27	①	②	③	④
問　28	①	②	③	④
問　29	①	②	③	④
問　30	①	②	③	④
問　31	①	②	③	④
問　32	①	②	③	④
問　33	①	②	③	④
問　34	①	②	③	④
問　35	①	②	③	④
問　36	①	②	③	④
問　37	①	②	③	④
問　38	①	②	③	④
問　39	①	②	③	④
問　40	①	②	③	④
問　41	①	②	③	④
問　42	①	②	③	④
問　43	①	②	③	④
問　44	①	②	③	④
問　45	①	②	③	④
問　46	①	②	③	④
問　47	①	②	③	④
問　48	①	②	③	④
問　49	①	②	③	④
問　50	①	②	③	④

宅地建物取引士資格試験 模擬問題－② 解答用紙

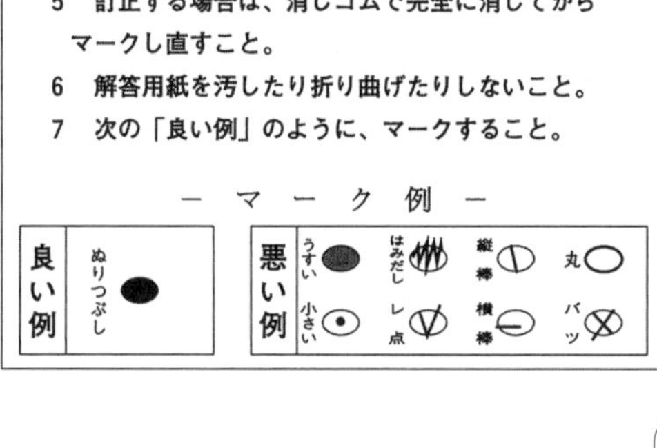

実施日	令和６年　月　日	試験地		
		電算番号		
受験番号				
氏名 フリガナ				
氏名 漢字				

この欄は記入しないこと

0	0	0	0	0	0	0	0
1	1	1	1	1	1	1	1
2	2	2	2	2	2	2	2
3	3	3	3	3	3	3	3
4	4	4	4	4	4	4	4
5	5	5	5	5	5	5	5
6	6	6	6	6	6	6	6
7	7	7	7	7	7	7	7
8	8	8	8	8	8	8	8
9	9	9	9	9	9	9	9

解　答　欄

問題番号	解答番号			
問 1	①	②	③	④
問 2	①	②	③	④
問 3	①	②	③	④
問 4	①	②	③	④
問 5	①	②	③	④
問 6	①	②	③	④
問 7	①	②	③	④
問 8	①	②	③	④
問 9	①	②	③	④
問 10	①	②	③	④
問 11	①	②	③	④
問 12	①	②	③	④
問 13	①	②	③	④
問 14	①	②	③	④
問 15	①	②	③	④
問 16	①	②	③	④
問 17	①	②	③	④
問 18	①	②	③	④
問 19	①	②	③	④
問 20	①	②	③	④
問 21	①	②	③	④
問 22	①	②	③	④
問 23	①	②	③	④
問 24	①	②	③	④
問 25	①	②	③	④

問題番号	解答番号			
問 26	①	②	③	④
問 27	①	②	③	④
問 28	①	②	③	④
問 29	①	②	③	④
問 30	①	②	③	④
問 31	①	②	③	④
問 32	①	②	③	④
問 33	①	②	③	④
問 34	①	②	③	④
問 35	①	②	③	④
問 36	①	②	③	④
問 37	①	②	③	④
問 38	①	②	③	④
問 39	①	②	③	④
問 40	①	②	③	④
問 41	①	②	③	④
問 42	①	②	③	④
問 43	①	②	③	④
問 44	①	②	③	④
問 45	①	②	③	④
問 46	①	②	③	④
問 47	①	②	③	④
問 48	①	②	③	④
問 49	①	②	③	④
問 50	①	②	③	④

宅地建物取引士資格試験　模擬問題－③　解答用紙

＜記入上の注意＞

1　受験番号及び氏名のフリガナ欄を確認すること。
2　氏名の漢字欄に、漢字で氏名を記入すること。
3　各問の解答番号には、二つ以上マークしないこと。
4　Ｂ又はＨＢの鉛筆でマークすること。
5　訂正する場合は、消しゴムで完全に消してからマークし直すこと。
6　解答用紙を汚したり折り曲げたりしないこと。
7　次の「良い例」のように、マークすること。

－　マ　ー　ク　例　－

良い例：ぬりつぶし
悪い例：うすい　はみだし　縦棒　丸　小さい　レ点　横棒　バッ

実施日	令和６年　月　日	試験地	
		電算番号	
受験番号			
氏名　フリガナ			
氏名　漢字			

この欄は記入しないこと

0	0	0	0	0	0	0	0
1	1	1	1	1	1	1	1
2	2	2	2	2	2	2	2
3	3	3	3	3	3	3	3
4	4	4	4	4	4	4	4
5	5	5	5	5	5	5	5
6	6	6	6	6	6	6	6
7	7	7	7	7	7	7	7
8	8	8	8	8	8	8	8
9	9	9	9	9	9	9	9

解　答　欄

問題番号	解答番号				問題番号	解答番号			
問　1	①	②	③	④	問　26	①	②	③	④
問　2	①	②	③	④	問　27	①	②	③	④
問　3	①	②	③	④	問　28	①	②	③	④
問　4	①	②	③	④	問　29	①	②	③	④
問　5	①	②	③	④	問　30	①	②	③	④
問　6	①	②	③	④	問　31	①	②	③	④
問　7	①	②	③	④	問　32	①	②	③	④
問　8	①	②	③	④	問　33	①	②	③	④
問　9	①	②	③	④	問　34	①	②	③	④
問　10	①	②	③	④	問　35	①	②	③	④
問　11	①	②	③	④	問　36	①	②	③	④
問　12	①	②	③	④	問　37	①	②	③	④
問　13	①	②	③	④	問　38	①	②	③	④
問　14	①	②	③	④	問　39	①	②	③	④
問　15	①	②	③	④	問　40	①	②	③	④
問　16	①	②	③	④	問　41	①	②	③	④
問　17	①	②	③	④	問　42	①	②	③	④
問　18	①	②	③	④	問　43	①	②	③	④
問　19	①	②	③	④	問　44	①	②	③	④
問　20	①	②	③	④	問　45	①	②	③	④
問　21	①	②	③	④	問　46	①	②	③	④
問　22	①	②	③	④	問　47	①	②	③	④
問　23	①	②	③	④	問　48	①	②	③	④
問　24	①	②	③	④	問　49	①	②	③	④
問　25	①	②	③	④	問　50	①	②	③	④

第 1 回
[解答・解説]

高得点目標模試

【得点目標 **38点**】

★ 出題項目・正解一覧
★ 実力判定表
★ 講　評
★ 解　説

日建学院

第１回　高得点目標模試（得点目標…38点）

※「問46～50」の5問は、登録講習修了者は免除されます。

分野	問題番号	項目	正解	重要度	Check
権利関係	1	民法（判決文問題 - 抵当権）	4	A	□□
	2	民法（制限行為能力者）	4	B	□□
	3	民法（取得時効）	3	A	□□
	4	民法（不動産物権変動）	4	A	□□
	5	民法（抵当権・根抵当権）	3	B	□□
	6	民法（保証債務）	1	A	□□
	7	民法（賃貸借）	4	A	□□
	8	民法（委任）	3	B	□□
	9	民法（不法行為）	2	B	□□
	10	民法（相続）	4	A	□□
	11	借地借家法（借地関係）	2	A	□□
	12	借地借家法（借家関係）	1	A	□□
	13	区分所有法	4	B	□□
	14	不動産登記法	2	C	□□
法令上の制限	15	都市計画法（都市計画の内容等）	1	B	□□
	16	都市計画法（都市計画制限）	1	A	□□
	17	建築基準法	3	A	□□
	18	建築基準法	3	C	□□
	19	宅地造成・盛土等規制法	2	A	□□
	20	土地区画整理法	3	C	□□
	21	農地法	4	A	□□
	22	国土利用計画法	2	A	□□
税・価格の評定	23	印紙税	1	A	□□
	24	固定資産税	4	A	□□
	25	地価公示法	1	A	□□
宅建業法	26	宅建業の免許	2	A	□□
	27	宅建業法・総合	1	A	□□
	28	宅建士の登録	4	B	□□
	29	宅建業法・総合	4	A	□□
	30	宅建士	2	B	□□
	31	営業保証金	4	A	□□
	32	広告等の規制	4	A	□□
	33	媒介契約の規制	3	A	□□
	34	重要事項の説明	3	A	□□
	35	重要事項の説明	4	A	□□
	36	35条書面・37条書面	4	A	□□
	37	８種制限・総合	4	A	□□
	38	クーリング・オフ	2	A	□□
	39	８種制限・総合	3	A	□□
	40	報酬額の制限	3	B	□□
	41	罰則	3	C	□□
	42	保証協会	3	A	□□
	43	業務上の諸規制	2	B	□□
	44	案内所等の届出	2	A	□□
	45	住宅瑕疵担保履行法	3	A	□□
5問免除※	46	住宅金融支援機構	1	A	□□
	47	景品表示法（公正競争規約）	3	B	□□
	48	土地・建物の統計	2	A	□□
	49	土地	4	A	□□
	50	建物	4	B	□□

【実力判定表】

「Ⓐ」（**分野別**）と「Ⓑ」（**重要度別**）の両方で、**目標点超え**を目指しましょう！

Ⓐ「分野」別の得点目標と「あなたの得点」の比較

権利関係	法令上の制限	税・価格の評定	宅建業法	5問免除
14問中　点	8問中　点	3問中　点	20問中　点	5問中　点
目標 10点	目標 5点	目標 3点	目標 16点	目標 4点

➡

総合得点
計50問中　点
目標 38点

Ⓑ「重要度」別の得点目標と「あなたの得点」の比較

重要度A	重要度B	重要度C
34問中　点	12問中　点	4問中　点
目標 34点	目標 4点	目標 0点

➡

A＋B＋C
計50問中　点
目標 38点

［再チャレンジ!］

1回目	2回目
計50問中　点	計50問中　点
目標 38点	

講評　この回での「得点戦略」ガイダンス

第１回　高得点目標模試【得点目標 38点】

今回の目標　～まずは「弱点」を発見しよう！～

本試験史上最高の合格点は「**38点**」（令和２年度10月試験）ですが、今回は、これと**同程度にレベル設定**して出題しました。なかでも、苦手意識を持つ受験生が多い「**権利関係**」「**法令上の制限**」「**税・価格の評定**」にズラリと**基本問題**をラインアップしたので、**解きやすさ**を感じてほしい回です。逆にいえば、今回得点できなかった問題、特に「**Aランク**」なのに**落とした問題**は、まさに今のあなたの“**泣きどころ**”です。

この「第１回」で発見できたことを“**幸運**”ととらえて、早いうちに叩き潰しましょう！

各分野の「得点戦略」

●「権利関係」　得点目標…10点／14問（重要度A＝８問、重要度B＝５問、重要度C＝１問）

みんな苦手な権利関係ですが、「**Aランク**」**８問**については「**全問正解！**」といきたいところです。これに対して、「**Bランク**」は５問中の**２問**程度を確保できれば御の字、「Cランク」の１問は得点できなくても構いません。現時点で「**合計10点**」を獲得できていれば、ここでの学習は順調です。

●「法令上の制限」　得点目標…５点／８問（重要度A＝５問、重要度B＝１問、重要度C＝２問）

合格者と不合格者の実力差が、とてつもなく大きく開くこの分野。基本的な問題であればあるほど、**両者の差は一目瞭然**です。その一方で、内容的にやや細かい問題となると、実力者でも得点しにくい分野なので、「Bランク」「Cランク」の問題は、まったく拾えなくても大丈夫です。まず今回は、「**Aランク**」の**５問**を得点できていれば上々です。

●「税・価格の評定」　得点目標…３点／３問（重要度A＝３問）

本番では得点が伸びないことも多い分野ですが、弱点発見が主眼の今回は、「**Aランク**」の**基本問題**を**３問**並べてみました。特に【**問24**】の固定資産税と【**問25**】の地価公示法は、今年の大ヤマです。出題内容が限られていて得点しやすい【**問23**】の印紙税とともに、**３問とも確実に得点**しましょう！

●「宅建業法」　得点目標…16点／20問（重要度A＝15問、重要度B＝４問、重要度C＝１問）

最も多く出題され、かつ、受験生全体の平均得点が高い「**宅建試験の最重要分野**」。しかも、今回についていえば、「Cランク」はたった１問。点数引下げ要因となる個数問題も、全部で5問と、昨年本試験での「７問出題」と比べてやや控えめ。そうなると、初回とはいえ、期待される点数は、自ずと高くなります。「**Aランク**」**15問**すべてに「**Bランク**」の４問中**１問**を加えた「**16点**」が、皆さんの**最低ノルマ**です。

●「５問免除」科目　得点目標…４点／５問（重要度A＝３問、重要度B＝２問）

近年、この分野の出題内容はすっかり安定し、例年の**合格者の平均得点は４点前後**と、多くの受験生の想像を超えて高くなっています。ただそれは、「**実力者は、統計対策バッチリ！**」だからです。実は、「５問免除科目」で最も事前の対策を立てやすいのは、【**問48**】の統計。これを落とした方は、きちんと復習して、絶対に得点できるようにしておきましょう！　「**Aランク**」**３問**に「**Bランク**」２問中の**１問**を加えた**４点**が、得点目標です。

「第１回模試」全体の合格戦略

目標得点自体は「**38点**」と**非常に高い**ですが、全体の点数よりむしろ、「**分野別の得点目標をクリア**」したかどうか、「**Aランクで落とした問題はないか**」を厳しくチェックするほうが大切です。「権利関係」「税・価格の評定」「５問免除」は“守り”の分野、ここで多少点数が足りないだけであればさほど心配する必要はなく、学習は順調といえます。しかし、攻め勝つべき分野である「法令上の制限」「宅建業法」で目標の得点を積み上げられなかったとしたら、本試験が「**高得点勝負**」となった場合には致命的です。

過去問学習をあらためて徹底するなど、**学習方法の軌道修正**を行い、**足元をしっかり固めましょう！**

問 1　民法（判決文問題-抵当権）

『基本テキスト』
1 権利関係
P76～89

正解

4

絶対落とすな!
A
重要度

「最高裁判所 平成12年４月14日決定」を素材とする問題です。同決定では、「抵当権者は、抵当不動産の賃借人を所有者と同視することを相当とする場合を除き、賃借人が取得する転貸賃料債権について物上代位権を行使することができない」とされました。

1　正しい。

抵当権は、その目的物の売却・**賃貸**・滅失または損傷によって**債務者**が受けるべき金銭その他の物に対しても、行使できます（**物上代位**）。ただし、抵当権者は、物上代位をするには、債務者が受けるべき金銭等の**払渡し**または引渡しの前に**差押え**をしなければなりません。

したがって、抵当権は、目的不動産の賃貸によって債務者が受けるべき賃料に対しても行使できますが、そのためには、その払渡し前に、その賃料債権を差し押さえることが必要です。なお、本判決文に記述はありませんが、本判決文が根拠とする民法の規定どおりの内容です。

➡ 民法372条、304条

2　正しい。

本判決文の第２文に、「所有者は被担保債権の履行について抵当不動産をもって物的責任を負担するものであるのに対し、抵当不動産の賃借人は、このような責任を負担するものではなく…」と、本肢と同趣旨の記述があります。

➡ 372条、304条、判決文

3　正しい。

本判決文の第１文に、「民法372条によって抵当権に準用される同法304条１項に規定する『債務者』には、原則として、抵当不動産の賃借人（転貸人）は含まれないものと解すべきである」と、本肢と同趣旨の記述があります。

➡ 372条、304条、判決文

4　誤り。賃借人を所有者と同視できる➡転貸賃料債権に物上代位できる。

本判決文によると、抵当権者は、転貸人の有する転貸賃料債権に対して、原則として、物上代位できません。ただし、本判決文の第５文では、「抵当不動産の賃借人を所有者と同視することを相当とする場合には、その賃借人が取得すべき転貸賃料債権に対して抵当権に基づく物上代位権を行使することを許すべきものである」と述べています。したがって、物上代位権を行使することが『できない』とする本肢は、結論が逆です。

➡ 372条、304条、判決文

「**判決文問題**」の解答のポイントは、まず、**判決文の結論をしっかり読み取ること**です。そのうえで、その結論を選択肢に照らし合わせることができれば、正解にグッと近づくことができます。

問 2　民法（制限行為能力者）

『基本テキスト』
1 権利関係
P11～17

正解

4

合否の分かれめ
B
重要度

1　誤り。未成年者の単に権利を得る・義務を免れる行為➡法定代理人の同意は不要。

特に重要

未成年者は、契約などの法律行為をするには、原則として、法定代理人の同意を得なければなりません。ただし、**単に権利を得る**（例えば、負担なしに贈与を受けること）、または**義務を免れる**（例えば、借金を免除してもらうこと）法律行為をする場合には、例外的に、法定代理人の同意を得る必要はありません。この場合、未成年者本人が害される可能性は、ほとんどないからです。

➡ 民法５条

2　誤り。成年被後見人の法律行為➡成年後見人の同意があっても取消しできる。

特に重要

成年被後見人の法律行為は、日用品の購入その他日常生活に関する行為を除き、取り消すことができます。成年被後見人は同意の意味を理解できないのが通常であるので、成年後見人の同意があっても、同様です。

➡ ９条

3　誤り。家庭裁判所の審判➡特定の法律行為について代理できる。

保佐人は、被保佐人が不動産の売却等の財産上の一定の重要行為を行うに際して同意を与えることができるとともに、被保佐人が同意を得ないでした上記の重要行為については、これを取り消すことができます。

また、家庭裁判所は、本人や保佐人等の請求により、被保佐人のために、**特定の法律行為**（例えば、甲土地の売却）について保佐人に代理権を付与する旨の審判をすることができますので、この審判があった場合には、保佐人は、特定の法律行為について、被保佐人を代理することができます　➡ 13条、876条の4

4　正しい。

家庭裁判所が本人以外の者の請求により**補助開始の審判**をするには、**本人の同意**がなければなりません。本人以外の者の請求により「後見開始の審判」や「保佐開始の審判」をする場合とは、異なります。　➡ 15条

【肢４に関連して】補助開始の審判の場合、被後見人や被保佐人とされる者と比べて**本人の判断能力が高い**と考えられるので、**本人の意思を尊重**することにされたのです。

問３　民法（取得時効）

20年間、所有の意思をもって、平穏に、かつ、公然と他人の物を占有した者は、その占有開始の時に悪意または善意有過失であっても、その所有権を取得します。また、**10年間**、所有の意思をもって、平穏に、かつ、公然と他人の物を占有した者は、その**占有の開始の時**に**善意無過失**であれば、その所有権を取得します（所有権の取得時効）。

1　正しい。

占有の開始時に**善意無過失**であれば、その後に悪意に転じても、**10年間**で取得時効は完成します。　➡ 民法162条

2　正しい。

賃借権に基づく占有は、所有の意思をもってする占有（自主占有）とはいえません。賃料の支払を拒んでいたとしても、関係ありません。　➡ 185条、判例

3　誤り。相続で新たな権原を得れば、自主占有への転換を主張できる。

被相続人（賃借人）の占有が所有の意思のないもの（他主占有）であっても、相続人が新たに事実上支配することにより占有を開始し、相続人に所有の意思があると認められる場合には、相続人は、新たな権原により、所有の意思をもって占有（自主占有）を開始したとみることができます。したがって、Cは、甲土地の所有権を時効取得できます。　➡ 185条、判例

4　正しい。

占有している物を他人に賃貸したときは間接占有（代理占有）となりますが、**間接占有に基づく時効取得**も認められます。したがって、本肢の場合、Aは、10年間で甲土地の所有権を時効取得できます。　➡ 181条、162条、判例

問４ 民法（不動産物権変動）

正解

4

絶対落とすな!
A
重要度

1　正しい。

不動産の所有権が移転した直接の当事者間では、登記がなくても、所有権の取得を主張できます。相続人は、被相続人の法律上の地位を承継するので、買主Bは、売主Aに主張できたことを、Aの相続人Cに対しても主張できます。

したがって、Bは、Aに対するのと同様に、Cに対して、登記がなくても土地の所有権の取得を主張できます。

➡ 民法177条、判例

2　正しい。

ＤとＥが土地を共同相続した場合、土地は、ＤとＥの共有になります。この場合に、Ｄが土地全体について自己の単独所有の登記をしたとしても、**Ｅの持分**については、Ｄは**無権利者**です。したがって、Ｄから譲渡を受けたＦも、Ｅの持分については**無権利者**となります。無権利者に対しては登記がなくても権利を主張できるので、Ｅは、登記がなくても、Ｆに対して自己の持分権を主張できます。

➡ 民法177条、判例

3　正しい。

時効取得者（Ｈ）と、時効完成**前**に元の所有者（Ｇ）から土地の所有権を取得した第三者（Ｉ）との関係は、当事者の関係に似ているといえます。したがって、Ｈは、**登記がなくとも**、Ｉに対して土地の所有権の時効による取得を主張できます。

➡ 民法177条、判例

4　誤り。建物賃貸借➡先に建物の引渡しがあれば、新所有者に対抗できる。

建物の賃貸借は、借地借家法の適用により、賃借権の登記がなくても、建物の引渡しがあったときは、その後その建物について物権を取得した者に対し、建物の賃借権（借家権）を対抗できます。

甲建物の引渡しを受けているLは、賃借権の登記がなくても、丁建物の新所有者Mに対して賃借権を主張できます。

➡ 177条、借地借家法31条、判例

【肢４に関連して】不動産の二重譲渡の場面での第一の買主と第二の買主の間だけでなく、買主と借主との間や、買主と抵当権者との間でも、**先に対抗要件を備えた者**が自分の権利を**主張**できます。まとめて理解しておきましょう！

問５ 民法（抵当権・根抵当権）

正解

3

1　正しい。

抵当権も、根抵当権も、対抗要件は**登記**です。

➡ 民法177条

2　正しい。

抵当権を設定する場合には、被担保債権を**特定**しなければなりません。これに対し、根抵当権を設定する場合には、例えば「消費貸借取引から生じる債権」のように、**一定の範囲内**である必要がありますが、**不特定**の債権を被担保債権とすることができます。

➡ 369条、398条の2

3　誤り。抵当権➡随伴性あり。元本確定前の根抵当権➡随伴性なし。

特に
重要

抵当権には**随伴性**があるので、抵当権の被担保債権を譲り受けた者は、抵当権も取得します。これに対して、元本の確定前の根抵当権には**随伴性がない**ので、元本の確定前に根抵当権の被担保債権を譲り受けた者は、根抵当権を取得することはできません。

➡ 369条、398条の7

4　正しい。

抵当権の場合には、抵当権の順位の譲渡・放棄という制度が設けられています。これに対し、根抵当権の場合には、元本の確定前には根抵当権の順位の譲渡・放棄をすることはできません。

➡ 376条、398条の11・12・13

問6 民法（保証債務）

『基本テキスト』
1 権利関係
P90～97

正解 **1**

絶対落とすな! **A** 重要度

1 誤り。保証人が違約金または損害賠償の額を約定できるのは、保証債務についてのみ。
保証債務は、主たる債務に関する利息、違約金、損害賠償その他その債務に従たるすべてのものを包含します。また、保証人は、自己が直接買う保証債務についてのみ、違約金または損害賠償の額を約定できます。 民法447条

2 正しい。
特に重要
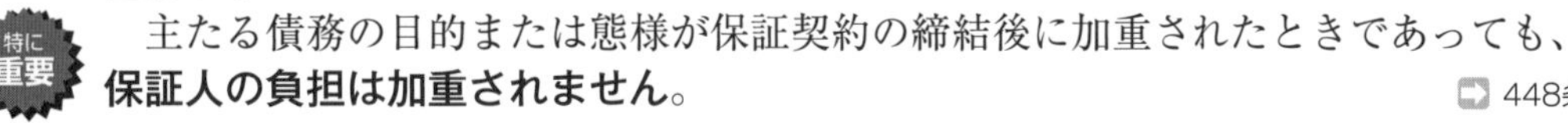
主たる債務の目的または態様が保証契約の締結後に加重されたときであっても、**保証人の負担は加重されません。** 448条

3 正しい。
債務者が保証人を立てる義務を負う場合には、その保証人は、①行為能力者である、②弁済をする資力を有する、という2つの要件を具備する者でなければなりません。 450条

4 正しい。
数人の保証人がある場合（共同保証）には、それらの保証人が個別に債務を負担したときであっても、別段の意思表示がないときは、各保証人は、それぞれ等しい割合で義務を負います。 456条、427条

問7 民法（賃貸借）

『基本テキスト』
1 権利関係
P130～139

正解 **4**

絶対落とすな! **A** 重要度

1 誤り。債務不履行による解除➡転借人に賃料支払の機会を与える必要なし。
特に重要

賃貸人は、債務不履行により賃貸借契約を解除する場合、**転借人に対して賃料を支払う機会を与える必要はありません。**貸借人の債務不履行により解除したい賃貸人に、法律の規定以上の負担を課すのは妥当ではないからです。
判例、民法613条参照

2 誤り。解約をする権利の留保がある場合のみ、中途解約できる。
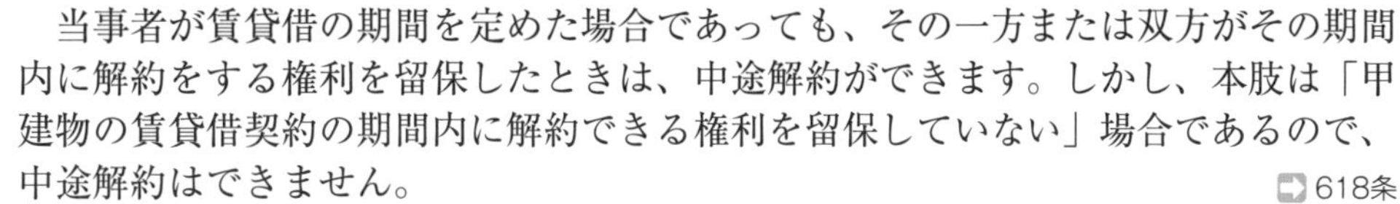
当事者が賃貸借の期間を定めた場合であっても、その一方または双方がその期間内に解約をする権利を留保したときは、中途解約ができます。しかし、本肢は「甲建物の賃貸借契約の期間内に解約できる権利を留保していない」場合であるので、中途解約はできません。 618条

3 誤り。賃貸人の交替➡敷金関係は自動的に承継される。
特に重要

不動産の譲渡によって当該不動産の賃貸人たる地位が移転した場合、敷金関係は、原則として、**新賃貸人**（買主である新所有者）**に承継**されます。この場合、新賃貸人の承諾は不要です。したがって、本肢では、敷金関係はAからDに承継されるので、Bは、Dに対して、敷金の返還を請求できます。 605条の2、判例

4 正しい。
賃貸人は、賃借人の債権者が敷金返還請求権を差し押さえたとしても、未払賃料について敷金から優先弁済を受けることができます。 判例

問 8 民法（委任）

正 解

3

特に重要

1 誤り。受任者➡報酬の有無に関係なく、善管注意義務を負う。

受任者は、報酬の有無にかかわりなく、**善良な管理者の注意**をもって、委任事務を処理する義務を負います。 ➡民法644条

2 誤り。委任の報酬➡原則、「無報酬かつ後払い」。

受任者は、特約がなければ、委任者に対して報酬を請求できません。したがって、特約をしていない本肢の場合、Bは、Aに報酬の請求ができません。

なお、受任者は、報酬を受けるべき場合でも、委任事務を履行した後（本問では、A所有の不動産の売買契約後）でなければ、報酬を請求できません。 ➡648条

3 正しい。

委任事務を処理するについて費用を要するときは、委任者は、受任者の請求により、その前払をしなければなりません。 ➡649条

4 誤り。やむを得ない事由での解除➡損害賠償は不要。

委任は、各当事者がいつでもその解除をすることができますが、この規定により委任の解除をした者は、①相手方に不利な時期に委任を解除した場合、または、②委任者が受任者の利益（専ら報酬を得ることによるものを除く）もあわせて目的とする委任を解除した場合には、相手方の損害を賠償しなければなりません。

ただし、これらの場合でも、やむを得ない事由があったときは、相手方の損害を賠償する必要はありません。 ➡651条

委任は、出題範囲が狭く、意外と得点しやすいテーマです。しっかり準備して、貴重な1点をもぎ取りましょう！

問 9 民法（不法行為）

正 解

2

特に重要

1 誤り。被害者に損害を賠償した使用者➡被用者に求償できる。

使用者は、被用者が事業の執行につき第三者に加えた損害を賠償する責任を負います（使用者責任）。この場合、被害者に損害を賠償した使用者は、被用者に対して、**信義則上相当と認められる範囲**で**求償**できます。したがって、使用者Aは、被害者Cに損害を賠償したときは、被用者Bに対して求償できます。 ➡民法715条、判例

2 正しい。

被用者Bが使用者Aの事業の執行について第三者Cに損害を与え、被害者である第三者Cに対してその損害を賠償した場合には、被用者Bは、使用者Aに対して、損害の公平な分担という見地から相当と認められる額について求償できます（逆求償）。 ➡715条、判例

3 誤り。共同不法行為の加害者の１人に対する請求➡他の加害者に影響しない。

共同不法行為の加害者は、各自が連帯してその損害賠償責任を負います。連帯債務では、連帯債務者の１人に生じた事由は、弁済・更改・相殺・混同などを除き、他の連帯債務者には影響しません（相対効の原則）。

したがって、本肢のCが共同不法行為の加害者の１人であるAに対して裁判上の請求をしても、他の加害者であるBには影響しないので、BがCに対して負う損害賠償債務については、消滅時効の完成は猶予されません。 ➡719条、441条

4 誤り。他方の加害者の使用者には、負担部分の限度で求償できる。

共同不法行為の加害者の各使用者が使用者責任を負う場合、一方の加害者の使用者は、当該加害者の過失割合に従って定められる自己の負担部分を超えて損害を賠償したときは、その超える部分につき、他方の加害者の使用者に対して、当該加害者の過失割合に従って定められる負担部分の限度で、求償できます。 ➡719条、判例

問 10 民法（相続）

正解

4

特に重要

1 誤り。兄弟姉妹➡遺留分を有しない。

被相続人の**兄弟姉妹**は、**遺留分を有しません**。したがって、そもそも、被相続人Aの兄Cは、遺留分侵害額の請求ができません。

➡ 民法1042条

2 誤り。相続放棄➡代襲相続しない。

Eが**相続放棄**をしたときは、F・Gともに**代襲相続人とはなりません**。本肢の場合、相続人は配偶者Bと養子Dであり、法定相続分はそれぞれ1／2となります。

➡ 939条、887条参照

3 誤り。直系尊属がいる➡兄弟姉妹は相続人とならない。

配偶者以外の相続人は、第1順位（子及びその代襲者）、第2順位（直系尊属）、第3順位（兄弟姉妹及びその代襲者）の順に相続人となります。母Hが相続人となる本肢の場合、兄Cは相続人となりません。

➡ 889条

4 正しい。

EとJは、ともにAの子であり、法定相続分に差異はありません。したがって、本肢の場合の相続人はB・E・Jであり、法定相続分は、Bが1／2、EとJがそれぞれ1／4ずつとなります。

➡ 900条

相続については、問題文の人物関係を読み取って正確な「家系図」にできるかどうかで、勝負が決まります。相続人や相続分に関する事例問題を解くときは、必ず、被相続人を中心にして家系図化することを習慣にしましょう。

問 11 借地借家法（借地関係）

正解

2

絶対落とすな!
A
重要度

1 誤り。請求による更新➡正当事由のある異議を述べたときは更新されない。

借地権の存続期間が満了する場合において、借地権者が契約の更新を請求したときは、建物がある場合に限り、原則として、従前の契約と同一の条件で契約を更新したものとみなされます（請求による更新）。

ただし、借地権設定者が、遅滞なく、**正当事由のある異議**を述べたときは、更新されません。したがって、「異議の理由にかかわりなく更新される」とする本肢は誤りです。

➡ 借地借家法5条、6条

2 正しい。

借地契約を更新する場合、その存続期間は、**最初の更新**のときは**20年**、2回目以降の更新のときは10年とされます。ただし、当事者がこれより長い期間を定めたときは、その期間になります。本肢のように、最初の更新において10年と定めたときは、その定めは効力を生じず、存続期間は20年になります。

➡ 4条

3 誤り。事業用定期借地権の設定契約➡必ず、公正証書によって設定する。

事業用定期借地権の設定契約は、**公正証書**によってしなければなりません。

➡ 23条

4 誤り。事業用定期借地権➡居住の用に供する場合には設定できない。

事業用定期借地権は、**専ら事業の用**に供する建物（**居住の用**に供するものを**除く**）の所有を目的とする場合に設定できます。したがって、「従業員の社宅として従業員の居住の用に供するとき」には、事業用定期借地権を設定できません。

➡ 23条

問 12 借地借家法（借家関係）

正解

1

本問の「A・B間」の建物賃貸借契約については、**借地借家法の適用**があります。これに対して、「A・C間」の建物賃貸借契約については、借地借家法の適用はなく、**民法の賃貸借の規定**によることになることを、まずは念頭に置いて考えましょう。

1 正しい。

借地借家法では、期間を1年未満とする建物の賃貸借は、期間の定めがない建物の賃貸借とみなされます。

これに対して、民法の賃貸借契約では、その存続期間について、「長期については50年を超えることができない」という制限がありますが、短期については何も制限はありません。したがって、本肢のように「契約期間を10月」とした場合には、10ヵ月が契約期間となります。

➡ 借地借家法29条、40条、民法604条参照

2 誤り。民法では、建物の賃貸借は「解約申入れから３ヵ月」で終了。

借地借家法では、建物の賃貸人が賃貸借の解約の申入れをした場合においては、建物の賃貸借は、解約の申入れの日から**６ヵ月を経過**することによって契約が終了します。なお、この解約申入れには正当事由が必要です。したがって、ＡＢ間の契約についての記述は正しいものです。

これに対して、民法の賃貸借契約で期間を定めない場合には、各当事者（賃貸人・貸借人双方）はいつでも解約の申入れができ、建物の賃貸借はその解約申入れから**３ヵ月を経過**することによって終了します。したがって、ＡＣ間の建物賃貸借契約について「解約の申入れをした日から６月を経過した日に終了する」という記述は、誤りです。

➡ 借地借家法27条、40条、民法617条

3 誤り。民法では、賃借権の登記が対抗要件。

借地借家法では、建物の賃貸借は、その登記がなくても、**建物の引渡し**があったときは、その後その建物について物権を取得した者に対し、その効力を生じます。したがって、建物の引渡しを受けているＢは、Ｄに対して賃借権を主張できます。

これに対して、民法の賃貸借契約では、「**賃借権の登記**をした場合」には、その後、賃借不動産について物権を取得した者に対し、賃借権を主張できます。したがって、賃借権の登記をしていないＣは、Ｅに対して賃借権を主張できません。

➡ 借地借家法31条、40条、民法605条

4 誤り。賃借物の一部が賃借人の帰責性なく滅失➡いずれの賃貸借でも賃料は減額。

賃借物の一部が滅失その他の事由により使用・収益をすることができなくなった場合において、それが賃借人の責めに帰することができない事由によるときは、賃料は、その使用・収益をすることができなくなった部分の割合に応じて減額されます（なお、この場合において、残存する部分のみでは賃借人が賃借をした目的を達することができないときは、賃借人は、契約を解除できます）。

これは、借地借家法の適用がある建物賃貸借でも民法上の建物賃貸借でも、同様です。したがって、Ｃの賃料も、使用・収益できなくなった部分の割合に応じて減額されます。

➡ 611条

問 13 区分所有法

『基本テキスト』
1 権利関係
P195～205

正 解

4

1 誤り。規約の設定等➡3／4の特別決議による。

特に重要

規約の設定・変更・廃止は、区分所有者および議決権の**各3／4以上**の多数による集会の決議によってしなければなりません。なお、この点について、規約で別段の定めをすることはできません。

➡ 区分所有法31条

2 誤り。「決議」＋「特別の影響を受ける者の承諾」が必要。

規約の設定、変更または廃止が、一部の区分所有者の権利に特別の影響を及ぼすときは、少数者の権利を保護するために、その承諾が必要です。なお、承諾が得られないときは、その規約の設定・変更・廃止は、効力を生じません。

➡ 31条

3 誤り。一部区分所有者の1／4超またはその議決権の1／4超の反対➡決議不可。

一部共用部分に関する事項で、区分所有者全員の利害に関係しないものについて、区分所有者の全員で規約の設定、変更または廃止を行う場合に、一部区分所有者の1／4を超える者、またはその議決権の1／4を超える議決権を有する者が反対したときは、その規約の設定・変更・廃止ができません。

➡ 31条

4 正しい。

最初に建物の専有部分の全部を所有する者（原始所有者）は、**公正証書**により、①規約共用部分の定め、②規約敷地の定め、③専有部分と敷地利用権の分離処分を許す定め、④敷地利用権の割合の定め、の4つに関する規約を定めることができます。

➡ 32条

問 14 不動産登記法

『基本テキスト』
1 権利関係
P222、223

正 解

2

1 正しい。

禁

分筆の登記は、表題部所有者または所有権の登記名義人以外の者は、申請できません。

➡ 不動産登記法39条

2 誤り。建物の分割の登記➡職権で行うことは不可。

建物の分割の登記とは、表題登記がある建物の附属建物を当該表題登記のある建物の登記記録から分割して登記記録上別の1個の建物とする登記をいいます。

不動産登記法上、建物の分割の登記について、登記官の職権による登記を認めた例外規定は存在しません。したがって、登記官は、職権で、建物の分割の登記をすることはできません。

➡ 54条、39条参照

3 正しい。

登記官は、表題部所有者または所有権の登記名義人の申請がない場合であっても、一筆の土地の一部が別の地目となり、または地番区域を異にするに至ったときは、職権で、その土地の分筆の登記をしなければなりません。

➡ 39条

4 正しい。

建物の分割の登記は、表題部所有者または所有権の登記名義人以外の者は、申請できません。

➡ 54条

【肢3に関連して】登記官は、申請がない場合であっても、地図を作成するため必要があると認めるときは、表題部所有者または所有権の登記名義人の異議がないときに限り、職権で、分筆の登記をすることができます。

問 15 都市計画法（都市計画の内容等）

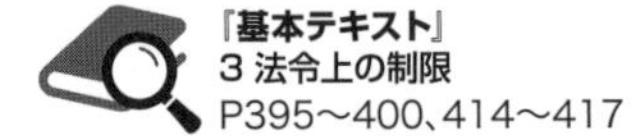

正 解

1

合否の分かれめ B 重要度

1 **正しい。**
都道府県は、準都市計画区域を指定しようとするときは、あらかじめ、関係市町村及び都道府県都市計画審議会の意見を聴かなければなりません。

都市計画法５条の２

2 **誤り。区域区分➡「必要がある場合だけ」定める。**
特に重要
都市計画区域において、無秩序な市街化を防止し、計画的な市街化を図るため必要があるときは、都市計画に、市街化区域と市街化調整区域との区分（**区域区分**）を定めることが**できます**。したがって、すべての都市計画区域において区域区分を定める必要はありません。

7条

3 **誤り。開発整備促進区が定められた地区計画区域➡届出制。**
開発整備促進区（道路、公園その他の政令で定める施設〈都市計画施設及び地区施設を除く〉の配置及び規模が定められているものに限る）が定められた地区計画の区域内で、建築物の建築を行う場合は、原則として、当該行為に着手する日の30日前までに、**市町村長に届け出**なければなりません。「都道府県知事の許可」は不要です。

58条の２

4 **誤り。市街地開発事業➡市街化調整区域では不可。**
市街地開発事業は、**市街化区域**または区域区分が定められていない都市計画区域内において、一体的に開発し、または整備する必要がある土地の区域について定められます。したがって、市街化を抑制すべき「市街化調整区域」内においては定めることができません。

13条

問 16 都市計画法（都市計画制限）

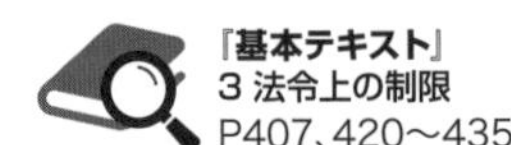

正 解

1

1 **正しい。**
風致地区は、都市の風致を維持するため定める地区であり、風致地区内における建築物の建築、宅地の造成、木竹の伐採その他の行為については、**地方公共団体の条例**で、都市の風致を維持するため必要な規制を行えます。

都市計画法９条、58条

2 **誤り。土地の区画形質の変更を行わない➡開発行為にあたらず、開発許可不要。**
「開発行為」とは、主として建築物の建築または特定工作物の建設の用に供する目的で行う**土地の区画形質の変更**をいいます。したがって、本肢のように「宅地の区画形質の変更を行わない」のであれば、開発行為に該当せず、開発許可は不要です。

4条

3 **誤り。開発許可を受けた開発区域内➡不同意の者が権利行使する場合も例外。**

開発許可を受けた開発区域内の土地においては、開発行為に関する工事完了の公告があるまでの間は、建築物の建築等はできません。

ただし、①当該開発行為に関する**工事用の仮設建築物の建築**等をするとき、②その他**都道府県知事が支障がないと認めた**とき、または、③開発行為に対する**同意をしていない土地所有者等**が、その**権利の行使**として建築物の建築等をするときは、例外的に、建築物の建築等ができます。

したがって、「当該開発行為に関する工事用の仮設建築物又は特定工作物を建築し、又は建設するとき」（上記①の場合）以外にも、例外的に建築物の建築等ができる場合があるので、上記①の場合に限定している本肢は誤りです。

37条

4 **誤り。都市計画施設の区域等で建築物の建築➡原則、知事等の許可が必要。**
都市計画施設の区域または市街地開発事業の施行区域内において建築物の建築をする者は、原則として、都道府県知事（市の区域内では、当該市の長）の許可を受けなければなりません。ただし、**非常災害のため必要な応急措置**として行う行為については、許可は不要であり、また、都道府県知事への届出も必要ありません。

53条

都市計画法では「開発行為の規制」からの出題は頻出です。特に、**開発許可の要否**の問題の出来・不出来は**合否を分けます**。しっかり学習しましょう！

問 17 建築基準法

『基本テキスト』
3 法令上の制限
P441～446、450～455

正解

3

1 誤り。消防同意を受ける必要があるのは、建築主事等または指定確認検査機関。

建築主事・建築副主事（建築主事等）または**指定確認検査機関**は、建築確認をする場合には、原則として、当該確認に係る建築物の工事施工地または所在地を管轄する消防長（消防本部を置かない市町村にあっては、市町村長）または消防署長の同意（消防同意）を得ておかなければなりません。

したがって、消防同意を得る必要がある主体は、建築主事等または指定確認検査機関であって、「建築主」ではありません。 ➡ 建築基準法6条、93条

2 誤り。地盤面下の部分➡壁面線を越えて建築できる。

建築物の壁・これに代る柱、高さ2mを超える門・塀は、壁面線を越えて建築してはなりません。ただし、「地盤面下の部分」または特定行政庁が建築審査会の同意を得て許可した歩廊の柱等については、建築できます。 ➡ 47条

3 正しい。

特に重要

敷地が2以上の用途地域にわたる場合は、敷地の全部について、敷地の**過半**の属する用途地域の制限が適用されます。本肢のように、建築物の敷地が工業地域と工業専用地域にわたる場合で、敷地の過半が工業地域内であるときは、**敷地の全部**について、**工業地域の用途制限が適用**されます。

共同住宅は、原則として、「**工業専用地域**」**以外**の用途地域において建築できますので、本肢の敷地には、共同住宅を建築できます。 ➡ 48条、91条

4 誤り。「建蔽率が8／10」＋「防火地域内の耐火建築物等」➡建蔽率制限の適用なし。

特に重要

建蔽率の限度が**8／10**とされている地域内で、かつ、**防火地域内**にある**耐火建築物等**については、建蔽率の制限は**適用されません**。つまり、建蔽率の限度が10／10（100%）に緩和されます。

なお、「耐火建築物等」とは、耐火建築物またはこれと同等以上の延焼防止性能を有するものとして政令で定める建築物をいいます。 ➡ 53条

建築「副」主事とは、建築主事と異なり、「大規模建築物」以外の建築物に限って建築確認や検査などができる公務員です。最近の改正で、建築確認事務などにおける"マンパワー不足"を補う目的で新設されました。

問 18 建築基準法

『基本テキスト』
3 法令上の制限
P438、446、447、464

正解

3

1 誤り。飛散・発散のおそれがある石綿を添加した建築材料➡そもそも使用不可。

建築物は、石綿の建築材料からの飛散・発散による衛生上の支障がないよう、①建築材料に石綿を添加しないこと、②石綿をあらかじめ添加した建築材料（石綿を飛散・発散させるおそれがないものとして国土交通大臣が定めたものまたは国土交通大臣の認定を受けたものを除く）を使用しないこと、とされています。

したがって、飛散・発散のおそれがある石綿を添加した建築材料を使用することはできません。 ➡ 建築基準法28条の2、施行令20条の4

2 誤り。建築協定の変更➡「全員」の合意。その廃止➡「過半数」の合意。

建築協定区域内の土地の所有者等は、特定行政庁から認可を受けた建築協定を変更する場合は、土地の所有者等の**全員の合意**をもってその旨を定め、これを特定行

政庁に申請して認可を受けなければなりません。なお、廃止する場合は、その過半数の合意で足ります。 ➡ 70条、74条、76条

3 正しい

高さが60mを超える建築物は、当該建築物の安全上必要な構造方法に関して政令で定める技術的基準に適合するものであり、その構造方法は国土交通大臣の認定を受けたものでなければなりません。 ➡ 20条

4 誤り。建築物が「斜線制限」の異なる2以上の区域内にある場合➡属地主義。

建築物が斜線制限の異なる2以上の区域にわたる場合には、**区域ごと**に適用の有無を決めます（属地主義）。したがって、建築物が、北側高さ制限（北側斜線制限）が原則として適用される第二種中高層住居専用地域と適用されない近隣商業地域にわたって存する場合には、建築物のうち、近隣商業地域に存する部分については同制限が適用されませんが、**第二種中高層住居専用地域**に存する部分については同制限が原則として適用されます。 ➡ 56条

問 19 宅地造成・盛土等規制法

『基本テキスト』
3 法令上の制限
P474～484

正解

2

1 誤り。工事主➡請負契約の注文者、または請負契約によらないで自ら工事をする者。

宅地造成等工事規制区域内において行われる宅地造成等に関する工事については、工事主が、工事に着手する前に、原則として都道府県知事の許可を受けなければなりません。

この「工事主」とは、①宅地造成・特定盛土等・土石の堆積に関する工事の請負契約の注文者、または、②請負契約によらないで自ら①の工事をする者をいいます。したがって、①②どちらにも該当しない「宅地造成等に関する工事の請負人」が許可を受けるわけではありません。 ➡ 宅地造成及び特定盛土等規制法12条、2条

2 正しい。

宅地造成等工事規制区域内において行われる宅地造成等に関する工事（宅地造成等に伴う災害の発生のおそれがないと認められる一定の工事を除く）は、擁壁・排水施設の設置など、**宅地造成等に伴う災害を防止するため必要な措置**が講ぜられたものでなければなりません。 ➡ 13条

3 誤り。擁壁等に関する工事➡工事着手日の14日前までに届出。

宅地造成等工事規制区域内の土地（公共施設用地を除く）において、高さが**2m を超える擁壁**などの**除却**の工事（擁壁等に関する工事）を行う者は、宅地造成等に関する工事の許可を受けた場合などを除き、その工事に着手する日の**14日前**までに、その旨を都道府県知事に届け出なければなりません。

「工事に着手した日から14日以内に」ではありません ➡ 21条、施行令26条

4 誤り。造成宅地防災区域➡宅地造成等工事規制区域内では指定できない。

造成宅地防災区域を指定できる場所は、宅地造成等工事規制区域**外**のみです。したがって、都道府県知事は、宅地造成等工事規制区域内で、造成宅地防災区域を指定することはできません。 ➡ 45条

旧・宅地造成等規制法が改正されて「宅地造成及び特定盛土等規制法」と名称・内容ともに刷新されましたが、いきなり、まったく新しい内容である「特定盛土等規制区域内の規制」の学習に飛びつくのは、得策ではありません。

手始めにまずは、旧法時代の規制の系譜を受け継ぐ「宅地造成等工事規制区域内の規制」についての基本知識を、がっちり固めましょう！

問 20 土地区画整理法

『基本テキスト』
3 法令上の制限
P486～498

正解

3

1 正しい。

組合が施行する土地区画整理事業は、①都市計画事業として施行される場合と、②都市計画事業として施行されない場合があり、②の場合には、市街化調整区域が施行地区に編入される場合もあります。 ➡ 土地区画整理法3条、21条参照

2 正しい。

組合を設立しようとする者は、**7人以上**共同して、定款及び事業計画を定め（事業計画の決定に先立って組合を設立する必要があると認める場合を除く）、その設立について**都道府県知事の認可**を受けなければなりません。 ➡ 14条

3 誤り。賦課金等の滞納分➡市町村長に対して徴収を申請できる。

組合は、賦課金等を滞納する者がある場合においては、督促状を発して督促し、その者がその督促状において指定した期限までに納付しないときは、「市町村長」に対し、その徴収を申請することができます。都道府県知事に対して申請するのではありません。 ➡ 41条

4 正しい。

土地区画整理組合が一定の事由により解散した場合においては、原則として、理事がその清算人となります。清算人は、組合の債務を弁済した後でなければ、その残余財産を処分できません。 ➡ 46条、48条

本問は、難問です。このように、土地区画整理法では、難問が出題されることもありますが、もし、今までに見たこともない知識が出題されたら、あまり迷わずに次の問題に進みましょう。
なお、このような問題は、合格者でもなかなか得点できませんので、ご安心を！

問 21 農地法

『基本テキスト』
3 法令上の制限
P500～506

正解

4

1 正しい。

農地を農地以外のものに転用する場合、原則として農地法4条の許可が必要ですが、耕作の事業を行う者が自己所有の**2アール未満**の農地を**農業用施設**として利用する目的で転用する場合は、例外として許可を受ける必要はないとされています。

しかし、本肢は、2アールの農地を転用する場合であるので、2アール「未満」ではなく、例外にはあたりません。したがって、原則どおり、農地法4条の許可が必要となります。 ➡ 農地法4条、施行規則29条

2 正しい。

耕作する目的で農地の所有権を取得する場合は、取得する農地の面積にかかわらず、**農業委員会**による農地法3条の許可を受けなければなりません。 ➡ 農地法3条

3 正しい。

農地法5条の許可（転用目的での権利移動の許可）を受けた農地を、その許可に係る目的に従って転用するときは、あらためて農地法4条の許可を受けることを必要としません。 ➡ 4条

4 誤り。転用前の農地を転用目的で譲渡➡5条許可が必要。

農地法4条の許可を受けても転用前であれば、その土地は農地にあたります。本肢は、農地につき転用目的で所有権を移転する場合にあたるため、農地法5条の許可が必要となります。 ➡ 5条

問 22 国土利用計画法

正 解

2

1 誤り。都市計画区域外（準都市計画区域含む）の届出対象面積➡10,000㎡以上。

賃借権を設定する場合、権利金その他の一時金が授受されたときは、事後届出の必要な土地売買等の契約にあたります。ただし、**都市計画区域外（準都市計画区域含む）**に所在する土地の届出対象面積は、**10,000㎡以上**です。

したがって、Aが所有する準都市計画区域の面積5,000㎡の土地をBが賃借し、その対価として権利金を支払う契約がAB間で締結された場合でも、そもそも土地の面積が届出対象面積未満なので、事後届出は不要となります。 ➡ 国土利用計画法23条

2 正しい。

交換契約は、事後届出の必要な土地売買等の契約にあたります。**市街化区域**の届出対象面積要件は**2,000㎡以上**、**市街化調整区域**の届出対象面積要件は**5,000㎡以上**です。したがって、本肢の交換契約については、C、Dともに、事後届出をする必要があります。

➡ 23条

3 誤り。届出事項➡土地の利用目的のみならず、対価の額も含む。

特に
重要

事後届出の届出事項には、土地の利用目的のみならず、**対価の額**も含まれます。

➡ 23条

4 誤り。助言の対象➡土地の利用目的についてのみ。

都道府県知事は、事後届出があった場合において、その届出をした者に対し、その届出に係る土地に関する権利の移転または設定後における「土地の利用目的」について、必要な助言ができるとされています。

しかし、「届出に係る土地に関する権利の移転又は設定の額」については、助言の対象ではありません。 ➡ 27条の2

届出対象面積は、本試験までに、必ず確実に覚えましょう。数字を正確に覚えていなければ、そもそも正解できません。

問 23 印紙税

正 解

1 正しい。

印紙税の納税義務者は、課税文書の作成者です。そして、代理人名義で文書を作成した場合、**代理人**が作成者になるのが原則です。そして、このことは、文書に委任者（売主B）と代理人（A社）の両方の表示があっても、同様です。

したがって、本肢における作成者はA社であり、納税義務者もA社です。

➡ 印紙税法基本通達43条

2 誤り。契約金額減少の変更契約書➡「記載金額のない文書」（印紙税額200円）。

契約金額等の記載のある原契約書が作成されていることが明らかであり、かつ、変更契約書に変更金額が記載されている場合には、①契約金額を増加させる変更契約書は、変更金額が記載金額となり、②契約金額を減少させる変更契約書は、**記載金額のない文書**となります。

本肢の契約書は②にあたるので、「記載金額のない文書」となり、印紙税額は200円となります。 ➡ 30条

3 誤り。贈与契約書➡「記載金額のない契約書」（印紙税額200円）。

土地の贈与契約書は、**記載金額のない**不動産の譲渡に関する契約書となります。契約書に「時価3,000万円」と記載してあっても同様です。 ➡ 23条

4 誤り。媒介業者が保存する契約書➡印紙税が課税される。

土地の売買契約書は、課税文書です。したがって、E社が保存する契約書には、印紙税が課されます。

なお、「契約当事者以外の者」に提出または交付する文書は、原則として課税文書に該当しませんが、不動産の売買契約を媒介した宅建業者は、この「契約当事者以外の者」には含まれないことに注意が必要です。 ➡20条

印紙税は、今年度の出題可能性はそれほど高くはありませんが、出題範囲が狭く、得点しやすい項目です。出題されたら、絶対に得点できるようにしておきましょう！

問 24 固定資産税

『基本テキスト』4 税・鑑定 P531～534

正解 4

1 誤り。固定資産税の納税義務者は、その年の1月1日現在の所有者等。

固定資産税の納税義務者は、固定資産の**所有者**（質権または100年より永い存続期間の定めのある地上権の目的である土地については、その質権者または地上権者）ですが、この「所有者」とは、土地または家屋については、当該年度の初日の属する年の**1月1日**現在で固定資産課税台帳に所有者として登録されている者をいいます。

したがって、たとえ年度の途中に土地の譲渡がされて所有者が変わったとしても、月数に応じて税額の還付を受けることはできません。 ➡地方税法343条、359条

2 誤り。固定資産の実地調査➡毎年少なくとも1回。

市町村長は、固定資産評価員または固定資産評価補助員に当該市町村所在の固定資産の状況を毎年少なくとも１回実地に調査させなければなりません。いわゆる「評価替え」と区別しましょう。 ➡408条

3 誤り。小規模住宅用地の課税標準➡課税標準となるべき価格の１／６。

住宅用地のうち**小規模住宅用地**（面積**200㎡以下**の部分）に対して課される固定資産税の課税標準は、当該小規模住宅用地に係る固定資産税の課税標準となるべき価格の「**1／6**」の額となります。 ➡349条の3の2

4 正しい。

新築された一定の住宅に対して課される固定資産税については、新たに課されることとなった年度から**3年度分**（中高層耐火建築物は**5年度分**）に限り、床面積120㎡までの部分について、固定資産税額から**1／2**相当額を減額します。

➡附則15条の6

本問の肢1・3・4は出題頻度の高い基本的な知識です。固定資産税については、実務的な細かい知識も出題される場合もありますが、基本的な知識が出題された場合に確実に得点できれば、問題ありません。

問 25 地価公示法

『基本テキスト』
4 税・鑑定
P550～553

正解

1

絶対落とすな!
A
重要度

1 正しい。

都市及びその周辺の地域等において、土地の取引を行う者は、取引の対象土地に類似する利用価値を有すると認められる標準地について公示された価格を「指標」として取引を行うよう「**努め**」なければなりません（土地の取引を行う者の責務）。

➡ 地価公示法１条の２

2 誤り。標準地の正常な価格を判定・公示するのは、土地鑑定委員会。

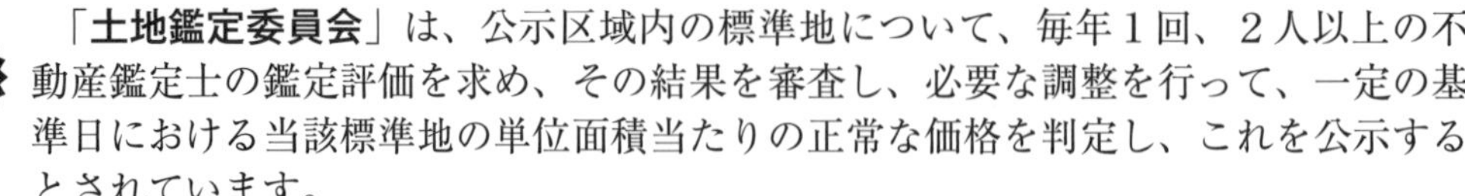

「**土地鑑定委員会**」は、公示区域内の標準地について、毎年１回、２人以上の不動産鑑定士の鑑定評価を求め、その結果を審査し、必要な調整を行って、一定の基準日における当該標準地の単位面積当たりの正常な価格を判定し、これを公示するとされています。

「不動産鑑定士」が正常な価格を判定し、これを公示するのではありません。

➡ 2条

3 誤り。標準地の鑑定評価➡不動産鑑定士が行う。

「**不動産鑑定士**」は、標準地の鑑定評価を行うにあたっては、近傍類地の取引価格から算定される推定の価格、近傍類地の地代等から算定される推定の価格及び同等の効用を有する土地の造成に要する推定の費用の額を勘案してこれを行わなければなりません。

「土地鑑定委員会」が鑑定評価を行うのではありません。 ➡ 4条

4 誤り。比較対象とするのは、類似する利用価値を有する標準地。

「公示価格を**規準**とする」とは、対象土地の価格を求めるに際して、当該対象土地と「これに**類似する利用価値**を有すると認められる１又は２以上の標準地」との位置、地積、環境等の土地の客観的価値に作用する諸要因についての比較を行い、その結果に基づき、当該標準地の公示価格と当該対象土地の価格との間に均衡を保たせることをいいます。「対象土地に隣接する標準地」ではありません。 ➡ 11条

肢１の土地の取引を行う者の責務は"努力義務"にすぎません。したがって、「公示された価格を指標として取引を行わなければならない」といったように絶対的な義務であるとして出題されたら、誤りの肢と判断しましょう。

問 26 宅建業の免許

『基本テキスト』
2 宅建業法
P236～240

正解

2

1 誤り。自ら貸借➡取引に当たらず、免許不要。

Ａは、「**自ら貸借**」の当事者となるので、Ａの行為は「**取引**」**にあたりません**。したがって、Ａは、免許を必要としません。 ➡ 宅建業法2条、3条

2 正しい。

市街化調整区域内の土地であっても、**建物**（倉庫）**の敷地**に供せられる土地は「宅地」にあたります。したがって、この土地を分譲するＢは、「宅地」の「取引」を「業」として行うことになるので、免許を必要とします。 ➡ 2条、3条

3 誤り。保留地➡「宅地」にあたる。

保留地であっても、「宅地」にあたります。したがって、Ｃは、「宅地」の「取引」を「業」として行うことになるので、免許を必要とします。 ➡ 2条、3条

4 誤り。地方住宅供給公社➡免許は不要。

地方住宅供給公社は、**地方公共団体**とみなされ、宅建業法の適用を受けません。したがって、甲県の住宅供給公社Ｄは、免許を必要としません。

➡ 地方住宅供給公社法47条、宅建業法78条

問 27 宅建業法・総合

正解

1

1 違反しない。

宅建業者は、相手方等に対して、契約成立前に、供託所等に関する説明をしなければなりません。ただし、相手方等が**宅建業者**の場合には、**供託所等に関する説明は不要**です。

➡ 宅建業法35条の2

2 違反する。既存建物の建物状況調査実施者のあっせん➡媒介契約書面に記載必要。

専任媒介契約・一般媒介契約にかかわらず、**媒介契約書面**には、当該建物が**既存の建物**であるときは、依頼者に対して行う**建物状況調査を実施する者のあっせん**に関する事項を必ず記載しなければなりません。また、このことは、相手方が宅建業者でも同様です。したがって、A社の行為は宅建業法の規定に違反します。

➡ 34条の2

3 違反する。契約の更新➡重要事項として説明必要。37条書面では記載不要。

貸借契約においては、契約期間だけでなく、**契約の更新**に関する事項も、重要事項として説明しなければなりません。したがって、A社の行為は宅建業法の規定に違反します。なお、契約の更新に関する事項は、そもそも37条書面の記載事項ではありません。

➡ 35条、施行規則16条の4の3

4 違反する。既存建物の構造耐力上主要な部分等の確認➡売買の37条書面に記載必要。

特に重要

建物の売買・交換契約において、当該建物が**既存の建物**であるときは、**建物の構造耐力上主要な部分等の状況について当事者の双方が確認した事項**を、**37条書面**に記載しなければなりません。これは、相手方が宅建業者であっても省略できません。したがって、A社の行為は宅建業法の規定に違反します。

➡ 37条

本問では考慮する必要はありませんが、宅建業者は、媒介契約書面の交付に代えて、依頼者の書面等による承諾を得て、当該書面に記載すべき事項を、電磁的方法であって記名押印に代わる措置（一定の要件を満たす電子署名）を講ずるものによって提供することができます。この場合、宅建業者は、「媒介契約書面に記名押印し、これを交付した」とみなされます。

また、これも本問では考慮する必要はありませんが、宅建業者は、37条書面の交付に代えて、交付の相手方の承諾を得て、電磁的方法で提供することができます。そして、この場合、宅建業者は、「37条書面を交付した」とみなされます。

問 28 宅建士の登録

正解

1 誤り。免許換えで免許証番号が変更➡変更の登録が必要。

甲県知事の免許を受けている宅建業者Bが、乙県内に事務所を設置したときは、免許換えにより**国土交通大臣の免許**を受けなければなりません。このことは、宅建士Aにとっては、**勤務先の宅建業者の免許証番号の変更**にあたるので、Aは、甲県知事に対して、変更の登録を申請する必要があります。

➡ 宅建業法7条、20条、18条、施行規則14条の2の2

2 誤り。登録の移転の申請➡登録先の知事を経由して行う。

登録の移転の申請は、登録を受けている都道府県知事を経由して行います。したがって、Aは、「甲県知事」を経由して、丙県知事に対して登録の移転の申請をすることができます。

➡ 宅建業法19条の2

3 誤り。登録欠格期間中➡別の都道府県で合格しても登録不可。

事務の禁止の処分に違反したことを理由に、**登録消除処分**を受けた者は、当該処分の日から**5年**を経過するまで、登録を受けることができません。この点は、別の都道府県で新たに試験に合格した場合も、同様です。

➡ 18条

4　正しい。

宅建士が宅建業者でもある場合、その者が、業務停止処分に違反したことを理由に、**免許取消処分**を受けたときは、その者は、**登録消除処分**もあわせて受けることになります。

68条の2、18条、66条

肢1に関連して、変更の登録の申請が必要な事項（①登録を受けている者の氏名・本籍・住所、②勤務先の宅建業者の商号・名称・免許証番号）を覚えておきましょう。

問 29　宅建業法・総合

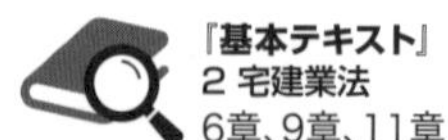

『基本テキスト』
2 宅建業法
6章、9章、11章

正解

4

ア　誤り。媒介契約の目的物の売買の申込みあり➡その旨を依頼者に報告。

媒介契約の種類を問わず（一般媒介・専任媒介のいずれでも）、宅建業者は、媒介契約の目的物である宅地・建物の売買・交換の**申込み**があったときは、遅滞なく、その旨を依頼者に**報告**しなければなりません。依頼者が宅建業者でも同様です。

宅建業法34条の2

イ　誤り。不当な履行遅延の対象➡登記・引渡し・取引に係る対価の支払の３つのみ。

宅建業法44条によって禁止されている不当な履行遅延の対象となるのは、宅建業者がその業務に関してなすべき宅地・建物の①**登記**、②**引渡し**、③取引に係る**対価の支払**です。

媒介・代理を依頼した他の宅建業者に対する報酬の支払は、③の取引に係る対価に該当しないので、不当な履行遅延の禁止の対象外です。

44条

ウ　誤り。８種制限の規定➡業者間取引には適用なし。

宅建業者は、他人の所有する物件を、自ら売主として売却する契約を締結することができないのが原則です。しかし、**買主が宅建業者**であれば、**８種制限**（自ら売主制限）の**適用はありません**。

33条の2、78条

以上より、正しいものは「なし」であり、正解は肢**4**となります。

問 30　宅建士

『基本テキスト』
2 宅建業法
P256～270

正解

2

合否の分かれめ

B

重要度

1　誤り。

宅建士Aが勤務している宅建業者が、宅建業に関し不正な行為を行ったとして業務の停止の処分を受けた場合でも、Aは、宅建士証を甲県知事に提出する必要はありません。

宅建業法22条の2参照

2　正しい。

宅建業者（法人である場合においては、その役員〈業務を執行する社員・取締役・執行役またはこれらに準ずる者〉）が**宅建士**であるときは、その者が自ら主として業務に従事する事務所等については、その事務所等に置かれる**成年者である専任の宅建士**とみなされます。

31条の3

3　誤り。専任の宅建士の設置義務に違反➡２週間以内に必要な措置。

既存の事務所が専任の宅建士の設置義務（従業者**５名に１名以上**）を満たさなくなった場合、宅建業者は、「**２週間以内**」に、専任の宅建士の設置義務の規定に適合させるため、新たな専任の宅建士を置くなどの措置をとらなければなりません。「30日以内」ではありません。

31条の3、施行規則15条の5の3

4　誤り。未成年者でも「成年者である専任の宅建士」とみなされ得る。

未成年者は、法定代理人から宅建業の営業に関し許可を得れば、登録を受けることができます。しかし、原則として、専任の宅建士にはなることはできません。

もっとも、例外的に、宅建士である未成年者が、①自ら宅建業者である場合、②宅建業者である法人の役員である場合、その者が自ら主として業務に従事する事務所等については、その事務所等に置かれる「成年者である専任の宅建士」とみなされます。

➡ 宅建業法18条、31条の3

問 31 営業保証金

『基本テキスト』2 宅建業法 P272～283

正解 4

1 誤り。供託の届出をしない場合の免許取消し➡任意。

免許権者は、免許をした日から**3ヵ月以内**に宅建業者が営業保証金を供託した旨の届出をしない場合で、その届出をすべき旨の催告をしたとき、当該催告が到達した日から**1ヵ月以内**に当該宅建業者が届出をしないときは、当該宅建業者の免許を「取り消すことが**できる**」とされています。

つまり、この場合は、免許の「任意的取消し」となります。 ➡ 宅建業法25条

2 誤り。営業保証金➡常に本店の最寄りの供託所に供託する。

事務所を増設した場合も、営業保証金の供託場所は、**主たる事務所**の最寄りの供託所となります。なお、「Aは、事務所を1つ増設したときは、500万円の営業保証金を供託し、その旨を甲県知事に届け出た後でなければ、当該事務所で事業を開始することができない」という点は、正しい記述です。 ➡ 26条、25条

3 誤り。宅建業者➡営業保証金から還付を受けられない。

宅建業者と宅建業に関し取引をした者は、その取引により生じた債権に関し、宅建業者が供託した営業保証金について、その債権の弁済を受ける権利を有します。

ただし、**宅建業者**には、債権の**弁済を受ける権利はありません**。 ➡ 27条

4 正しい。

宅建業者が死亡した場合、その相続人は、当該業者が締結した契約に基づく取引を結了する目的の範囲内においては、宅建業者とみなされますので、当該相続人は、当該取引を結了するまでは、当該宅建業者が供託した営業保証金を取り戻すことができません。

➡ 76条、30条

問 32 広告等の規制

『基本テキスト』2 宅建業法 P295～297

正解

1 誤り。「自ら貸借」➡宅建業法の規制なし。

自らマンションを**賃貸**する行為は、**宅建業に該当しない**ため、宅建業法の規制を受けません。したがって、Aは、当該マンションに係る建築確認の申請中であっても、当該マンションに関する広告を行うことができます。 ➡ 宅建業法2条、33条

2 誤り。広告時➡取引態様の別を明示。

宅建業者は、「自ら売主」として自己所有の宅地を売却する場合でも、当該宅地の売却に関する**広告**を行うときは、**取引態様の別を明示**する必要があります。

➡ 34条

3 誤り。必要とされる確認・許可等を受ければ、広告OK。

宅建業者は、未完成の宅地の売買において、当該宅地に関する**開発許可**を受けていれば、当該造成工事に係る検査済証の交付を受けていなくても、当該**広告**を行うことができます。

➡ 33条

4 正しい。

実際には販売する意思がない宅地についての広告を行うことは、いわゆる「**おとり広告**」に該当します。そのことは、誇大広告等の禁止に違反し、業務停止処分事由に該当します。そして、業務停止処分事由に該当し、情状が特に重いときは、免許取消処分事由に該当します。したがって、甲県知事は、Aの免許を取り消さなければなりません。

➡ 65条、32条、66条

【肢4に関連して】誇大広告等の禁止規定に違反した場合には、罰則（6カ月以下の懲役もしくは100万円以下の罰金、またはこれを併科）があることも、覚えておきましょう。

問33 媒介契約の規制

『基本テキスト』2 宅建業法 P297～303

正解 3

ア 誤り。貸借の媒介契約➡書面の作成義務なし。

宅建業者は、宅地・建物の「売買」または「交換」の媒介の契約を締結したときは、遅滞なく、当該宅地または建物を売買すべき価額またはその評価額を記載した書面を作成して、依頼者にこれを交付しなければなりません。

しかし、「**貸借**」の媒介契約については、**書面の作成・交付義務はありません**。

➡ 宅建業法34条の2

イ 誤り。専任媒介契約の有効期間➡3ヵ月。一般媒介契約の有効期間➡規制なし。

専任媒介契約の有効期間は、3ヵ月を超えることができません。これより長い期間を定めたときは、その期間は、3ヵ月となります。しかし、**一般媒介契約**については、**有効期間についての規制はありません**。

➡ 34条の2

ウ 誤り。一般媒介契約でも、指定流通機構に登録できる。

宅建業者は、専任媒介契約を締結したときは、契約の相手方を探索するため、所定の期間（専任媒介では7日、専属専任媒介では5日）内に、当該専任媒介契約の目的物である宅地又は建物につき、所在、規模、形質、売買すべき価額等を、必ず指定流通機構に登録しなければなりません（義務）。

これに対して、**一般媒介契約**を締結した場合には、指定流通機構への登録「義務」はありませんが、**登録することはできます**（任意）。

➡ 34条の2

以上より、誤っているものは**ア・イ・ウ**の3つであり、正解は肢**3**となります。

「貸借」の場合の媒介契約については、書面の作成・交付義務をはじめとして、そもそも、媒介の規制は及びません。

問34 重要事項の説明

『基本テキスト』2 宅建業法 P304～315

正解 3

ア 正しい。

取引の目的物である建物が指定確認検査機関等による耐震診断を受けたものであるときに、その内容を説明する必要があるのは、**昭和56年5月31日以前**に新築の工事に着手した建物の場合です。

昭和56年6月1日以降に新築の工事に着手した建物の場合は、耐震診断の内容を説明する必要はありません。

➡ 宅建業法35条、規則16条の4の3

イ 正しい。

マンションの売買の媒介を行う場合、**共用部分に関する規約の定め**については、それが**案**の段階であっても、その内容を重要事項として説明しなければなりません。

➡ 宅建業法35条、施行規則16条の2

ウ 正しい。

建物の**貸借**の媒介を行う場合、**当該貸借に係る契約の終了時において精算することとされている金銭の精算に関する事項**について、重要事項として説明しなければなりません。

➡ 35条、規則16条の4の3

以上より、正しいものは**ア・イ・ウ**の3つであり、正解は肢**3**となります。

問 35 重要事項の説明

『基本テキスト』
2 宅建業法
P304〜315

正解

4

1 正しい。

宅地の貸借の媒介の場合、当該宅地に建築基準法上の道路斜線制限があるときは、その概要を重要事項説明書に記載しなければなりません。 宅建業法35条、施行令3条

2 正しい。

建物の売買の媒介の場合は、取引対象物件に関する法令上の制限に関する事項として、建築基準法に規定する**建蔽率・容積率**の概要を重要事項説明書に記載する必要があります。しかし、**建物の貸借**の媒介の場合は、それらを**記載する必要はありません**。

宅建業法35条、施行令3条

3 正しい。

重要事項説明書を交付・説明する**場所**については、**法律上の制限はありません**。

宅建業法35条

4 誤り。土砂災害警戒区域内にある旨➡宅地・建物の「貸借」でも必要。

宅地・建物が**土砂災害警戒区域内**にあるときは、宅地・建物の売買の場合だけでなく、貸借の場合も、その旨を重要事項説明書に記載しなければなりません。

35条、施行規則16条の4の3

本問では考慮する必要はありませんが、宅建業者は、重要事項説明書の交付に代えて、交付の相手方の書面等による承諾を得て、電磁的方法で提供することができ、この場合、「重要事項説明書を交付した」とみなされます。

問 36 35条書面・37条書面

『基本テキスト』
2 宅建業法
7章・8章

正解

4

1 違反しない。

売買・交換の場合、**重要事項説明書**（＝35条書面）には、種類・品質に関する**契約不適合責任**の履行に関し**保証保険契約の締結その他の措置を講ずるかどうか**、及びその措置を講ずる場合におけるその**措置の概要**を記載しなければなりません。

他方、売買・交換の場合、種類・品質に関する**契約不適合責任**の履行に関して講ずべき**保証保険契約の締結その他の措置**についての**定めがある場合**には、その内容を**37条書面**に記載しなければなりませんが、逆に定めがない場合には、記載する必要はありません（任意的記載事項）。 宅建業法35条、37条

2 違反しない。

重要事項説明書には、**契約の解除**に関する事項を記載しなければなりません。他方、契約の解除に関する**定めをした場合**には、その内容について37条書面に記載しなければなりません（任意的記載事項）。 35条、37条

3 違反しない。

重要事項説明書には、代金、交換差金及び借賃**以外**に授受される金銭の**額**及び当該金銭の**授受の目的**について記載しなければなりません。他方、代金及び交換差金以外の金銭の授受に関する**定めが「あるとき」**は、その**額**並びに当該金銭の**授受の時期**及び**目的**を37条書面に記載しなければなりません（任意的記載事項）。

35条、37条

4 違反する。損害賠償額の予定等➡定めがあるときは、37条書面にも記載必要。

重要事項説明書には、**損害賠償額の予定**または違約金に関する事項を記載しなければなりません。他方、損害賠償額の予定または違約金に関する**定めが「あるとき」**は、その**内容**を37条書面に記載しなければなりません（任意的記載事項）。したがって、本肢のように、定めがあるにもかかわらず37条書面に記載しないことは、宅建業法の規定に違反します。 35条、37条

【肢１に関連して】宅地・建物の「**売買・交換**」の場合における契約不適合責任等の扱いについて、「重要事項説明書」と「37条書面の記載事項」での相違をザックリ整理すると、次のようになります。

この両者の違いは、受験対策上、とても重要です。**大きく異なる内容**と**ほぼ共通する内容**を、切り分けてしっかり理解しておきましょう！

	重要事項説明書	37条書面
種類・品質に関する契約不適合責任 **（大きく異なる部分）**	記載不要	「定めがあるとき」は、その内容の記載が必要 （任意的記載事項）
種類・品質に関する契約不適合責任の履行に関して講ずる保証保険契約の締結など一定の措置 **（ほぼ共通する部分）**	「講ずるかどうか」及び「講ずる場合におけるその措置の概要」の記載が必要	「定めがあるとき」は、その内容の記載が必要 （任意的記載事項）

問 37　８種制限・総合

正解

4

1　誤り。「違約手付」によっても、手付解除はできる。

特に重要

宅建業者が、自ら売主となる宅地建物の売買契約の締結に際して手付を受領したときは、その手付が**いかなる性質のものであっても、相手方が契約の履行に着手するまで**は、買主はその**手付を放棄**して、当該宅建業者はその倍額を現実に提供して、契約の解除をすることができます（解約手付）。「違約手付」として受領していたとしても同様です。　➡宅建業法39条

2　誤り。保全措置が必要な場合➡全額を保全する。

特に重要

Ａは、手付金等の保全措置が必要な場合は、売買代金の額の５／100を超える部分だけでなく、受領する手付金等の**全部につき保全措置**を講じた後でなければ、Ｂから手付金等を受領することができません。　➡33条の２、41条

3　誤り。損害賠償額の予定等なし➡損害賠償額は代金額の２／10に限定されない。

損害賠償額の予定等をしなかった場合、損害賠償の額は、代金の額の２／10に限定されません（つまり、この場合でも、買主の代金債務の不履行に伴う損害賠償の額は、民法419条の金銭債務の特則があるので、法定利率〔約定利率がこれを超えるときは、約定利率〕によって定めることになります）。　➡38条参照

4　正しい。

宅建業者が自ら売主となる場合、売主が受領する手付は常に解約手付としての性質を有し、買主は、売主が契約の履行に着手するまでは、手付を放棄して契約を解除することができます。

これに反する特約で**買主に不利**なものは**無効**となりますが、**買主に有利**なものであれば**有効**です。本肢の特約は、買主の手付解除権を強化するものであり、買主に有利な特約といえますので、有効です。　➡39条

問 38 クーリング・オフ

『基本テキスト』
2 宅建業法
P323～327

正解

2

絶対落とすな!
A
重要度

1 誤り。買主が申し出た場合の「買主の自宅・勤務先」➡「事務所等」にあたる。

宅建業者が自ら売主として、宅建業者ではない買主と売買契約の締結等をした場合、買主はクーリング・オフできます。しかし、契約の締結等が「事務所等」で行われた場合にはクーリング・オフできません。そして、**買主の自宅や勤務先**は、**買主が申し出た場合には「事務所等」**にあたります。したがって、そこで買受けの申込みや契約締結が行われた場合には、クーリング・オフによる契約の解除はできません。

➡ 宅建業法37条の2、施行規則16条の5

2 正しい。

ファミリーレストランは「事務所等」にあたらないので、本肢の売買契約にはクーリング・オフ制度が適用されます。ただし、①クーリング・オフできる旨とその方法を**書面で告げられた日から8日経過**したとき、または、②買主が引渡しを受け、かつ、代金の全部を支払ったときには、クーリング・オフできなくなります。

しかし、本肢では、クーリング・オフについて告げられていないので①に該当しません。したがって、本肢の場合、クーリング・オフによる契約の解除ができます。

➡ 宅建業法37条の2

3 誤り。クーリング・オフによる解除➡損害賠償や違約金の支払の請求は不可。

特に重要

クーリング・オフによる契約の解除が行われた場合、宅建業者は、買主に対して**損害賠償や違約金の支払の請求をすることはできません**。これは、違約金の定めがあったとしても、同じです。

➡ 37条の2

4 誤り。クーリング・オフによる解除➡受領した手付金や代金等はすべて返還。

クーリング・オフによる契約解除が行われた場合、売主である宅建業者は、**買主から受領した手付金や代金等はすべて返還**しなければなりません。ただ、受領した手付金や代金等の金銭のすべて（全額）を返還すればよく、「倍額」を償還する必要はありません。

➡ 37条の2

問 39 8種制限・総合

『基本テキスト』
2 宅建業法
P320～337

正解

3

絶対落とすな!
A
重要度

ア 誤り。契約（停止条件付契約を除く）を締結➡他人物売買契約は可。

特に重要

宅建業者は、他人の所有する物件を、原則として、自ら売主として売却する契約（予約を含む）を締結できません。しかし、売主である宅建業者が当該**物件を取得する契約**（停止条件付契約を除く）**を締結**しているときは**可能**となります。

そして、この場合、物件を取得する契約の締結さえしていればよく、当該物件の引渡しまで受けている必要はありません。

➡ 宅建業法33条の2

イ 誤り。クーリング・オフが不可でも、債務不履行を理由に契約解除は可。

宅建業者が書面を交付してクーリング・オフにより解除できる旨を説明した日から起算して8日を過ぎると、買主はクーリング・オフによる解除をすることができなくなります。

しかし、クーリング・オフの制度と、売主の債務不履行による解除は別の制度です。

したがって、クーリング・オフの規定による解除ができなくても、債務不履行による解除をすることはできます。

➡ 37条の2参照、民法541条

ウ 誤り。受領する前に全額の保全措置が必要。

宅建業者は、自ら売主となる売買契約においては、**保全措置を講じた後**でなければ、手付金等を受領してはなりません。ただし、①買主が登記をしたとき、または②**工事完了後**に売買契約を締結した場合は、代金額の**10%以下かつ1,000万円以下**（本記述では、400万円以下）であれば、保全措置を講じなくても、手付金等を受領することができます。

本記述では、中間金を受領する時点で受領額が400万円を超えるので、受領する前に、保全措置を講じなければなりません。 ➡宅建業法41条の2、施行令3条の5

以上より、誤っているものは**ア・イ・ウ**の3つであり、正解は**3**となります。

問 40 報酬額の制限

『基本テキスト』
2 宅建業法
P338〜351

正解

3

合否の分かれめ
B
重要度

ア 違反しない。

本肢のような**居住用建物以外**の賃貸借の場合は、①依頼者双方合わせて、**借賃の1ヵ月分**に消費税を上乗せした「20万円×1.1＝22万円」までと、②**権利金を売買代金とみなして**、売買と同様の計算方法で算出した額の双方を比較して、**いずれか高い方**まで受領できます。

したがって、宅建業者Aは、②の「速算式」で求められた「400万円×4％＋2万円＝18万円」に、消費税を上乗せした「18万円×1.1＝19万8,000円」を限度として、貸主と借主の双方からそれぞれ受領することができます。

本肢の「19万7,000円」は、この限度額を下回っていますから、宅建業法違反とはなりません。 ➡宅建業法46条、報酬告示第6

イ 違反する。複数業者が関与➡全体で「速算式の2倍に消費税等を上乗せ」が上限。

報酬計算の出発点となる速算式で求められる額は、「4,000万円×3％＋6万円＝126万円」となります。AとBはいずれも消費税の課税事業者なので、代理の依頼を受けた宅建業者Aは、速算式の2倍の額に消費税を上乗せした「126万円×2×1.1＝277万2,000円」、媒介の依頼を受けた宅建業者Bは、速算式の額に消費税を上乗せした「126万円×1.1＝138万6,000円」が、報酬として受領できる限度額となります。

しかし、複数の宅建業者が関与している場合でも、**宅建業者全体**で受領できる報酬の合計額は、**速算式の2倍**（消費税課税事業者であれば10％を上乗せ、免税事業者であれば4％を上乗せできる）が限度となります。したがって、本記述のように、AとBを合計して「速算式の3倍の額」を受領することはできません。

➡宅建業法46条、報酬告示第2・第3

ウ 違反する。居住用建物の貸借の媒介➡依頼者の一方から借賃1ヵ月分の1／2まで。

居住用建物の貸借の媒介の場合、媒介の依頼を受けるにあたって当該**依頼者の承諾**を得ている場合を**除き**、**依頼者の一方**からは**借賃1ヵ月分の1／2**（消費税課税事業者であれば10％を上乗せ、免税事業者であれば4％を上乗せできる）までしか報酬を受領できません。

依頼者の承諾を得ていれば、借賃1ヵ月分の1／2を超えて受領することも可能ですが、その場合でも、依頼者双方からは、あわせて借賃の1ヵ月分までしか受領することができません（消費税課税事業者であれば10％を上乗せ、免税事業者であれば4％を上乗せできる）。

したがって、本記述のように、AとBは、双方あわせて借賃の1ヵ月分を超える報酬を受領することはできません。 ➡宅建業法46条、報酬告示第4

以上より、違反するものの組合せは**イ・ウ**であり、正解は肢**3**となります。

報酬計算の速算式は確実に覚えましょう。

売買代金	速算式
①200万円以下	売買代金×5％
②200万円超400万円以下	売買代金×4％＋2万円
③400万円超	売買代金×3％＋6万円

問 41 罰則

『基本テキスト』
2 宅建業法
7〜9章、12章

正解

3

1 誤り。重要事項の説明義務に違反➡罰則なし。

宅建業者は、取引の相手方等（宅建業者に該当する者を除く）に対して、売買・交換・貸借契約が成立するまでの間に、宅建士をして、重要事項について、これらの事項を記載した書面を交付して説明をさせなければなりません。

ただし、この重要事項の説明義務を果たさない場合でも、罰則はありません。

⇨ 宅建業法35条、79〜86条参照

2 誤り。供託所等の説明義務に違反➡罰則なし。

保証協会の社員でない宅建業者は、相手方等(宅建業者を除く）に対して、売買・交換・貸借の契約が成立するまでの間に、営業保証金を供託した主たる事務所の最寄りの供託所及びその所在地について説明をするようにしなければなりません。

ただし、この説明義務を果たさない場合でも、罰則はありません。

⇨ 35条の2、79〜86条参照

3 正しい。37条書面の交付義務に違反➡罰則あり。

宅建業者は、売買・交換・貸借契約の成立後、遅滞なく、契約の当事者に契約内容を記載した書面（37条書面）を交付しなければなりません。このことは、相手方が宅建業者であっても同様です。そして、この義務に違反した場合には、50万円以下の罰金に処せられる場合があります。

⇨ 37条、83条

4 誤り。所有権留保の禁止の規定に違反➡罰則なし。

宅建業者は、自ら売主として宅地・建物の割賦販売を行った場合には、当該割賦販売に係る宅地・建物を買主に引き渡すまでに、登記その他引渡し以外の売主の義務を履行しなければならないのが原則です（所有権留保等の禁止)。

ただし、当該宅地・建物を引き渡すまでに代金の額の3／10を超える額の金銭の支払を受けていない場合には、代金の額の3／10を超える額の金銭の支払を受けるまでは、例外的に登記等の義務を履行しないこと（所有権留保）が許されますが、本肢では、代金額の5／10の支払を受けており、所有権留保はできません。

もっとも、この規定に違反しても、罰則の適用はありません。

⇨ 43条、79〜86条参照

問 42 保証協会

『基本テキスト』
2 宅建業法
P284〜293

正解

3

1 誤り。分担金➡金銭で納付しなければならない。

特に重要

保証協会の社員は、保証協会に加入した後に新たに事務所を設置したときは、その日から2週間以内に、弁済業務保証金**分担金**を、「**金銭で**」保証協会に納付しなければなりません。

⇨ 宅建業法64条の9

2 誤り。宅建業者である相手方➡弁済業務保証金から還付を受けることができない。

特に重要

本肢のBは宅建業者です。本肢のように取引をした者が**宅建業者**である場合は、弁済業務保証金から**還付を受けることができません**。

⇨ 64条の8

3 正しい。

保証協会の社員について弁済業務保証金が還付された場合で、当該社員が、その還付された分に充当されるべき還付充当金を、保証協会からの通知を受けた日から2週間以内に保証協会に納付しないことは、業務停止処分事由に該当します。

なお、この場合には、当該社員は保証協会の社員たる地位を失います。

⇨ 65条、64条の10

4 誤り。社員の地位を失った➡1週間以内に営業保証金を供託。

宅建業者が、保証協会の社員の地位を失ったときは、当該地位を失った日から「**1週間以内**」に、営業保証金を、主たる事務所の最寄りの供託所に供託しなければなりません。

⇨ 64条の15

問 43 業務上の諸規制

『基本テキスト』
2 宅建業法
9～11章

正解

2

合否の分かれめ B 重要度

ア　違反する。依頼者の依頼によらない広告料金➡報酬のほかに受領できない。

特に重要

宅建業者は、**依頼者の依頼によって行う広告の料金に相当する額**などについては、報酬のほかに受領することができますが、依頼者の依頼によらずに行う広告料金などは、報酬とは別に受領することはできません。　宅建業法46条、報酬告示第9

イ　違反しない。「クーリング・オフ」➡37条書面には記載不要。

37条書面には、クーリング・オフについて記載をする必要はありません。　37条参照

ウ　違反する。故意に事実を告げず、または不実を告げる行為は禁止。

宅建業者は、マンションの売買の媒介を行った際に、売主が管理費用を滞納しているときは、その滞納の事実を、買主に告げなければなりません。

このことは、「重要な事項」を告知する法令上の義務を果たすという正当な理由があるため、守秘義務には違反しません。　47条

以上より、違反するものは**ア・ウ**の２つであり、正解は肢**2**となります。

問 44 案内所等の届出

『基本テキスト』
2 宅建業法
P360～363

正解

2

絶対落とすな! A 重要度

1　正しい。

特に重要

案内所を設置したBは、**標識**を掲げなければなりません。しかし、Aは、掲示する必要はありません。　宅建業法50条、施行規則19条

2　誤り。案内所等の届出義務を負うのは、案内所等の設置業者のみ。

特に重要

乙県知事の免許を受けている**宅建業者B**が甲県内に**案内所を設ける**ことから、Bは、免許権者である乙県知事と案内所の所在地を管轄する甲県知事に、業務開始日の10日前までに、届け出なければなりません。しかし、Aは、届出をする必要はありません。　50条

3　正しい。

特に重要

契約の申込みを受ける案内所を設けるBは、当該案内所に**1人以上の成年者である専任の宅建士**を設置しなければなりません。しかし、Aは、設置する必要はありません。　31条の3、施行規則15条の5の2、15条の5の3

4　正しい。

従業者名簿は、事務所ごとに備え付ければ足り、案内所に備え付ける必要はありません。　48条

案内所については、①**標識の掲示**、②**案内所等の届出**、③**専任の宅建士の設置**の３つの義務が問題となります。それぞれについて、「どのような場合に、どの宅建業者が義務を負うのか」を確認しておきましょう！

問 45 住宅瑕疵担保履行法

『基本テキスト』
2 宅建業法
P380～385

正解

3

1 誤り。買主が宅建業者➡資力確保措置を講じる義務はない。

宅建業者は、**宅建業者である買主**に引き渡した新築住宅については、住宅販売瑕疵担保保証金の供託等をする必要がありません。　➡住宅瑕疵担保履行法11条、2条

2 誤り。住宅販売瑕疵担保保証金➡一定の有価証券でも供託できる。

住宅販売瑕疵担保保証金は、主たる事務所の最寄りの供託所に供託しなければなりません。もっとも、この住宅販売瑕疵担保保証金は、金銭の他に、一定の有価証券でも供託できます。　➡11条

3 正しい。

住宅販売瑕疵担保保証金の供託をしている宅建業者は、自ら売主となる新築住宅の宅建業者でない買主に対し、当該新築住宅の売買契約を締結するまでに、その住宅販売瑕疵担保保証金の供託をしている供託所の所在地等について、①これらの事項を記載した**書面を交付**して、または、②当該書面の交付に代えて、**買主の書面等**（例えば「書面・電子メール」など）**による承諾**を得て、当該書面に記載すべき事項を**電磁的方法**（例えば「電子文書」など）**により提供**して、説明しなければなりません。　➡15条

4 誤り。2戸を1戸と数える➡「55㎡以下」の「販売新築住宅」の場合。

住宅販売瑕疵担保保証金の額は、販売新築住宅の合計戸数に応じて決まります。この販売新築住宅の合計戸数の算定に当たっては、販売新築住宅のうち、その床面積の合計が**55㎡以下**のものは、2戸をもって1戸と数えます。「65㎡以下」のものではありません。　➡11条、施行令6条

講師陣のアドバイス

肢3の「供託所の所在地等に関する説明」について、書面の交付に代えて電磁的方法により提供して行うことができるのは、あくまでも、買主の書面等（例えば「書面・電子メール」など）による承諾を得た場合だけです。
単純にどちらの方法でもよいというわけではありません。勘違いに注意しましょう！

問 46 住宅金融支援機構

『基本テキスト』
5 5問免除科目
P568～570

正解

1

1 正しい。

機構は、災害復興住宅融資、密集市街地における建替融資、子育て世帯向け・高齢者世帯向け賃貸住宅融資など、**政策上重要で民間金融機関では対応が困難**なものについて融資業務を実施しています。　➡住宅金融支援機構法13条

2 誤り。賃貸住宅の改良に必要な貸付金の償還➡割賦償還の方法のみ。

機構が行う貸付けに係る貸付金の償還は、原則として、割賦償還の方法によります。したがって、子供を育成する家庭または高齢者の家庭に適した良好な居住性能および居住環境を有する賃貸住宅の「改良に必要な資金」の貸付けを行う場合には、原則どおり、割賦償還の方法でなければなりません。

なお、当該賃貸住宅の「建設に必要な資金」の貸付けに係る貸付金の償還は、割賦償還の方法によらないこともできます。　➡住宅金融支援機構業務方法書24条

3 誤り。金融機関に対し、建築物等の規模・規格等の審査の委託は不可。

機構は、金融機関に対し、譲り受けた貸付債権に関する元利金の回収などの回収業務を委託できます。しかし、建築物等の購入に必要な資金の貸付けに関する当該建築物等の規模・規格等の審査は委託できません。　➡住宅金融支援機構法16条、施行令7条

4 誤り。支払が著しく困難➡貸付条件・延滞元利金の支払方法、どちらも変更可。

機構は、財形住宅貸付けを受けた者が、災害その他特殊な事由として機構が定める事由により、元利金の支払が著しく困難となった場合においては、機構の定める

ところにより貸付けの条件の変更、または「延滞元利金の支払方法の変更」ができます。

➡ 住宅金融支援機構業務方法書26条

問 47 景品表示法（公正競争規約）

『基本テキスト』
５５問免除科目
P572〜579

正解

3

合否の分かれめ
B
重要度

1　正しい。

路地状部分のみで道路に接する土地であって、その路地状部分の面積が当該土地面積のおおむね**30%以上**を占めるときは、路地状部分を含む旨及び路地状部分の割合または面積を明示しなければなりません。

➡ 表示規約施行規則７条

2　正しい。

土地取引において、当該土地上に**古家、廃屋**等が存在するときは、その旨を明示しなければなりません。

➡ ７条

3　誤り。自動車による所要時間➡「道路距離を明示」＋「走行に通常要する時間を表示」。

自動車による所要時間は、道路距離を明示して、かつ、走行に通常要する時間を表示しなければなりません。

➡ ９条

4　正しい。

面積は、メートル法により表示しなければなりません。この場合において１㎡未満の数値は、切り捨てて表示できます。

➡ ９条

表示規約については、未知の知識が問われることも多いですが、その場合でも、現場で常識を働かせて考えれば得点できることがあります。あきらめずに食らいつきましょう。

とはいえ、「数字」については、覚えておかないと現場では対応できません。事前にしっかりと準備しておきましょう！

問 48 土地・建物の統計

『基本テキスト』
５５問免除科目
P604〜606

正解

2

絶対落とすな！
A
重要度

1　誤り。「全国平均・地方圏平均」の住宅地➡いずれも「３年連続で上昇」。

令和５年１月以降の１年間の地価は、**全国平均**では、全用途平均・**住宅地**・商業地の**いずれも３年連続で上昇**し、**上昇率が拡大**しました。また、**地方圏平均**でも、全用途平均・住宅地・商業地の**いずれも３年連続で上昇**しました（全用途平均・商業地は上昇率が拡大し、住宅地は前年と同じ上昇率となった）。

したがって、全国平均・地方圏平均のいずれについても、「住宅地について前年に引き続き下落」とする点は、誤りです。

➡ 令和６年地価公示

2　正しい。

令和５年の新設住宅着工戸数は、持家（約22.4万戸）、貸家（約34.4万戸）及び分譲住宅（約24.6万戸）が**減少**したため、全体（約82.0万戸）で**減少**となりました。

なお、前年比では4.6％**減**となり、３年ぶりの**減少**となりました。

➡ 建築着工統計（令和５年計）

3　誤り。不動産業の売上高➡対前年度比で「減少」。

令和４年度における不動産業の売上高は、約46兆3,000億円（46兆2,682億円）と対前年度比で4.8％「**減少**」しました。

➡ 年次別法人企業統計調査（令和４年度）

4　誤り。宅建業者数➡約13.0万。

令和５年３月末（令和４年度末）現在での宅建業者数は、**約13.0万**（129,604）**業者**となっています。したがって、「10万」を下回っていません。

なお、この数値は、前年３月末時点に比べ0.8％増加（９年連続の増加）しています。

➡ 令和４年度宅地建物取引業法の施行状況調査結果

問 49 土地

正解

4

絶対落とすな!
A
重要度

1 **適当。**
湿潤な土地、出水のおそれの多い土地は地盤面が軟弱なため、耐震性も低くなるので、建築物を建築する場合は、盛土、地盤の改良などの安全上必要な措置を講じなければなりません。
建築基準法19条

2 **適当。**
急傾斜地の全部または一部の崩壊を防止するための排水施設は、急傾斜地の崩壊により生ずる土石等を特定予定建築物の敷地に到達させることのないよう、その浸透または停滞により急傾斜地の崩壊の原因となる地表水及び地下水を、急傾斜地からすみやかに排除できる構造でなければなりません。
土砂災害警戒区域等における土砂災害防止対策の推進に関する法律施行令７条

3 **適当。**
森林は、防災機能として、土地の表面浸食防止機能と表層崩壊防止機能を有するものの、深層崩壊に対しては効果が期待できません。

4 **最も不適当。自然堤防の背後に広がる低平地➡宅地に適しない。**

自然堤防の背後に広がる低平地は、一般に粘性土などからなる**軟弱地盤**であることが多く、盛土などをすると**地盤沈下**が発生するおそれがあります。

問 50 建物

正解

4

合否の分かれめ
B
重要度

1 **適当。**
杭基礎は、建築物自体の重量が大きく、浅い地盤の地耐力では建築物を支えられない場合や、支持地盤が深い場合に用いられます。

2 **適当。**
枠組壁工法（ツーバイフォー工法）は、２インチ×４インチ等の断面を有する木材を用いて、釘打工法により壁全体で支える構造工法であり、耐震性が高いといえます。

3 **適当。**
鉄筋コンクリート造において、構造耐力上主要な部分である柱については、主筋は４本以上とし、主筋と帯筋は緊結しなければなりません。
建築基準法施行令77条

4 **最も不適当。自然換気の場合➡給気口より排気口を高くする。**
自然換気設備を設ける場合は、原則として、給気口は、居室の天井の高さの１／２以下の高さの位置に設け、常時外気に開放された構造とするとともに、排気口は、給気口より高い位置に設け、常時開放された構造とし、かつ、排気筒の立上り部分に直結する構造としなければなりません。
建築基準法施行令129条の２の５

建物については、土地と違い、かなり専門的な知識からの出題もあります。ただ、この手の問題の正答率は、かなり低くなります。ですから、「建物」での学習では、細かい内容に深入りする必要はありません。

第2回
[解答・解説]

標準レベル模試

【得点目標 36点】

★ 出題項目・正解一覧
★ 実力判定表
★ 講　評
★ 解　説

日建学院

第2回　標準レベル模試（得点目標…36点）

※「問46～50」の5問は、登録講習修了者は免除されます。

分野	問題番号	項目	正解	重要度	Check
権利関係	1	民法（判決文問題-公序良俗違反）	3	A	□□
	2	民法（意思表示）	3	A	□□
	3	民法（代理）	1	A	□□
	4	民法（条件）	2	B	□□
	5	民法（共有）	1	B	□□
	6	民法（担保物権）	3	C	□□
	7	民法（連帯債権・連帯債務）	4	B	□□
	8	民法・総合	1	A	□□
	9	民法（贈与）	4	B	□□
	10	民法（相続-配偶者居住権・配偶者短期居住権）	4	C	□□
	11	借地借家法（借地関係）	2	A	□□
	12	借地借家法（借家関係）	4	A	□□
	13	区分所有法	3	A	□□
	14	不動産登記法	1	B	□□
法令上の制限	15	都市計画法（都市計画の内容）	1	B	□□
	16	都市計画法（都市計画制限）	1	A	□□
	17	建築基準法	1	B	□□
	18	建築基準法（集団規定）	3	B	□□
	19	宅地造成・盛土等規制法	2	A	□□
	20	土地区画整理法	2	A	□□
	21	農地法	4	A	□□
	22	国土利用計画法・その他の諸法令	1	C	□□
税・価格の評定	23	贈与税（相続時精算課税の特例）	1	B	□□
	24	不動産取得税	3	A	□□
	25	不動産鑑定評価基準	3	A	□□
宅建業法	26	宅建業の免許	3	A	□□
	27	宅建業の免許・監督処分	2	A	□□
	28	宅建業の免許等	4	A	□□
	29	宅建士	2	A	□□
	30	営業保証金・保証協会	2	A	□□
	31	広告等の規制	3	A	□□
	32	媒介契約の規制	2	A	□□
	33	媒介契約の規制	3	A	□□
	34	重要事項の説明	2	A	□□
	35	37条書面	3	A	□□
	36	37条書面	2	A	□□
	37	重要事項の説明・37条書面	3	A	□□
	38	クーリング・オフ	4	A	□□
	39	手付金等の保全措置	4	A	□□
	40	8種制限・総合	2	A	□□
	41	業務上の諸規制	4	A	□□
	42	報酬額の制限	1	B	□□
	43	業務上の諸規制	2	A	□□
	44	監督処分・罰則	3	C	□□
	45	住宅瑕疵担保履行法	3	B	□□
5問免除※	46	住宅金融支援機構	3	B	□□
	47	景品表示法（公正競争規約）	4	A	□□
	48	土地・建物の統計	1	A	□□
	49	土地	3	A	□□
	50	建物	2	C	□□

【実力判定表】

「Ⓐ」（**分野別**）と「Ⓑ」（**重要度別**）の両方で、**目標点超え**を目指しましょう！

Ⓐ「分野」別の得点目標と「あなたの得点」の比較

権利関係	法令上の制限	税・価格の評定	宅建業法	5問免除	→	総合得点
14問中　点	8問中　点	3問中　点	20問中　点	5問中　点	→	計50問中　点
目標 8点	目標 5点	目標 2点	目標 18点	目標 3点		目標 **36**点

Ⓑ「重要度」別の得点目標と「あなたの得点」の比較

重要度A	重要度 B	重要度 C	→	A＋B＋C
33問中　点	12問中　点	5問中　点	→	計50問中　点
目標 33点	目標 3点	目標 0点		目標 **36**点

[再チャレンジ!]

1回目	2回目
計50問中　点	計50問中　点
目標 36点	

講評　この回での「得点戦略」ガイダンス

第２回　標準レベル模試【得点目標 36点】

今回の目標 **～炎のリハーサルで「ホンモノ」を実感しよう！～**

直近６年間の合格点（「12月試験」を除く）は、平均すると「**ジャスト36.0点**」。この**第２回**は、まさに**昨今の宅建試験**の「**標準レベル**」です。このレベルで出題される年は、ほぼ「**実力の順に合格**」するので、番狂わせはほとんど起こらず、**力不足の受験生にとっては厳しい展開**になります。つまり、今回の問題こそ、**本番の真剣なリハーサルに最適**です。この機会に、時間配分などの"**ホンモノ感**"を味わい尽くしましょう！

各分野の「得点戦略」

● **「権利関係」　得点目標…8点／ 14問**（重要度A＝７問、重要度B＝５問、重要度C＝２問）

自信満々に解答を出せない「Bランク」の問題が多く、**モヤモヤ感**ばかりだったかもしれませんが、これが「**権利関係**」の**例年の出題レベル**です。それだけに、「**Aランク**」全７問は、**【問１】**（判決文問題）を筆頭に、ストレート勝ちが大前提です。逆に、「**Bランク**」５問は**１問**でもパンチが当たれば及第点、「Cランク」２問はかすりもしなくてもノープロブレムです。「権利関係」で必ずある「**捨ててよい問題**」を体感しましょう！

● **「法令上の制限」　得点目標…５点／８問**（重要度A＝４問、重要度B＝３問、重要度C＝１問）

得点しやすい出題が多いこの分野ですが、「建築基準法」で難しかったり、「その他諸法令」から出題されてしまったりという、受験生にとっての「**ハズレ年**」もあります。今回は、この「**ハズレ年**」を**想定しての出題**です。**【問19】**（宅地造成・盛土等規制法）や**【問21】**（農地法）を中心とする「**Aランク**」**４問**＋「**Bランク**」３問中の**１問**を拾い集めて、何とか**５点**をもぎ取りましょう！

● **「税・価格の評定」　得点目標…2点／３問**（重要度A＝２問、重要度B＝１問）

【問24】（不動産取得税）と**【問25】**（不動産鑑定評価基準）は、今年の出題可能性はやや低いものの、今回の問題はきわめてベーシックな「Aランク」、つまり、**取りこぼし厳禁**です！　これに対して、「Bランク」の**【問23】**（贈与税）で失点は許容範囲です。とはいえ、そろそろ出題されそうなヤマの１つなので、再確認しておけばいいことがあるかも!?　「**Aランク**」**２問**は**得点必須**です。

● **「宅建業法」　得点目標…18点／ 20問**（重要度A＝17問、重要度B＝２問、重要度C＝１問）

正解するのが難しい**個数問題**を**５問**出題しました。もっとも、**最近の合格者**は、知識の正確性を高める学習を意識的に行うことで、**個数問題での失点を最小限**に抑えています。ですから、この５問はすべて得点しなければなりません。また、アクロバティックな**組合せ問題**である**【問42】**（報酬額の制限）や、**消去法による解答**が必要な**【問45】**（住宅瑕疵担保履行法）といった「Bランク」の2問でも、１問は得点できないと、**高得点必須**の「宅建業法」で**競り負け**てしまいます。他の分野以上に、「**○×判断の嗅覚**」を研ぎ澄ましておきましょう！　「**Aランク**」**17問**全部に加えて「**Bランク**」**１問**の「**18点**」が、ここでの目標です。

● **「５問免除」　得点目標…3点／５問**（重要度A＝３問、重要度B＝１問、重要度C＝１問）

「Aランク」３問のうち**【問48】**（統計）は、確実に正解できなければ、出遅れ気味です。特に**地価公示**（肢１）と**建築着工統計**（肢３）は**定番中の定番**、他の２回分の統計問題とあわせて十分な復習が必要です。さらに、本稿執筆直前に公表（令和６年４月30日）された「令和５年住宅・土地統計調査（速報集計）結果」は、今年の統計問題のダークホースかも…。是非、**肢２に注目**しましょう！　ここでの目標は「**Aランク**」**3問**です。

「第２回模試」全体の合格戦略

今回は"**7割超え**"が**最大のミッション**です。残念ながら届かなかった方は、日々の学習を見直しましょう。また、分野別でいえば、今回のように「**権利関係**」「**税・価格の評定**」で"**点数引下げ**"の**得点調整**をして、「**法令上の制限**」「**宅建業法**」では"**しっかり稼がせよう**"という手法が、"**出題者心理あるある**"です。せっかくのホトケ心を無下にして「法令上の制限」「宅建業法」で合計23点（５点＋18点）を下回った受験生は、この**２分野を最優先で復習**しましょう！

問 1　民法（判決文問題-公序良俗違反）

正解

3

絶対落とすな！
A
重要度

「最高裁判所平成23年12月16日判決」を素材とする問題です。同判決では、①建築基準法等の法令の規定に適合しない建物の建築を目的とする本件請負契約は、公序良俗に反し無効としたのに対して、②公序良俗違反の請負契約に基づく本工事の施工が開始された後に施工された本件追加変更工事の施工の合意は、原則として公序良俗に反しない（＝無効ではない）としました。

1　誤り。公序良俗違反の法律行為➡初めから当然に無効。

公の秩序または善良の風俗に反する法律行為（契約など）は、**無効**です。本肢の法律行為は、「取り消しうる」のではなく、そもそも、**初めから当然に無効**となります。したがって、後から当該法律行為を取り消す余地はないので、「取り消すことができ（る）」というのは誤りです。

なお、本判決文にその旨の記述はありませんが、本判決文が前提とする民法の規定の内容です。

➡ 民法90条

2　誤り。著しく反社会性が強い建物の建築➡建築請負契約も公序良俗違反。

本判決文の第２文に、「本件各建物の建築は著しく反社会性の強い行為であるといわなければならず、これを目的とする本件各契約は、公序良俗に反し、無効であるというべきである。」と、本肢と反する内容の記述があります。

➡ 判決文

3　正しい。

本判決文の第４文に、「本件追加変更工事は、その中に本件本工事で計画されていた違法建築部分につきその違法を是正することなくこれを一部変更する部分があるので（あれば、その部分は別の評価を受けることになるが、そうで）なければ、これを反社会性の強い行為という理由はないから、その施工の合意が公序良俗に反するものということはできないというべきである。」と、本肢と同趣旨の記述があります。

➡ 判決文

4　誤り。請負報酬の支払➡原則、仕事の目的物の引渡しと同時履行。

請負契約は、当事者の一方がある仕事を完成することを約し、相手方がその仕事の結果に対してその報酬を支払うことを約することによって、その効力を生じます。

ただし、請負契約においては、**仕事の目的物の引渡しと報酬の支払が同時履行の関係に立つ**とされ（物の引渡しを要しないときを除く）、注文者は、仕事の完成と同時に請負人に対して報酬を支払う必要はありません。

なお、本判決文にその旨の記述はありませんが、本判決文が前提とする民法の規定の内容です。

➡ 632条、633条、判例

本事案の建築請負契約は、「**確認済証や検査済証を詐取して違法建物の建築を実現**」することを目的とする、大胆かつ極めて悪質なものでした。加えて、当初の計画どおり建物が建築されれば、北側斜線制限・耐火構造の規制違反、避難通路の幅員制限違反など、**居住者・近隣住民の生命・身体等の安全に関わる違法を有する危険な建物となる**ことから、違法の程度は軽微とはいえないものでした。

そのため、本判決では、このような建物の建築請負契約は「公序良俗に反して無効」とされました（本判決文の第１文・第２文）。

その一方で、その後行われた「**追加変更工事**」は、上記の建築工事の施工開始後に、区役所の是正指示等により別途施工され、その中には、上記工事の施工による**違法建築部分を是正する工事も含まれるもの**でした。そこで、「その後の追加変更工事の施工の合意」について、本判決は「**公序良俗に反しない**」としたのです（本判決文の第３文・第４文）。

以上のように、本判決は、「①当初の建物建築請負契約は公序良俗違反で無効」「②その後の追加変更工事の合意は、公序良俗違反ではなく有効」という、**二段構え**になっています。この点を**読み取れたか否か**が、**本問攻略のポイント**です。

問 2　民法（意思表示）

正解

3

1　正しい。

特に重要

相手方に対する意思表示について**第三者が強迫**を行った場合は、相手方がその事実を**知っていたかどうかにかかわらず**、その意思表示を取り消すことができます。

➡ 民法96条

2　正しい。

取消し前の第三者との関係では、**強迫**を理由とする取消しは**善意無過失の第三者にも対抗できます**。詐欺を理由とする取消しとは異なります。

したがって、「**A➡B➡D**」と甲土地が売却された後に強迫を理由とする取消しをした場合、Aは、善意無過失のDにも取消しを対抗でき、甲土地を取り戻すことができます。

➡ 96条

3　誤り。通謀虚偽表示➡無効。

相手方と通じて行った仮装の意思表示（＝**通謀虚偽表示**）は、そもそも**無効**です。Aの売買契約の動機をBが知っていたからといって、契約が有効になることはありません。

➡ 94条

4　正しい。

通謀虚偽表示の無効は、**善意の第三者には対抗できません**。また、この場合の第三者は、ただ単に善意でありさえすればよく、過失があっても、また登記がなくても、善意の第三者として保護されます。

➡ 94条、判例

本問のような**事例型**の問題では、必ず、**図を描いて問題を解きましょう。**肢**2**であれば、「**A➡B➡D**」程度の簡単なもので十分です。本番でいきなり描こうとしてもできませんので、普段から図を描くクセをつけておきましょう。

問 3　民法（代理）

正解

1

1　誤り。追認があれば、相手方が善意であっても、取消し不可。

無権代理人がした契約は、**本人が追認をしない間**は、相手方が取り消すことができます。しかし、本人が追認をした場合には、取消しができなくなります。

したがって、Bが追認をした後は、取り消すことができません。

➡ 民法115条

2　正しい。

代理人がその**代理権の範囲外**の行為をした場合でも、相手方が代理人にその行為をする**代理権があると信ずべき正当な理由**があるときには、表見代理が成立します。

したがって、本肢のように抵当権を設定する代理権しか有していないAに、当該土地を売り渡す具体的な代理権があるとCが信ずべき正当な理由があるときには、表見代理が成立し、Cは、Bに対し当該売買契約の履行を請求できます。

➡ 110条

3　正しい。

代理人の**代理権が消滅した後**に、無権代理行為が行われた場合であっても、相手方がその代理権の消滅の事実について**善意無過失**であれば、表見代理が成立します。

したがって、CがAの代理権消滅について善意無過失であれば、表見代理が成立し、Cは、Bに対し当該売買契約の履行を請求できます。

➡ 112条、111条

4　正しい。

表見代理が成立する場合であっても、無権代理行為の相手方は、表見代理の成立を主張せずに、無権代理人の責任を追及できます。表見代理の制度と無権代理人の責任追及の制度は、いずれも無権代理人の相手方を保護するための制度なので、**相手方が選択できる**ことになっているためです。

したがって、Cは、無権代理人の責任追及の要件を満たせば、Bに対し当該売買契約の履行を請求せずに、Aに対しCの受けた損害の賠償を請求することも可能です。

117条、判例

無権代理については、まずは、**「相手方が主張できること」**（①催告、②取消し、③履行または損害賠償請求）を覚え、次に、「相手方はどのような場合に自分の主張ができるのか」（①は悪意の相手方でもＯＫ、②は善意の相手方のみ、③は善意無過失の相手方のみ〈無権代理人が悪意の場合には善意有過失の相手方でもＯＫ〉）を、確実に覚えましょう。

問 4　民法（条件）

『基本テキスト』 1 権利関係 P53

正解

2

1　正しい。

条件の成否が未定の間における当事者の権利義務は、一般の規定に従い、処分し、相続し、もしくは保存し、またはそのために担保を供することができます。

民法129条

2　誤り。受益当事者が不正に条件成就➡条件不成就とみなすことができる。

条件が成就することによって**利益を受ける当事者**が**不正にその条件を成就させた**ときは、相手方は、「**条件が成就しなかった**」とみなすことができます。「条件が成就した」とみなすことができるのではありません。

例えば、AとBとの間で、「今年度の宅建士試験にBが合格したときは、A所有の甲建物をBに贈与する」旨を書面で約した（「書面によらない贈与」と異なり、当事者は自由に解除できない）という場合に、Bが同試験でカンニングをして合格した場合、Aは、停止条件が成就しなかったとみなすことができます。

130条

3　正しい。

停止条件付きの法律行為は、**停止条件が成就した時**からその**効力**を生じます。また、解除条件付きの法律行為は、解除条件が成就した時からその効力を失います。

127条

4　正しい。

条件が法律行為の時に既に成就していた場合において、その条件が停止条件であるときはその法律行為は無条件（＝なんの条件も付けないこと）となり、条件が成就しないことが法律行為の時に既に確定していた場合において、その条件が停止条件であるときは、その法律行為は無効となります。

131条

肢**2**と異なり、条件が成就することによって不利益を受ける当事者が故意にその条件の成就を妨げたときは、相手方は、その条件が成就したものとみなすことができるとされています。

例えば、AとBとの間で、「今年度の宅建士試験にBが合格したときは、A所有の甲建物をBに贈与する」旨を書面で約束したという場合に、Aが同試験の会場入口でBを羽交い絞めにして受験を妨害したためにBが合格できなかったのであれば、Bは、停止条件が成就したものとみなすことができます。肢**2**の内容と対比して、確認しておきましょう。

なお、条件は、せいぜい数年に１度しか出題されませんが、出題パターンはある程度決まっています。本問では、特に肢**1**・**2**の知識を確実にしておきましょう。

問5　民法（共有）

正解

1

合否の分かれめ
B
重要度

1　正しい。

共有物の分割について共有者間に協議が調わないとき、または協議をすることができないときは、その分割を裁判所に請求できます。この場合、裁判所は、①共有物の現物を分割する方法（**現物分割**）、または、②共有者に債務を負担させて、他の共有者の持分の全部・一部を取得させる方法（**賠償分割**）により、共有物の分割を命ずることができます。

したがって、裁判所は、「Aに債務を負担させて、B及びCの持分の全部をAに取得させる」という②の方法により、甲土地の分割を命ずることができます。

なお、①②の方法により共有物を分割することができないとき、または分割によってその価格を著しく減少させるおそれがあるときは、裁判所は、その競売を命ずることができます（**競売分割**）。　民法258条

2　誤り。無効な登記の抹消➡「保存行為」であり、各共有者が単独で可。

共有不動産について、真実の所有者でない者が所有権登記名義人となっている場合、その登記の抹消の請求は、保存行為として、各共有者が単独ですることができます。したがって、Aは単独で、Dに対して、虚偽の所有権の移転の登記の抹消を求めることができます。　252条、判例

3　誤り。共有物の不法占拠に対する損害賠償請求➡できるのは自己の持分割合だけ。

特に重要

共有物の不法占拠者に対する妨害排除と土地明渡しの請求は、保存行為として、各共有者が単独でできます。

しかし、共有物の不法占拠を理由として、共有者全員またはその一部の者が不法占拠者に対してその**損害賠償**を求める場合には、各共有者は、それぞれの**共有持分の割合に応じて請求**すべきであって、その割合を超えて請求することはできません。

したがって、Bは、A・B・Cに生じた損害の全部について、不法占拠者Eに対して賠償を請求できません。　252条、判例

4　誤り。賃貸借の解除➡管理行為であり、過半数の同意で可。

共有物を目的とする**賃貸借契約を解除**することは、共有物の「**管理行為**」に該当し、共有物の持分の価格に従い、その「**過半数の同意**」が必要です。

逆にいえば、全員の合意は不要です。したがって、A・B・C「全員の合意」がなくても、いずれか2人の同意があれば、Fの債務不履行を理由として当該賃貸借契約を解除できます。

なお、この場合、「契約の解除は全員からのみできる」とする民法544条1項は、適用されません。　252条、判例

肢**4**の「過半数」とは、**半数を超過**することをいいます。例えば、持分の等しい共有者ABCDの4人がいる場合、ABが賛成しただけでは「半数」となるにすぎません。この場合、例えば、もう1人Cが賛成して「ABCが賛成」となることで、はじめて「過半数」となります。

問 6 民法（担保物権）

『基本テキスト』
1 権利関係
P88、89

正 解

3

1 正しい。

占有が不法行為によって始まった場合、留置権は成立しません。賃借人の債務不履行によって賃貸借契約が解除された後、賃借人が占有権原のないことを知りながら建物に必要費を支出した場合、占有が不法行為によって始まった場合と同視できるからです。

したがって、Bに留置権は成立せず、Bは建物の返還を拒否できません。

➡ 民法295条、判例

2 正しい。

先取特権は、目的物の売却によって債務者が受けるべき金銭に対しても行使できます。ただし、先取特権者は、その払渡し、または引渡しの前に差押えをしなければなりません（物上代位）。したがって、Aは、CがBに代金を支払う前に差押えをしないと、先取特権を行使できません。 ➡ 304条

3 誤り。不動産賃貸の先取特権➡及ぶのは「敷金で弁済を受けない部分」のみ。

不動産の賃貸人は、敷金を受け取っている場合、その敷金で弁済を受けられない債権の部分についてのみ、先取特権を有します。

したがって、AがBから敷金の交付を受けている場合、Aは、賃料債権の額から敷金の額を差し引いた残額の部分についてのみ、先取特権を有します。 ➡ 316条

4 正しい。

質権が設定されている債権の弁済期がまだ到来していない場合は、質権者は、その権利を行使できません。したがって、Dは、敷金返還請求権の弁済期前に、Aに対して、敷金を交付するよう請求することはできません。 ➡ 366条

肢2の「**先取特権に基づく物上代位**」は、「抵当権に基づく物上代位」と同じように考えてみましょう。なお、本問は肢**2**以外については、深入り禁止です。

問 7 民法（連帯債権・連帯債務）

『基本テキスト』
1 権利関係
P90〜101

正 解

4

合否の分かれめ
B
重要度

1 正しい。

債権の目的がその性質上可分である場合で、法令の規定または当事者の意思表示によって数人が連帯して債権を有するときは、各債権者は、すべての債権者のために全部または一部の履行を請求することができ、また、債務者は、すべての債権者のために各債権者に対して履行することができます。 ➡ 民法432条

2 正しい。

債務者が連帯債権者の１人に対して債権を有する場合において、その債務者が相殺を援用したときは、その相殺は、他の連帯債権者に対しても効力を生じます（連帯債権者の１人との相殺）。 ➡ 434条

3 正しい。

債務の目的がその性質上可分である場合において、法令の規定または当事者の意思表示によって数人が連帯して債務を負担するときは、債権者は、その**連帯債務者の１人**に対し、または、**同時・順次**に**すべての連帯債務者**に対し、**全部または一部**の履行を請求することができます。 ➡ 436条

4 誤り。連帯債務者の１人による相殺➡その債権は全連帯債務者のために消滅。

連帯債務者の１人が、債権者に対して債権を有する場合で、**その連帯債務者が相殺を援用**したときは、債権は、**すべての連帯債務者の利益のために消滅**します。したがって、「その連帯債務者の負担部分の限度において、他の連帯債務者は、債権者に対して債務の履行を拒むことができる」わけではありません。

なお、連帯債務者の１人が債権者に対して債権を有する場合で、その債権を有する連帯債務者が相殺を援用しない間は、その連帯債務者の負担部分の限度内で、他の連帯債務者は、債権者に対して債務の履行を拒むことができます。本肢は、この内容とのひっかけです。

➡ 439条

肢１・２の連帯債権については、「**賃貸借**」で学習する以下の知識と関係します。

賃借人が適法に賃借物を転貸したときは、転借人は、賃貸人と賃借人との間の賃貸借に基づく賃借人の債務の範囲を限度として、賃貸人に対して転貸借に基づく債務を直接履行する義務を負います。この場合、転借人が賃貸人に賃料を弁済すれば、賃貸人の賃料債権だけでなく、賃借人（転貸人）の転貸料債権も消滅します。このような関係に立つ賃貸人の賃料債権と賃借人（転貸人）の転貸料債権が、連帯債権の典型例の１つです。

問８　民法・総合

正解

1

1　正しい。

特に重要

金銭債務の不履行については、債務者は、不可抗力によって履行できなかったことを主張できません。したがって、Ｂが不可抗力によって代金債務の履行期に弁済できなかった場合でも、Ｂは、Ａに対して履行遅滞の責任を負います。

➡ 民法419条

2　誤り。手付の額に関する特約➡民法上は特に制限はない。

民法上は、手付の額に関する特約について特段の制限を設けていませんので、当事者間で自由に特約をすることができます。したがって、本肢のように「手付金の1.5倍の額を買主に償還すれば、契約を解除することができる」旨の特約も、有効です。

➡ 557条参照

3　誤り。違約金➡「損害賠償額の予定」と推定される。

違約金は、損害賠償額の予定と推定されます。損害賠償額の予定がある場合、当事者及び裁判所は、原則として、その額を増減することができません。

本問では、「違約金が400万円」と定められていることから、400万円の損害賠償額の予定がなされていると推定されます。したがって、Ａは、Ｂの債務不履行の事実を証明したとしても、Ｂに対し、原則として400万円の損害賠償を請求できるにすぎません。

➡ 420条

4　誤り。代金の支払期限が到来➡利息を支払う義務を負う。

買主は、代金の支払期限が到来すれば、代金の利息を支払う義務を負います。

本肢では、Ｂが引渡し及び移転登記を受けてから３ヵ月経過した時に履行期が到来しますので、Ｂは、その時から遅滞の責任を負い、代金の利息を支払う義務を負います。「Ａから請求を受けた時から」ではありません。

➡ 412条、575条

問 9 民法（贈与）

『基本テキスト』1 権利関係 P143、144

正解 **4**

1 誤り。特定物の引渡し➡債務者は、善管注意義務を負う。

債権の目的が特定物の引渡しであるときは、債務者は、その引渡しをするまで、契約その他の債権の発生原因及び取引上の社会通念に照らして定まる善良な管理者の注意をもって、その物を保存しなければなりません（**善管注意義務**）。贈与が書面によるものであるか否かは、関係ありません。

したがって、Aは、当該土地の引渡しをするまで、「自己の財産に対するのと同一の注意」ではなく、「善良な管理者の注意」をもって土地を保存しなければなりません。

➡ 民法400条

2 誤り。負担のない贈与を受ける場合➡未成年による取消しは不可。

未成年者が法律行為をするには、原則として、法定代理人の同意を得なければならず、これに反する法律行為は、取り消すことができます。ただし、単に権利を得（例えば、本肢のように「負担のない贈与を受ける場合」など）、または義務を免れる法律行為については、法定代理人の同意を得る必要はありません。

したがって、未成年者Bは、そもそも本問の負担のない贈与契約を締結する際に法定代理人の同意を得る必要はないので、法定代理人の同意がないことを理由に、契約を取り消すことはできません。

➡ 5条

3 誤り。死因贈与➡書面によるものか否かに関係なく、撤回できる。

死因贈与（贈与者の死亡によって効力を生ずる贈与契約）は、遺贈と同様に、いつでも撤回できます。死因贈与が書面でなされた場合であっても、同様です。

➡ 554条、1022条、判例

4 正しい。

書面に寄らない贈与は、履行の終わった部分を除き、**各当事者が解除**できます。したがって、その履行が終了していないときは、Aのみならず、Bも、当該贈与を解除できます。

➡ 550条

問 10 民法（相続-配偶者居住権・配偶者短期居住権）

『基本テキスト』1 権利関係 P156～166

正解 **4**

後回しOK! 難問 **C** 重要度

ア 正しい。

配偶者居住権及び配偶者短期居住権は、両者ともに、配偶者居住権または配偶者短期居住権を有する**配偶者の死亡**によって**終了**します。 ➡ 民法1036条、1041条、597条

イ 正しい。

配偶者居住権及び配偶者短期居住権は、両者ともに、譲渡できません。

➡ 1032条、1041条

ウ 正しい。

配偶者居住権を有する配偶者及び配偶者短期居住権を有する配偶者は、両者ともに、居住建物の使用・収益に必要な修繕ができます。 ➡ 1033条、1041条

エ 正しい。

配偶者居住権を有する配偶者及び配偶者短期居住権を有する配偶者の両者ともに、居住建物の**通常の必要費**を負担します。 ➡ 1034条、1041条

以上より、誤っているものは「なし」であり、正解は肢**4**となります。

配偶者居住権と配偶者短期居住権については、**共通点**と**相違点**がありますが、本問では、あえて**両者の共通点だけを出題**しました。相違点ばかりに目が行きがちな両制度ですが、まずは本問で共通点を確認しておきましょう。

問 11 借地借家法（借地関係）

正解

2

絶対落とすな!
A
重要度

1 誤り。借地権の存続期間➡最低でも30年。

借地権の存続期間は、契約でこれより長い期間を定めたときを除き、30年となります。したがって、存続期間の定めのない場合、その期間は、**自動的に30年**となります。 ➡ 借地借家法3条

2 正しい。

当初の存続期間中に建物が滅失しても、**借地権は期間満了まで存続**するので、借地権者は借地権設定者の承諾なしで建物を再築することができます。 ➡ 3条参照

3 誤り。借地権設定者の承諾がある場合に限り、20年間存続する。

特に重要

借地権の存続期間が満了する前に建物の滅失があった場合において、借地権者が残存期間を超えて存続すべき建物を築造したときは、その建物を築造するにつき借地権設定者の**承諾がある場合に限り**、借地権は①承諾があった日、または②建物が築造された日の、いずれか早い日から20年間存続します。

ただし、残存期間がこれより長いとき、または当事者がこれより長い期間を定めたときは、その期間となります。 ➡ 7条

4 誤り。建物買取請求権は、建物の買受人が行使できる。

第三者が、賃借権の目的である土地上の建物その他借地権者が権原によって土地に附属させた物を取得した場合で、借地権設定者が土地の賃借権の譲渡・転貸を承諾しないときは、その**第三者**は、借地権設定者に対し、建物その他借地権者が権原によって土地に附属させた物を時価で買い取るべきことを請求できます。

したがって、Bに対して建物買取請求権を行使できるのは、建物の買受人であるCです。 ➡ 14条

問 12 借地借家法（借家関係）

正解

4

絶対落とすな!
A
重要度

1 誤り。借家権は、建物の引渡しがあれば対抗できる。

建物の賃貸借は、その登記がなくても、**建物の引渡し**があったときは、その後その建物について物権を取得した者に対し、その効力を生じます。したがって、建物の引渡しを受ければ、賃借権を譲受人に対抗できます。

➡ 借地借家法31条

2 誤り。借家権では、代諾許可の制度はない。

借家契約においては、賃貸人が賃借権の譲渡・転貸を承諾しない限り、賃借権の譲渡や転貸をすることはできません。また、この場合、借地契約と異なり、賃貸人の承諾に代わる裁判所の許可（代諾許可）を求めることはできません。 ➡ 19条参照

3 誤り。賃借人からの解約申入れ➡正当事由は不要。

当事者が賃貸借の期間を定めなかったときは、賃借人は、いつでも解約の申入れができます。この場合、建物の賃貸借は、解約の申入れの日から3ヵ月を経過することによって終了します。この**建物賃借人による解約申入れ**は、建物の賃貸人による解約申入れと異なり、**正当事由は不要**です。 ➡ 民法617条、借地借家法28条参照

4 正しい。

期間を**1年未満**とする建物の賃貸借は、**期間の定めのない建物の賃貸借**とみなされます。なお、この規定は、定期建物賃貸借等には適用されません。 ➡ 29条

問 13 区分所有法

正解

3

1 正しい。

小規模滅失（建物の価格の**1／2以下**の部分の滅失）の場合、規約による別段の定め及び集会の決議がない限り、各区分所有者は、**単独**で、滅失した共用部分を復旧できます。

なお、規約で別段の定めをしている場合や復旧決議等が成立すれば、各区分所有者はそれに拘束され、単独での復旧はできなくなります。 ➡区分所有法61条

2 正しい。

区分所有者は、規約に別段の定めがない限り、**集会の決議**（普通決議）によって、管理者を選任し、または解任することができます。そして、選任される管理者の資格には、特別の制限がありませんので、**区分所有者以外**の者を選任することもできます。 ➡25条

3 誤り。大規模滅失の復旧決議の定数➡規約で別段の定めはできない。

大規模滅失（建物の価格の**1／2を超える**部分の滅失）の場合、その復旧決議には、区分所有者及び議決権の**各3／4以上**の多数の賛成が必要です。

この決議の定数については、**規約で別段の定めをすることはできません**。 ➡61条

4 正しい。

集会においては、区分所有者及び議決権の**各4／5以上**の多数で、建物を取り壊し、かつ、当該建物の敷地等に新たに建物を建築する旨の決議（建替え決議）をすることができます。この決議の定数については、**規約で別段の定めをすることはできません**。 ➡62条

問 14 不動産登記法

正解

1

1 誤り。分筆の登記➡表題部所有者も申請できる。

分筆または合筆の登記は、表題部所有者または所有権の登記名義人が申請できます。したがって、所有権の登記名義人だけでなく、表題部所有者も、分筆の登記を申請することができます。 ➡不動産登記法39条

2 正しい。

土地は、一筆ごとに登記され、地目や地番区域が記録されています。そのため、登記官は、一筆の土地の一部が別の地目となり、または地番区域（地番区域でない字を含む）を異にするに至ったときで、分筆の登記の申請がない場合は、職権で、分筆の登記をしなければなりません。 ➡39条

3 正しい。

表題部所有者または所有権の登記名義人が相互に異なる土地は、合筆の登記をすることができません。 ➡41条

4 正しい。

相互に接続していない土地は、合筆の登記をすることができません。 ➡41条

講師陣のアドバイス

不動産登記法は、例年1問出題されています。ただし、範囲が広く、しかも専門性が高いので、深く理解するには膨大な時間が必要です。ですから、受験対策としては、学習範囲を重要過去問での出題内容にとどめ、それ以上は深追いしないことが得策です。

問 15 都市計画法（都市計画の内容）

『基本テキスト』
3 法令上の制限
P395～407

正解

1

合否の分かれめ
B
重要度

1　正しい。

都市計画区域については、都市計画に、「当該都市計画区域の整備、開発及び保全の方針」（マスタープラン）を定めるとされています。　➡ 都市計画法6条の2

2　誤り。準都市計画区域➡特例容積率適用地区を定めることができない。

準都市計画区域については、都市計画に、特別用途地区・特定用途制限地域を定めることができますが、特例容積率適用地区を定めることはできません。　➡ 8条

3　誤り。地区計画➡用途地域が定められていない土地の区域にも定められる。

地区計画は、建築物の建築形態・公共施設その他の施設の配置等からみて、一体としてそれぞれの区域の特性にふさわしい態様を備えた良好な環境の各街区を整備・開発・保全するための計画です。

この地区計画は、①用途地域が定められている土地の区域、または、②**用途地域が定められていない土地**の区域のうち一定の区域（例えば、住宅市街地の開発その他建築物・その敷地の整備に関する事業が行われる、または行われた土地の区域など）について定めるとされています。

したがって、「用途地域が定められている土地の区域においてのみ定められる」わけではありません。　➡ 12条の5

4　誤り。高度地区➡建築物の「高さ」の最高限度・最低限度を定める地区。

高度地区は、用途地域内において市街地の環境を維持し、または土地利用の増進を図るため、「建築物の**高さ**」の最高限度または最低限度を定める地区です。

本肢の内容は、高度利用地区のものです。　➡ 9条

肢**2**の都市計画区域は、「都市計画区域外の区域のうち、そのまま土地利用を整序し、または環境を保全するための措置を講ずることなく放置すれば、将来における一体の都市としての整備、開発及び保全に支障が生じるおそれがあると認められる一定の区域」をいいます。

イメージとしては、「人があまり住んでいない自然豊かな場所のうち、インターチェンジの新設などで乱開発のおそれが高いところ」です。このイメージで、準都市計画区域に「定められる」都市計画と「定められない」都市計画を判別できるようにしましょう。

問 16 都市計画法（都市計画制限）

『基本テキスト』
3 法令上の制限
P420～435

正解

1

1　正しい。

特に重要

都道府県知事は、**用途地域の定められていない**土地の区域における開発行為について開発許可をする場合において必要があると認めるときは、当該開発区域内の土地について、「建築物の**建蔽率**」建築物の高さ壁面の位置その他建築物の敷地構造・設備に関する制限を定めることができます。　➡ 都市計画法41条

2　誤り。相続人･一般承継人➡知事の承認なしで、開発許可に基づく地位を承継する。

開発許可を受けた者の相続人その他の**一般承継人**は、「**都道府県知事の承認なし**」で、被承継人が有していた当該開発許可に基づく地位を承継します。

なお、開発許可を受けた者から当該開発区域内の土地の所有権その他当該開発行為に関する工事を施行する権原を取得した者（＝**特定承継人**）は、「都道府県知事の承認」を受けなければ、当該開発許可を受けた者が有していた当該開発許可に基づく地位を承継できません。　➡ 44条

3　誤り。開発許可取消しの訴え➡開発審査会の裁決を経なくても提起できる。

開発許可の取消しの訴えは、当該開発許可についての審査請求に対する開発審査会の裁決を経た後でなくても、提起することができます。　➡ 50条参照

4　誤り。非常災害のため必要な応急措置➡例外的に許可不要。

田園住居地域内の農地（＝耕作の目的に供される土地）の区域内において、①土地の形質の変更、②建築物の建築その他工作物の建設、③土石その他政令で定める物件の堆積を行う場合は、原則として市町村長の許可を受けなければなりません。

ただし、通常の管理行為政令で定める軽易な行為その他の行為で**非常災害のため必要な応急措置**として行う行為都市計画事業の施行として行う行為などについては、**許可を受ける必要はありません**。 52条

肢4の「田園住居地域内における建築等の規制」については、許可主体が「都道府県知事」ではなく「**市町村長**」である点に注意しましょう。

問 17 建築基準法

正解

1

合否の分かれめ **B** 重要度

ア　正しい。

禁

特定行政庁は、街区内における建築物の位置を整えその環境の向上を図るために必要があると認める場合においては、建築審査会の同意を得て、壁面線を指定することができます。 建築基準法46条

イ　誤り。高さ「20m」の建築物➡原則、有効に避雷設備を設置。

特に重要

高さ**20mを超える**建築物には、周囲の状況によって安全上支障がない場合を除き、有効に**避雷設備**を設けなければなりません。したがって、本記述の高さ15mの建築物については、その必要はありません。 33条

ウ　誤り。日影規制➡商業地域・工業地域・工業専用地域で指定不可。

特に重要

日影規制の対象区域は、**商業地域・工業地域・工業専用地域**「**以外**」の用途地域や用途地域の指定のない区域においては、地方公共団体が条例で指定します。したがって、「近隣商業地域」には、日影規制の対象区域を指定できます。

56条の2、別表第四

以上より、正しいものは**ア**の1つであり、正解は肢**1**となります。

記述**イ**に関連して、「**高さ31m超の建築物**には、原則として、**非常用の昇降機**を設けなければならない」ことも覚えておきましょう。

問 18 建築基準法（集団規定）

正解

3

合否の分かれめ **B** 重要度

1　誤り。前面道路の幅員12m未満➡指定容積率以下＋前面道路による制限以下。

特に重要

建築物の前面道路の幅員が**12m未満**である場合には、その建築物の容積率は、都市計画において定められた数値（指定容積率）以下であり、「**かつ**」、**前面道路の幅員に一定の数値を乗じて得た数値以下**でなければなりません。 建築基準法52条

2　誤り。看板等の防火措置の制限➡準防火地域内では適用なし。

防火地域内にある看板などの工作物で、建築物の屋上に設けるものなどは、その主要な部分を不燃材料で造り、または覆わなければなりません。しかし、「準防火地域内」では、このような制限はありません。 64条

3　正しい

近隣商業地域において、カラオケボックスは建築できますが、**料理店**は特定行政庁の許可がなければ**建築できません**。なお、特定行政庁の許可なしに料理店を建築できるのは、商業地域と準工業地域内のみです。 48条、別表第二

4　誤り。都市計画区域･準都市計画区域以外の区域内➡「条例」で必要な制限をする。

都市計画区域及び準都市計画区域以外の区域内の一定の区域においては、地方公

共団体は、「条例」で、建築物またはその敷地と道路との関係・建築物の容積率・建築物の高さその他の建築物の敷地・構造に関して必要な制限を定めることができます。

「都市計画」で制限を定めるわけではありません。 ➡ 68条の9

肢4は非常に細かい知識からの出題ですが、それ以外の肢は、基本的な知識問題です。この手の問題でも、細かい知識に惑わされずに正解肢を選ぶことができるようにしましょう。

問 19　宅地造成・盛土等規制法

『基本テキスト』
3 法令上の制限
P474〜484

正解

2

1　正しい。

特に重要

都道府県知事は、基本方針に基づき、かつ、基礎調査の結果を踏まえ、宅地造成・特定盛土等・土石の堆積(**宅地造成等**)に伴い災害が生ずるおそれが大きい市街地・市街地となる土地の区域または集落の区域(これらの区域に隣接・近接する土地の区域を含む)で、**宅地造成等に関する工事について規制**を行う必要があるものを、**宅地造成等工事規制区域**として指定することができます。

➡ 宅地造成及び特定盛土等規制法10条

2　誤り。宅地造成等に関する工事の許可➡工事着手前に受ければよい。

宅地造成等工事規制区域内において行われる宅地造成等に関する工事については、工事主は、当該**工事に着手する前**に、都道府県知事の許可(宅地造成等に関する工事の許可)を受けなければならないとされています。

つまり、宅地造成等に関する工事の許可は、あくまで**工事に着手する前**に受ければよく、「21日前まで」という制約はありません。 ➡ 12条

3　正しい。

都道府県知事は、宅地造成等に関する工事の許可の申請があったときは、遅滞なく、許可または不許可の処分をしなければならず、当該申請をした者に、許可の処分をしたときは許可証を交付し、不許可の処分をしたときは文書をもってその旨を通知しなければなりません。 ➡ 14条

4　正しい。

宅地造成等工事規制区域内の土地(公共施設用地を除く)の**所有者**・管理者・占有者は、宅地造成等(宅地造成等工事規制区域の指定前に行われたものを含む)に伴う災害が生じないよう、その**土地を常時安全な状態に維持**するように努めなければなりません。

過去に宅地造成等に関する工事が行われ、現在は工事主とは異なる者がその工事が行われた土地を所有している場合であっても、同様です。 ➡ 22条

問 20 土地区画整理法

正解

2

絶対落とすな! A 重要度

1 正しい。

換地計画において換地を定める場合は、換地及び従前の宅地の位置・地積・土質・水利・利用状況・環境等が照応するように定めなければなりません（**換地照応の原則**）。

➡ 土地区画整理法89条

2 誤り。施行地区内での建築等➡原則、都道府県知事等の許可を受ける。

土地区画整理事業の施行地区内で、当該事業の施行の障害となるおそれのある土地の形質の変更・建築物の新築等を行う者は、**国土交通大臣が施行**する事業の場合は**国土交通大臣**の、**その他の者が施行**する事業の場合は**都道府県知事等**の**許可**を受ける必要があります。

➡ 76条

3 正しい。

従前の宅地の所有者等が、仮換地について使用収益を開始できる日を別に定められたため、従前の宅地について使用収益できなくなったことにより損失を受けた場合は、施行者は、その損失を受けた者に対して、通常生ずべき損失を補償しなければなりません。

➡ 101条

4 正しい。

事業の施行者は、換地処分の公告があった場合は、直ちに、その旨を換地計画に係る区域を管轄する登記所に通知しなければなりません。

そして、**施行者**は、施行地区内の土地及び建物について、事業の施行により変動があったときは、遅滞なく、その**変動に係る登記**を申請し、または嘱託しなければなりません。

➡ 107条

講師陣のアドバイス

肢2では、**許可権者がポイント**です。①国土交通大臣施行「以外」の場合➡都道府県知事等の許可、②国土交通大臣施行の場合➡国土交通大臣の許可、と覚えておきましょう。

問 21 農地法

正解

4

1 誤り。遊休化している農地であっても、農地法上の農地。

農地を農地以外のものに転用する場合には、原則として、農地法４条の許可を受ける必要があります。当該農地がすでに利用されておらず**遊休化**している場合であっても、同様です。

したがって、本肢の場合も、原則どおり、農地法４条の許可を受ける必要があります。

➡ 農地法４条

2 誤り。市街化調整区域内での農地の転用➡市街化区域内の特則の適用なし。

農地を農地以外のものに転用する場合には、原則として、農地法４条の許可を受ける必要があります。

ただし、**市街化区域内**の農地を農地以外のものに**転用**する場合には、あらかじめ**農業委員会へ届出**をすれば、**農地法４条の許可を受ける必要はありません**（**市街化区域内の特則**）。しかし、市街化調整区域内においては、このような例外はなく、原則どおり、農地法４条の許可を受ける必要があります。

➡ 4条

3 誤り。３条の許可➡市街化区域内の例外なし。

農地を耕作目的で取得する場合には、原則として、農地法３条の許可を受ける必要があります。なお、**農地法３条の許可**については、農地法４条・５条の許可と異なり、肢**2**のような「**市街化区域内の特則**」**という例外はありません**。

➡ 3条

4 正しい。

農地法３条または５条の許可を受けないでした行為は、そもそも**効力を生じない**ので（無効）、これらの許可が必要な農地の売買について、許可を受けずに売買契

約を締結しても、その所有権の移転の効力は生じません。 ➡ 3条、5条

農地法は、出題範囲が狭く、**多くの合格者が得点源**としています。法令上の制限に苦手意識を持っている方は、まずは「農地法」を攻略しましょう。本問では、特に肢**2**・**3**は、確実に正誤の判断ができるようにしましょう。

問 22 国土利用計画法・その他の諸法令

『基本テキスト』
3 法令上の制限
8章・9章

正解

1

1 正しい。

担保権の実行としての競売により土地を取得した場合は、国土利用計画法の事後届出制の適用除外事由にあたるため、例外として、事後届出は不要です。

➡ 国土利用計画法23条、施行令17条、6条

2 誤り。急傾斜地崩壊危険区域内での行為➡原則、「知事」の許可が必要。

急傾斜地崩壊危険区域内においては、のり切・切土・掘さく・盛土などは、原則として、「**都道府県知事**」の許可を受けなければ、してはなりません。

「市町村長」の許可ではありません。 ➡ 急傾斜地の崩壊による災害の防止に関する法律7条

3 誤り。地すべり防止区域内での行為➡原則、「知事」の許可が必要。

地すべり防止区域内において、地下水を誘致し、または停滞させる行為で地下水を増加させるものなどを行おうとする者は、原則として「**都道府県知事**」の許可を受けなければなりません。「国土交通大臣」の許可ではありません。

➡ 地すべり等防止法18条

4 誤り。土砂災害特別警戒区域内の特定開発行為➡原則、知事の「許可」が必要。

土砂災害特別警戒区域内において特定開発行為をしようとする者は、原則として都道府県知事の「**許可**」を受けなければなりません。都道府県知事に「届け出」をしなければならないのではありません。

➡ 土砂災害警戒区域等における土砂災害防止対策の推進に関する法律10条

肢**1**は、国土利用計画法の「事後届出の要否」の判断が問題となる権利移転の形態のうち、**本試験未出題**の項目です。やや細かい内容ですから、ここで一度しっかり確認しておけば十分です。また、肢**2**～**4**は、近年、全国で発生している「がけ崩れ」に関連する法律を集めました。少なくとも、許可権者の正誤を判断できるように、カンどころを養っておきましょう。

問 23 贈与税（相続時精算課税の特例）

『基本テキスト』
4 税・鑑定
P542、543

正解

1

1 正しい。

増改築のために金銭の贈与を受けた場合には、増改築後の家屋の床面積が**40㎡以上**であるとともに、増改築の工事に要した費用が**100万円以上**でなければ、特定の贈与者から住宅取得等資金の贈与を受けた場合の相続時精算課税の特例（以下、「本特例」）の適用を受けることができません。

➡ 租税特別措置法70条の3、施行令40条の5

2 誤り。60歳未満の父母・祖父母からの贈与は適用対象。

通常の相続時精算課税制度では、贈与者である父母・祖父母の年齢が60歳以上であることが適用要件です。

これに対して、本特例は、60歳未満の父母・祖父母からの贈与についても相続時精算課税の選択を可能とする措置です。したがって、父母・祖父母のいずれかが60歳以上である場合でも、**60歳未満の父母・祖父母からの贈与**について、本特例の適用を受けることができます。 ➡ 相続税法21条の9、租税特別措置法70条の3

3　誤り。所得金額の制限なし。

本特例の適用要件には、直系尊属から住宅取得等資金の贈与を受けた場合の贈与税の非課税の特例と異なり、**所得金額の制限はありません**。 70条の２参照

4　誤り。「住宅」そのものの贈与は適用対象外。

本特例は、あくまでも「**住宅取得等資金**」という**金銭の贈与が対象**であり、住宅そのものの贈与は対象となりません。 70条の３

贈与税については、通常は①**暦年課税制度**（１月１日～12月31日に贈与を受けた財産の価額の合計額を「課税価格」として贈与税の税額を計算する制度）が適用されますが、一定の要件を満たせば②**相続時精算課税制度**（贈与時の税金を軽減し、相続時に相続税で精算する制度）を選択できます。

このうち、②**相続時精算課税制度**では、原則「贈与者である父母・祖父母の年齢が60歳以上であること」が適用要件です。ただし、一定の要件を満たせば、特例として「60歳未満の父母・祖父母からの贈与」についても、相続時精算課税の選択が可能となります（肢**2**参照）。この特例が、本問で出題した「相続時精算課税の特例」です。

「相続時精算課税の特例」については、「住宅取得等資金」（増改築等の資金も含まれる）という金銭の贈与を受けたこと（肢**1**・**4**参照）といった適用要件はありますが、「直系尊属から住宅取得等資金の贈与を受けた場合の贈与税の非課税の特例」と異なり、受贈者の所得金額を制限する適用要件はありません（肢**3**）。

相続時精算課税制度とその特例は、今年度の出題のヤマの１つです。やや難しい内容ではありますが、「相続時精算課税の特例」の適用要件を中心に、ひととおり確認しておきましょう。

問 24　不動産取得税

『基本テキスト』4 税・鑑定 P528～531

正解

3

1　正しい。

住宅の建築をした場合における当該住宅の取得に対して課する不動産取得税の課税標準の算定については、１戸につき1,200万円が価格から控除されます。この特例の適用を受けるためには、当該住宅の床面積が「**50㎡以上240㎡以下**」（戸建て以外の貸家住宅では「40㎡以上240㎡以下」）でなければなりません。

地方税法73条の14、施行令37条の16

2　正しい。

都道府県は、**相続**（包括遺贈及び被相続人から相続人に対してされた遺贈を含む）による不動産の取得に対しては、不動産取得税は**課されません**（非課税）。

地方税法73条の７

3　誤り。家屋が新築された日から「６ヵ月」経過➡「みなし取得」とされる。

家屋が新築された日から**６ヵ月**（宅建業者等が売り渡す新築住宅については１年）を経過しても当該家屋について最初の使用または譲渡が行われない場合、当該家屋が新築された日から**６ヵ月**（１年）を経過した日において家屋の取得がなされたとみなし、その家屋の所有者が「取得者」とみなされて、不動産取得税が課されます。「３年」ではありません。 73条の２

4　正しい。

特に重要

宅地評価土地（宅地及び宅地比準土地）を取得した場合における当該土地の取得に対して課する不動産取得税の課税標準は、その土地の価格の**１／２**の額となります。 附則11条の５

問 25 不動産鑑定評価基準

『基本テキスト』
4 税・鑑定
P554〜559

正解

3

1 正しい。

特定価格とは、**市場性**を有する不動産について、**法令等による社会的要請を背景とする鑑定評価目的の下で**、正常価格の前提となる諸条件を満たさないことにより正常価格と同一の市場概念の下において形成されるであろう**市場価値と乖離**することとなる場合における不動産の経済価値を適正に表示する価格をいいます。

➡ 不動産鑑定評価基準5章

2 正しい。

不動産の価格を求める鑑定評価の基本的な手法は、①**原価法**、②**取引事例比較法**、③**収益還元法**に大別され、このほか、これら三手法の考え方を活用した開発法等の手法があります。 ➡ 7章

3 誤り。収益還元法➡自用の不動産といえども賃貸を想定することにより適用。

収益還元法は、対象不動産が将来生み出すであろうと期待される**純収益**の現在価値の総和を求めることにより対象不動産の試算価格を求める手法です。

この収益還元法は、文化財の指定を受けた建造物等の一般的に**市場性を有しない不動産以外**のものには基本的にすべて適用すべきであり、「**自用の不動産**」といえども、賃貸を想定することにより適用されるものであるとされています。 ➡ 7章

4 正しい。

鑑定評価の手法の適用に当たっては、鑑定評価の手法を当該案件に即して適切に適用すべきとされています。

この場合、地域分析及び個別分析により把握した対象不動産に係る市場の特性等を適切に反映した**複数の鑑定評価の手法を適用**すべきであり、対象不動産の種類・所在地の実情・資料の信頼性等により複数の鑑定評価の手法の適用が困難な場合においても、その考え方をできるだけ**参酌**するように努めるべきとされています。

➡ 8章

問 26 宅建業の免許

『基本テキスト』
2 宅建業法
P236〜241

正解

3

1 正しい。

市街化区域内には少なくとも**用途地域**が定められるため、本肢の雑種地は**宅地**にあたります。また、宅建業者の媒介によっても、Aは、分譲の売主自身にほかなりません。したがって、Aは、宅建業の免許が必要です。 ➡ 宅建業法2条、3条

2 正しい。

死亡または合併消滅により、宅建業者の免許の効力が失われた場合でも、その一般承継人は、当該宅建業者が締結した契約に基づく**取引を結了する目的の範囲内**では、宅建業者とみなされます。

したがって、Cが死亡した後、その相続人Dは、Cが締結した契約に基づく取引を結了する目的の範囲内においては、宅建業者とみなされます。 ➡ 76条

3 誤り。「自ら貸借」➡免許不要。

自ら貸借をする行為は、そもそも**宅建業に該当しません。**したがって、「自ら貸主」として定期借地権設定契約を締結するEは、宅建業の免許は不要です。 ➡ 2条、3条

4 正しい。

「自ら貸主」となるGは、宅建業の免許を要しません。しかし、**貸借の「代理」**を行うHは、宅建業の**免許が必要**です。 ➡ 2条、3条

肢3と肢4をしっかり区別できるようにしましょう。肢3は「自ら貸借」なので免許不要ですが、肢4は「貸借の媒介・代理」なので、免許が必要となります。

問27 宅建業の免許・監督処分

『基本テキスト』
2 宅建業法
P242～249

正解

2

1 誤り。役員等に免許の欠格者がいなくなった➡その法人は免許を受けられる。

暴力団員であることは、免許の欠格要件の1つです。A社の免許が取り消されたのは、A社の**役員**または政令で定める使用人に免許の欠格要件に該当する者がいるという理由に基づきます。

したがって、その免許の欠格要件に該当する役員等が退任し、役員等に免許の欠格要件に該当する者がいない状態になれば、A社は、免許取消しの日から5年経過する前であっても、ただちに免許を受けることができるようになります。

宅建業法5条

2 正しい。

法人が、①**不正手段による免許取得**、②業務停止処分事由に該当し、情状が特に重い、③業務停止処分に違反、のいずれかの理由で**免許取消処分**の聴聞の期日・場所が公示された日から、その処分をする日または処分をしないことを決定する日までの間に、合併による消滅・解散・廃業の届出をした場合（相当の理由がある場合を除く）において、その公示の日前**60日以内**に**役員**であって、消滅または届出の日から**5年間**を経過していない者は、免許を受けることができません。 5条

3 誤り。業務停止処分の期間➡1年以内。

指示処分に従わなかった場合、**業務停止処分**の対象になります。ただし、業務停止処分の期間は、最長で**1年**です。本肢のように、1年を超える業務停止期間を定めることはできません。

65条

4 誤り。「自ら貸借」➡宅建業に該当せず、宅建業法の適用なし。

自ら貸借をする行為は、そもそも**宅建業に該当しません**。そして、宅建業に該当しない以上、宅建業法の適用はなく、重要事項の説明義務もありません。したがって、重要事項の説明義務違反を理由として、業務停止処分を受けることはありません。

2条、3条、35条、65条

問28 宅建業の免許等

『基本テキスト』
2 宅建業法
P242～255

正解

4

1 誤り。免許取消処分➡遅滞なく、免許権者に免許証返納。

宅建業者は、免許を取り消されたときには、「遅滞なく」、その免許を受けた国土交通大臣または都道府県知事に免許証を返納しなければなりません。

「30日以内」ではありません。 宅建業法14条、66条、施行規則4条の4

2 誤り。法人が合併消滅➡消滅法人の代表役員であった者が届出。

特に
重要

法人である宅建業者が合併により消滅した場合、その免許の効力は消滅するため、合併の日から30日以内に、免許権者に対して廃業等の届出をしなければなりません。

そして、この場合に届出義務を負うのは、合併後に存続する法人（本肢の場合はC社）の代表役員ではなく、**合併によって消滅した法人**（本肢の場合はB社）の**代表役員であった者**です。

宅建業法11条

3 誤り。専任ではない宅建士の氏名の変更➡変更の届出は不要。

宅建業者の事務所ごとに置かれる「**専任**」の宅建士の氏名は、**宅建業者名簿の登載事項**です。しかし、「専任ではない」宅建士の氏名は、宅建業者名簿の登載事項ではありません。

したがって、専任ではない宅建士の氏名に変更があっても、その旨の届出は不要

です（変更の届出）。 ➡ 8条、9条、31条の3

4 正しい。

宅建業者は、その事務所について、宅建業の業務に従事する者のうち**5名に1名以上**の割合で、**成年者である専任の宅建士**を置かなければなりません。

万一、既存の事務所等がこの規定に抵触するようになったときは、**2週間以内**に、この規定に適合させるため必要な措置を執らなければなりません。そして、この義務に違反することは、監督処分の対象となります。 ➡ 31条の3、65条

【肢3に関連して】変更があった場合に「**変更の届出**」**が必要となる事項**は、次のとおりです。

① 商号または名称
② 法人である場合、役員・政令で定める使用人の氏名
③ 個人である場合、その者の氏名・政令で定める使用人の氏名
④ 事務所の名称・所在地
⑤ 事務所ごとに置かれる専任の宅建士の氏名

問 29 宅建士

正解

2

1 正しい。

宅建士は、その**氏名・住所**を変更したときは、変更の登録の申請とあわせて、宅建士証（以下「宅建士証」）の**書換え交付**を申請しなければなりません。

➡ 宅建業法20条、施行規則14条の13

2 誤り。宅建士証の更新➡6ヵ月以内に行われる法定講習受講が必要。

宅建士証の有効期間の更新を受けようとする場合には、申請前**6ヵ月以内**に行われる、登録をしている**都道府県知事が指定する講習**（法定講習）を受講しなければなりません。

講習を受けることができなかったことにやむを得ない事情がある場合であっても、それを例外として認める規定はありません。したがって、Aは、宅建士証の有効期間の更新を受けるときは、必ず法定講習を受講しなければなりません。

➡ 宅建業法22条の3、22条の2

3 正しい。

宅建士証の交付を受けている者は、登録の移転と共に移転先の都道府県知事に対して新たな宅建士証の交付を申請することができます。その際に交付される宅建士証の有効期間は、従前の宅建士証の有効期間が満了するまでの期間（**残存期間**）となります。 ➡ 22条の2

4 正しい。

事務禁止処分期間中に、自ら申請して登録を消除したとしても、その後に**事務禁止期間が満了**すれば登録の欠格要件に該当しなくなるので、再度登録を受けることができます。 ➡ 18条

登録と宅建士証の関係について、しっかり確認しておきましょう。ポイントは、変更の登録とともに宅建士証の書換え交付が必要となるのは、**氏名・住所の変更の場合のみ**、という点です。

問 30 営業保証金・保証協会

正解

2

1 誤り。事務所新設による営業保証金の追加供託➡期間制限なし。

営業保証金を供託している宅建業者Aは、事業の開始後新たに事務所を設置したときは、当該事務所につき政令で定める額（本記述では500万円）の営業保証金を供託しなければなりません。ただし、「事務所を設置してから２週間以内」という期間制限はありません。

これに対して、保証協会の社員である宅建業者Bは、新たに事務所を設置したときは、その日から**２週間以内**に、政令で定める額（本記述では30万円）の弁済業務保証金分担金を、保証協会に納付しなければなりません。

➡ 宅建業法26条、25条、施行令２条の４、宅建業法64条の９、施行令７条

2 正しい。

Aと宅建業に関し取引をした者（宅建業者に該当する者を除く）は、その取引により生じた債権に関し、Aが**供託した営業保証金**（「事務所数が２」の本記述では、1,500万円）について、その債権の弁済を受ける権利を有します。

また、Bと宅建業に関し取引をした者（宅建業者に該当する者を除く）も、その取引により生じた債権に関し、当該社員が社員でないとしたならばその者が**供託すべき営業保証金の額に相当する額**（「事務所数が２」である本記述では、1,500万円）の範囲内で弁済を受ける権利を有します。

➡ 宅建業法27条、64条の８

3 誤り。保証協会制度➡保管替え請求の制度なし。

Aは、その主たる事務所を移転したためその最寄りの供託所が変更した場合で、**金銭のみ**で営業保証金を供託しているときは、営業保証金を供託している供託所に対し、移転後の主たる事務所の最寄りの供託所への営業保証金の**保管替え**を請求しなければなりません（営業保証金の保管替え請求）。

これに対して、Bの場合には、「弁済業務保証金の保管替え請求」という制度はありませんので、当該保証協会の社員である間は、事務所を移転しても、弁済業務保証金に関して新たな手続の必要はありません。

➡ 29条

4 誤り。補充供託・還付充当金納付の期限➡通知を受けた日から２週間以内。

Aは、免許権者から営業保証金の額が不足することとなった旨の通知を受けたときは、「**通知を受けた日**」から**２週間以内**に、その不足額を主たる事務所の最寄りの供託所に供託しなければなりません。

これに対して、Bは、保証協会から還付充当金を納付すべき旨の通知を受けたときは、「**通知を受けた日**」から**２週間以内**に、その通知された額の還付充当金を当該保証協会に納付しなければなりません。

したがって、A・Bの場合は共に、「不足が生じた日から２週間以内」ではありません。

➡ 28条、営業保証金規則５条、宅建業法64条の10

営業保証金制度と保証協会制度（弁済業務保証金制度）の総合問題です。日頃から、両制度の異同を意識して学習しておかなければなりません。

問 31　広告等の規制

正解

3

絶対落とすな!
A
重要度

ア　誤り。工事完了前➡開発許可・建築確認等の処分後でなければ広告不可。

宅建業者は、宅地の造成または建物の建築に関する工事の完了前においては、当該工事に必要とされる開発許可・建築確認等の**処分があった後**でなければ、広告をすることができません（広告開始時期の制限）。「申請をした後」ではありません。

➡ 宅建業法33条

イ　誤り。取引態様の別の明示➡貸借でも必要。

宅建業者は、宅地建物の売買・交換・**貸借に**関する広告をするときは、取引態様の別を明示しなければなりません。また、宅建業者は、宅地建物の売買・交換・**貸借**に関する注文を受けたときは、遅滞なく、その注文をした者に対し、取引態様の別を明らかにしなければなりません。

これらは別々の義務なので、広告をするときに明示していても、注文を受けたときに改めて明示しなければなりません。このことは、売買・交換だけでなく、貸借についても同様です。

➡ 34条

ウ　正しい。

誇大広告を行った宅建業者は、**監督処分**である指示処分・業務停止処分（情状が特に重いときは免許取消処分）の対象となるほか、6ヵ月以下の**懲役**もしくは100万円以下の**罰金**またはこれの併科に処せられることがあります。

➡ 32条、81条

エ　誤り。貸借➡「契約締結等の時期の制限」の適用なし。

宅建業者は、宅地の造成または建物の建築に関する工事の完了前においては、当該工事に関し必要とされる開発許可・建築確認等の処分があった後でなければ、当該工事に係る宅地建物につき、①自ら当事者としての売買・交換契約の締結、②当事者を代理しての売買・交換契約の締結、③売買・交換の媒介をしてはなりません（契約締結等の時期の制限）。

この**契約締結等の時期の制限**は、記述**ア**の「広告開始時期の制限」とは異なり、**売買と交換だけの制限**ですので、本記述の「貸借」については、適用がありません。

➡ 36条

以上より、誤っているものは**ア・イ・エ**の３つであり、正解は肢**3**となります。

記述**ア**の「広告開始時期の制限」と記述**エ**の「契約締結等の時期の制限」の適用範囲を確認しておきましょう。

ポイントとなるのは、貸借の代理・媒介については、「広告開始時期の制限」は適用されるのに対して、「契約締結等の時期の制限」は適用されない、という点です。

問 32　媒介契約の規制

正解

2

絶対落とすな!
A
重要度

1　誤り。有効期間の更新➡「依頼者の更新の申出＋宅建業者の承諾」の両方が必要。

専任媒介契約及び専属専任媒介契約の有効期間は、**依頼者の申出**により、更新できます。

ただし、契約である以上、依頼者からの更新の申出に加え、**依頼を受けた宅建業者からの承諾**（両者の合意）がなければ、そもそも更新されません。

➡ 宅建業法34条の２

2　正しい。

専属専任媒介契約においては、宅建業者は、依頼者に対し、当該専属専任媒介契約に係る業務の処理状況を、**１週間に１回以上**報告しなければならず、この規定に違反する特約は無効です。

本肢の「Aは、５日ごとに当該専属専任媒介契約に係る業務の処理状況をBに報告する」旨の特約は、「1週間に1回以上」とする規定に違反しないので、有効となります。

➡ 34条の2

3　誤り。専属専任媒介➡指定流通機構への登録は5日以内。

専属専任媒介契約の場合、宅建業者は、当該物件の一定の情報（所在、規模、形質、売買すべき価額等）を、媒介契約締結の日から**5日以内**（**休業日を除く**）に、国土交通大臣の指定する者（指定流通機構）に登録しなければなりません。

➡ 34条の2、施行規則15条の10

4　誤り。媒介契約の規制➡宅建業者間でも適用される。

宅建業者は、宅地・建物の売買または交換の媒介契約を締結したときは、遅滞なく、**媒介契約書面**を作成して**記名押印**し、依頼者に**交付**しなければなりません。

これは、依頼者が宅建業者である場合や、承諾を得た場合も同様です。したがって、Aは、媒介契約書面の交付を省略することができません。

➡ 宅建業法34条の2、78条参照

【肢4に関連して】本問では考慮する必要はありませんが、宅建業者は、媒介契約書面の交付に代えて、依頼者の書面等による承諾を得て、当該書面に記載すべき事項を電磁的方法であって記名押印に代わる措置（一定の要件を満たす電子署名）を講ずるものにより提供することができることを確認しておきましょう。

この場合、宅建業者は、「媒介契約書面に記名押印し、これを交付した」とみなされます。

問 33　媒介契約の規制

『基本テキスト』
2 宅建業法
P294～303

正解

3

1　記載不要。都市計画法その他の法令に基づく制限➡記載不要。

媒介契約書面には、当該宅地または建物に係る都市計画法その他の法令に基づく制限で主要なものを記載する必要はありません。なお、これらは指定流通機構への登録事項です。

➡ 宅建業法34条の2、規則15条の11参照

2　記載不要。建物状況調査実施者のあっせん➡新築の場合は記載不要。

特に重要

媒介契約書面には、建物が「**既存の建物**（中古住宅）」であるときは、依頼者に対する**建物状況調査を実施する者のあっせん**に関する事項を記載しなければなりません。

しかし、「新築住宅」の場合には、記載する必要はありません。

➡ 宅建業法34条の2

3　記載が必要。有効期間・解除➡記載必要。

媒介契約書面には、媒介契約の**有効期間**及び**解除**に関する事項を記載する必要があります。

➡ 34条の2

4　記載不要。価額の意見の根拠➡記載不要。

媒介契約書面には、当該宅地または建物を**売買すべき価額**またはその評価額を記載する必要があります。しかし、当該価額などに意見を述べるときの「根拠」を記載する必要はありません。

➡ 34条の2

【肢4に関連して】売買すべき価額について意見を述べるときは、その根拠を明らかにしなければなりませんが、根拠の明示は口頭でも書面を用いてもよいことになっています。「書面で明示しなければならない」というひっかけに注意しましょう！

問 34 重要事項の説明

『基本テキスト』
2 宅建業法
P304～314

正解

2

ア　違反しない。重要事項の説明を行う場所➡制限なし。

重要事項の説明を行う場所について、特に制限はありません。したがって、事務所ではなく近くのホテルのロビーで行っても、宅建業法に違反しません。

宅建業法35条参照

イ　違反する。重要事項の説明を行う時期➡必ず契約成立前。

宅建業者は、**契約が成立するまでの間**に、宅建士をして、物件を取得しまたは借りようとする者（宅建業者を除く）に対し、重要事項説明書を交付して重要事項の説明をさせなければなりません。したがって、たとえ事前に説明書を買主に郵送し、あらかじめその内容についてDの了承を得ていたとしても、契約締結後に重要事項の説明を行わせたことは、宅建業法に違反します。

35条

ウ　違反する。重要事項の説明➡必ず宅建士証を提示。

宅建士は、重要事項の説明をするときは、説明の相手方に対して、**宅建士証を提示しなければなりません**。したがって、たとえ以前に宅建士証を提示していて、Eからも請求がなかったとしても、宅建士証を提示しなかったことは、宅建業法に違反します。

35条

エ　違反しない。相手方が宅建業者➡重要事項説明書の交付のみでＯＫ。

重要事項の説明は、**相手方が宅建業者**であれば、**宅建士による説明を省略**できます。したがって、重要事項説明書の交付自体をしたうえで、宅建士による重要事項の説明を省略したことは、宅建業法に違反しません。

35条、78条参照

以上より、違反しないものは、**ア・エ**の２つであり、正解は肢**2**となります。

本問では考慮する必要はありませんが、宅建業者は、重要事項説明書の交付に代えて、交付の相手方の書面等による承諾を得て、電磁的方法で提供することができることを確認しておきましょう。この場合、宅建業者は、「重要事項説明書を交付した」とみなされます。

問 35 37条書面

『基本テキスト』
2 宅建業法
P316～319

正解

3

ア　誤り。不可抗力による損害の負担に関する事項➡定めがない場合は記載不要。

天災その他不可抗力による損害の負担に関する事項は、**定めがある場合**は37条書面に記載しなければなりませんが、定めがない場合は記載する必要がありません（任意的記載事項）。

宅建業法37条

イ　誤り。借賃以外の金銭の額等➡重要事項説明書に記載があっても省略不可。

宅地・建物の貸借の媒介を行う場合において、**借賃以外の金銭の授受に関する定めがあるとき**は、その**額・授受の時期・授受の目的**を37条書面に記載しなければなりません（任意的記載事項）。

重要事項説明書に同一の内容が記載されていたとしても、37条書面への記載を省略できません。

37条

ウ　誤り。既存建物の構造耐力上主要な部分等の状況➡貸借の場合、記載不要。

既存の建物（中古建物）の「**売買・交換**」の場合、**建物の構造耐力上主要な部分等の状況について当事者の双方が確認した事項**を37条書面に記載しなければなりません（必要的記載事項）。このことは、マンションの場合も同じです。

これに対して、「貸借」の場合には、当該事項を記載する必要はありません。

37条

以上より、誤っているものは**ア・イ・ウ**の３つであり、正解は肢**3**となります。

本問では考慮する必要はありませんが、宅建業者は、37条書面の交付に代えて、交付の相手方の書面等による承諾を得て、電磁的方法で提供することができることを確認しておきましょう。この場合、宅建業者は「37条書面を交付した」とみなされます。

問 36　37条書面

『基本テキスト』2 宅建業法 P316～319

正解

2

絶対落とすな! A 重要度

ア　記載不要。報酬に関する事項➡記載不要。

報酬に関する事項は、37条書面に記載不要です。なお、これは媒介契約書面の記載事項です。　宅建業法34条の2、37条

イ　記載不要。租税その他の公課の負担に関する定め➡貸借の場合、記載不要。

宅地・建物の「**売買・交換契約**」において当該宅地・建物に係る租税その他の公課の負担に関する**定めがあるとき**は、その内容を、37条書面に必ず記載しなければなりません（任意的記載事項）。しかし、「**貸借**」の場合には、**記載不要**です。　37条

ウ　記載が必要。借賃の額・支払時期・支払方法➡記載が必要。

「**借賃の額**」「その**支払の時期・方法**」は、37条書面に**必ず記載**しなければなりません（必要的記載事項）。　37条

エ　記載が必要。契約の解除に関する定め➡記載が必要。

契約の解除に関する**定めがあるとき**は、その内容を、37条書面に必ず記載しなければなりません（任意的記載事項）。　37条

以上より、必ず記載しなければならない事項は**ウ・エ**の2つであり、正解は肢**2**となります。

37条書面の記載事項については、まずは「必要的記載事項」を最優先で覚え、その後、「任意的記載事項」を徐々に覚えていきましょう。

問 37　重要事項の説明・37条書面

『基本テキスト』2 宅建業法 7章・8章

正解

3

絶対落とすな! A 重要度

1　誤り。総会の議決権に関する事項➡重説・37条書面の記載事項ではない。

宅建業者は、マンションの1戸の売買の媒介を行う場合、管理組合の総会の議決権に関する事項について、重要事項として説明をする必要はありません。また、37条書面に記載する必要もありません。　宅建業法35条、施行規則16条の2、宅建業法37条

2　誤り。重要事項説明時の宅建士証の提示義務違反➡10万円以下の過料。

宅建士は、**重要事項の説明**をする際は、相手方からの**請求がなくても**、必ず**宅建士証を提示**しなければなりません。

この提示義務に違反した場合は、**監督処分**の対象となるほか、10万円以下の**過料**に処せられることがあります。　35条、68条、86条

3　正しい。

37条書面には宅建士の記名が必要ですが、37条書面の作成自体は、宅建士以外の者が行っても構いません。　37条

4　誤り。37条書面交付の電磁的方法による提供➡口頭による承諾では不可。

宅建業者は、37条書面の交付に代えて、交付の相手方の**書面等による承諾**を得て、37条書面に記載すべき事項を**電磁的方法で提供**することができ、この場合、37条書面を交付したものとみなされます。

この「書面等による承諾」とは、例えば、書面や電子メール等による承諾をいい、

口頭による承諾を含みません。したがって、「口頭による承諾」を得ても、37条書面の交付に代えて電磁的方法により提供することはできません。 ➡ 37条

問 38 クーリング・オフ

『基本テキスト』2 宅建業法 P323〜327

正解

4

1 **誤り。代金の一部が未払い➡クーリング・オフ可。**

物件の**引渡しを受け、かつ、代金全部を支払った**場合であれば、クーリング・オフ制度は適用されません。

本肢の場合、代金の一部が未払いであるので、この適用除外事由にはあたらず、買主は、原則どおり、クーリング・オフができる旨等を、売主から書面で告げられた日から起算して8日を経過するまでは、クーリング・オフによる契約解除ができます。 ➡ 宅建業法37条の2

2 **誤り。クーリング・オフの告知義務はない。**

宅建業者は、クーリング・オフができる旨及びその方法を買主に告知する義務を負っているわけではありません。書面により告知しない場合は、8日間のクーリング・オフ期間がいつまでたっても起算しないという不利益を、宅建業者側が受けるだけです。 ➡ 37条の2

3 **誤り。「売主・代理・媒介」以外の業者の事務所で契約➡クーリング・オフ可。**

クーリング・オフ制度が適用除外となる「事務所」は、「売主業者・代理業者・媒介業者」が設置したものに限られるので、「**売主**業者・**代理**業者・**媒介**業者」**以外**の宅建業者の**事務所**で**買受けの申込み**や**売買契約の締結**をした場合には、原則どおり、クーリング・オフ制度が適用されます。

本肢の場合、単に知り合いである宅建業者の事務所で売買契約を締結しているので、買主は、原則どおり、クーリング・オフができる旨等を売主から書面で告げられた日から起算して8日を経過するまでは、クーリング・オフによる契約解除ができます。 ➡ 37条の2、施行規則16条の5

4 **正しい。**

クーリング・オフの**規定に反する特約**で**申込者等に不利**なものは、**無効**とされています。クーリング・オフができる旨等を売主から書面で告げられた日から起算して8日を経過するとクーリング・オフができなくなりますが、この「8日」を「2週間」に伸長する特約は、クーリング・オフの規定より買主に不利なものではなく、有効です。

したがって、Bは、契約締結日から10日後であっても、クーリング・オフによる契約解除ができます。 ➡ 宅建業法37条の2

クーリング・オフができなくなる場合については、「①**場所**➡②**時期**➡③**履行段階**」という3つの視点で再確認しておきましょう！

問39 手付金等の保全措置

『基本テキスト』
2 宅建業法
P331～334

正解

4

絶対落とすな!

1 誤り。代金に充当される申込証拠金も、保全が必要

保全措置の対象となる「手付金等」とは、代金の全部または一部として授受される金銭及び手付金その他の名義をもって授受される金銭で**代金に充当**されるものであって、**契約の締結の日以後**、物件の**引渡し前**に支払われるものです。

契約の締結前に授受される申込証拠金も、契約締結後に代金に充当される場合には、「手付金等」に該当します。本肢では、手付金と申込証拠金の合計額が、代金額の５％を超えるので、申込証拠金についても保全措置が必要となります。

➡ 宅建業法41条

2 誤り。指定保管機関による保管➡完成物件のみOK。

手付金等の保全措置の方法として、「**指定保管機関による保管措置**」を選択することができるのは、**完成物件の場合だけ**です。未完成物件の場合は、この方法を用いることができません。

➡ 41条、41条の2

3 誤り。買主が登記を備えれば、手付金等の保全措置は不要。

買主への所有権移転の登記がなされたとき、または**買主が所有権の登記**をしたときは、手付金等の保全措置を講ずる必要はありません。

➡ 41条

4 正しい。

未完成物件の場合には、受領しようとする手付金等の額が、代金額の**5%**または**1,000万円を超える**ときは、宅建業者が供託している営業保証金の額とは無関係に、保全措置を講ずる必要があります。

➡ 41条、施行令3条の5

問40 8種制限・総合

『基本テキスト』
2 宅建業法
P320～336

正解

2

絶対落とすな!

1 正しい。

特に重要

宅建業者が自ら売主となる宅地・建物の売買契約において、宅建業者は、契約の締結に際して、そもそも代金額の**2／10を超える**額の**手付**を受領することができません。したがって、買主Bが手付の放棄により契約の解除をした場合、Aは、Bに対して、解約手付として支払った1,000万円のうち200万円を、不当利得として返還しなければなりません。

➡ 宅建業法39条、民法704条

2 誤り。損害賠償額の予定・違約金➡合算して代金額の２割以内。

損害賠償の額を予定し、または**違約金を定める**ときは、これらを**合算**した額が代金の額の**2／10を超える**こととなる定めをしてはならず、この規定に反する特約は、代金の額の２／10を**超える部分について無効**となります。

したがって、損害賠償と違約金を合計した額は、「4,000万円×２／10＝800万円」となります。代金の額の３／10にあたる1,200万円ではありません。

➡ 宅建業法38条

3 正しい。

宅建業者は、自ら売主となる割賦販売契約について賦払金の支払がない場合であっても、30日以上の相当の期間を定めて書面で催告し、その期間内に支払がないときでなければ、契約を解除しまたは支払時期の到来していない賦払金の支払を請求することができません。これに反する特約は、無効となります。

したがって、「催告なしに解除または支払時期の到来していない割賦金の支払を請求できる」と定めた本肢の契約書の条項は、無効です。

➡ 42条

4 正しい。

宅建業者は、自ら売主として割賦販売契約を行った場合には、当該割賦販売に係る宅地建物を買主に引き渡すまでに、登記その他引渡し以外の売主の義務を履行しなければなりませんが、代金額の３／10を超える額の金銭の支払を受けていない場合には所有権留保等（登記移転の留保等）が認められます。

しかし、本肢では、Aは、代金額の３／10に当たる1,200万円を超える額の支払を受けているので、原則としてこの履行義務を免れることはできません。 ➡43条

８種制限の問題では、「売主＝業者、買主＝非業者」にあてはまるか否かを、まずは必ずチェックしましょう。**買主が宅建業者**である場合には「**８種制限は適用なし**」です。

問 41 業務上の諸規制

正解

4

ア 違反する。故意がなくても、「断定的判断の提供禁止」に違反する。

特に重要

宅建業者等は、宅建業に係る契約の締結の勧誘をするに際し、宅建業者の相手方等に対し、**利益を生ずることが確実であると誤解させるべき断定的判断を提供**する行為をしてはなりません。

例えば、「２～３年後には、物件価格の上昇が確実である」「この物件を購入したら、一定期間、確実に収入が得られる。損はしない」などと告げることにより勧誘する場合が該当します。また、本規定は、**故意であることを要しません**。

➡宅建業法47条の２、宅建業法の解釈・運用の考え方

イ 違反する。「必ず開通する」等の断定的判断の提供は禁止。

宅建業者等は、宅建業に係る契約の締結の勧誘をするに際し、宅建業者の相手方等に対し、当該契約の目的物である宅地・建物の**将来の環境・交通その他の利便について誤解させるべき断定的判断を提供**してはなりません。

例えば、「将来南側に５階建て以上の建物が建つ予定は全くない」「○○の位置には、国道が２～３年後に必ず開通する」というような判断を断定的に提供することが該当します。また、本規定は、**故意であることを要しません**。

➡宅建業法47条の２、施行規則16条の11、宅建業法の解釈・運用の考え方

ウ 違反する。事実を歪めて告げることは禁止。

宅建業者等は、宅建業に係る契約の締結の勧誘をするに際し、宅建業者の相手方等に対し、**正当な理由なく、当該契約を締結するかどうかを判断するために必要な時間を与えることを拒んではなりません**。

例えば、契約の相手方が「契約の締結をするかどうかしばらく考えさせてほしい」と申し出た場合において、事実を歪めて「明日では契約締結はできなくなるので、今日しか待てない」と告げることが該当します。

➡宅建業法47条の２、施行規則16条の11、宅建業法の解釈・運用の考え方

エ 違反する。契約を締結しない旨の意思表示後の勧誘継続は禁止。

宅建業者等は、宅建業に係る契約の締結の勧誘をするに際し、宅建業者の相手方等が当該**契約を締結しない旨の意思**（**当該勧誘を引き続き受けることを希望しない旨の意思**を含む）**を表示**したにもかかわらず、**当該勧誘を継続してはなりません**。

➡宅建業法47条の２、施行規則16条の11

以上より、宅建業法の規定に違反するものは**ア・イ・ウ・エ**の４つであり、正解は肢**４**となります。

問42 報酬額の制限

正解

1

合否の分かれめ
B
重要度

ア　報酬限度額は231万円。交換の場合は「高いほうの価額」が基準。

交換の媒介・代理について、宅地・建物の価額に差があるときは、**いずれか額の多いほうを基準**として計算します。

したがって、交換の代理の本記述の場合、消費税の課税事業者（消費税10%を加算）であるAが、Bから受領できる報酬の限度額は、「(3,300万円**×3%+6万円**）**×2**＝210万円」➡「210万円**×1.1**＝231万円」となります。 ➡宅建業法46条、報酬告示第2・第3

イ　報酬限度額は237万6,000円。宅地の価額には消費税は含まれない。

建物の消費税抜きの価格（本体価格）は、「2,200万円÷**1.1**＝2,000万円」となるため、報酬の算定基準となる代金の額は、宅地の5,000万円とあわせて7,000万円となります。

したがって、売買の媒介の本記述の場合、消費税の課税事業者であるAがDから受領できる報酬の限度額は、「(7,000万円**×3%+6万円**）**×1.1**＝237万6,000円」となります。 ➡宅建業法46条、報酬告示第2

ウ　報酬限度額は250万8,000円。1／2ずつ受領するので、最後に1／2を掛ける。

売買の媒介である本記述の場合、消費税の課税事業者であるAとEが受領できる報酬の限度額は、「(1億5,000万円**×3%+6万円**）**×1.1**＝501万6,000円」となります。Aは、それを、Eと1／2ずつ受領したのですから、「250万8,000円」となります。 ➡宅建業法46条、報酬告示第2

以上より、報酬の最高限度額を少ない順に並べると「**ア➡イ➡ウ**」であり、正解は肢**1**となります。

講師陣のアドバイス

売買・交換の場合の「**報酬計算の手順は3段階**」と覚えておきましょう！

第1段階	税込価格の場合、税抜きの本体価格求める➡「税込価格÷1.1」			
第2段階	次の「**速算式**」を利用して計算する※			
	①200万円以下の場合		代金額×5%	
	②200万円超～400万円以下の場合		代金額×4%+2万円	
	③400万円超の場合		代金額×3%+6万円	
	1つの取引での合計限度額		速算式×2	
	依頼者の一方から受領できる限度額		媒介の場合	速算式
			代理の場合	速算式×2
第3段階	課税事業者	「第2段階で算出した額」	×1.1	＝受領限度額
	免税事業者		×1.04	

※：交換の場合は、評価額のうち「**高いほう**」を代金額にあてはめて、売買の場合と同様に計算する。

問43 業務上の諸規制

正解

2

絶対落とすな！
A
重要度

1　正しい。

宅建業者は、その**事務所ごとに**、**従業者名簿**を備えなければなりません。従業者名簿を備えない場合には、**監督処分**（指示処分・業務停止処分）の対象となるほか、50万円以下の**罰金**に処せられることがあります。 ➡宅建業法48条、65条、83条

2　誤り。従業者証明書➡宅建士証で代用不可。

宅建業者は、その従業者に、**従業者であることを証する証明書**を携帯させなければ、その者を業務に従事させてはなりません。これは、**宅建士証で代用することはできません**。 ➡48条

3　正しい。

宅建業者は、その事務所ごとに、その業務に関する帳簿を備え、宅建業に関し取引のあったつど、その年月日など一定事項を記載しなければなりませんが、帳簿に

記載すべき事項が、**電子計算機に備えられたファイルまたは電磁的記録媒体**（例えば、事務所のＰＣのハードディスクなど）**に記録**され、必要に応じ当該事務所において**電子計算機その他の機器**（例えば、ＰＣ・プリンターなど）**を用いて明確に紙面に表示**されるときは、その記録で**帳簿への記載に代える**ことができます。

➡ 49条、施行規則18条

4 正しい。
宅建業者は、その**事務所ごとに**、公衆の見やすい場所に**標識**を掲げなければなりません。そして、この標識には、その事務所に置かれている**成年者である専任の宅建士の氏名**も記載されます。 ➡ 宅建業法50条、施行規則19条

問 44 監督処分・罰則

正解
3

1 正しい。
国土交通大臣または都道府県知事は、その免許を受けた宅建業者が、免許を受けてから**1年以内に事業を開始せず**、または**引き続いて1年以上事業を休止**したときは、**免許を取り消さなければなりません**（必要的免許取消処分）。 ➡ 宅建業法66条

2 正しい。
「**国土交通大臣**」は「**すべての宅建業者**」に対して、宅建業の適正な運営を確保し、または宅建業の健全な発達を図るため必要な指導・助言・勧告ができます。
なお、都道府県知事が、指導・助言・勧告できるのは、当該都道府県の区域内で宅建業を営む宅建業者に対してのみです。 ➡ 71条

3 誤り。指示処分➡公告不要。
都道府県知事は、指示処分をしたときは、遅滞なく、その旨を、宅建業者が国土交通大臣の免許を受けた者であるときは国土交通大臣に報告し、他の都道府県知事の免許を受けた者であるときはその都道府県知事に通知しなければなりません。
しかし、**指示処分**の場合には、業務停止処分・免許取消処分の場合と異なり、当該都道府県の公報またはウェブサイトへの掲載その他の適切な方法により**公告を行う必要はありません。** ➡ 70条、施行規則29条参照

4 正しい。
法人の代表者または代理人、使用人その他の従業者が、その法人の業務に関し、宅建業法47条１号に掲げる行為（**重要な事項に関する不告知等**）をしたときは、その行為者（法人の代表者または代理人・使用人・その他の従業者）を罰するほか、その**法人**に対しても１億円以下の罰金刑を科する場合があります（両罰規定）。

➡ 宅建業法84条、79条の2、47条

問 45 住宅瑕疵担保履行法

『基本テキスト』
2 宅建業法
P380～385

正解
3

合否の分かれめ
B
重要度

1 誤り。買主が宅建業者➡資力確保措置を講じる義務を負わない。
宅建業者は、自ら売主として新築住宅の売買契約を締結し、住宅を引き渡す場合は、その住宅についての瑕疵担保責任を確実に履行できるようにするため、原則として、一定の資力確保措置を講じる義務を負います。
しかし、**買主が宅建業者**である場合には、**資力確保措置を講じる義務を負いません。** ➡ 住宅瑕疵担保履行法11条、2条

2 誤り。責任保険契約➡保険料支払を約するのは、売主である宅建業者。
住宅販売瑕疵担保責任保険契約は、新築住宅の買主ではなく、**売主**である宅建業者が**保険料を支払う**ことを約するものでなければなりません。 ➡ 2条

3　正しい。

　住宅販売瑕疵担保責任保険契約は、国土交通大臣の承認を受けた場合を除き、変更・解除ができません。 ➡ 2条

4　誤り。新築住宅の売買契約の制限➡基準日の翌日から50日経過した日以後。

　宅建業者が資力確保措置の状況についての届出をしない場合に、新たに自ら売主として新築住宅の売買契約を締結できなくなくなるのは、「当該基準日以後」ではなく、「当該基準日の**翌日**から起算して**50日を経過した日以後**」です。 ➡ 13条

最低限、「肢1・2・4が誤りだから、正解肢は肢3！」と、消去法で正解肢を絞り込んでほしい問題です。肢3は細かい知識なので後回しで構いませんが、それ以外の肢については確実に覚えておきましょう。

問 46　住宅金融支援機構

正解　3

合否の分かれめ　**B**　重要度

1　正しい。

　機構は、民間金融機関が貸し付けた住宅ローンについて、**住宅融資保険**を引き受けます。 ➡ 住宅金融支援機構法13条

2　正しい。

　機構は、証券化支援事業（買取型）において、**金融機関が貸し付けた住宅ローンの債権を買い取る**ことができます。金融機関には、**銀行**・保険会社・農業協同組合・信用金庫・信用組合などが含まれます。

➡ 13条、住宅金融支援機構の業務運営・財務及び会計に係る省令40条

3　誤り。高齢者向け返済特例制度➡機構による直接貸付けの場合のみ。

　証券化支援事業（保証型）においては、債務者本人の死亡時に一括して借入金の元金を返済する制度（**高齢者向け返済特例制度**）はありません。**機構が直接貸付けをした場合に限られます**。 ➡ 業務方法書24条

4　正しい。

　機構は、譲り受けた貸付債権に係る建築物・土地について、原則として、当該貸付債権に係る貸付けを受けた者に、機構のために第１順位の抵当権を設定させることとしています。 ➡ 8条

肢3に関連して、住宅金融支援機構が**例外的に直接貸付け**を行うことができる場合を、しっかりと確認しておきましょう！

問 47　景品表示法（公正競争規約）

『基本テキスト』
5 5問免除科目
P572～578

正解　4

絶対落とすな！　**A**　重要度

1　誤り。面積割合を問わず、「高圧電線路下にある旨」「おおむねの面積」の両方を表示。

　土地の全部または一部が高圧電線路下にある場合には、**その旨**及びその**おおむねの面積を表示**しなければなりません。

　本肢のように、「おおむね50％以上が高圧電線路下にある場合に限り」という限定はなく、また、そもそも「実測面積」を表示する必要もありません。

➡ 表示規約施行規則７条

2　誤り。徒歩所要時間➡「道路距離」80mにつき１分間を要するとして表示。

特に重要

　徒歩による所要時間は、「**道路距離**」**80mにつき１分間**を要するとして算出した数値を表示しなければなりません。「直線距離」ではありません。

　なお、この場合で、１分未満の端数が生じたときは、「１分として算出」します。 ➡ 9条

3　誤り。未使用でも、建築工事完了後1年未満でなければ、「新築」の表示は不可。

新築とは、**建築工事完了後1年未満**であって、**居住の用に供されたことがない**ものをいいます。したがって、建築工事完了後2年を経過している場合には、居住の用に供されたことがなかったとしても、新築との表示はできません。 ➡表示規約18条

4　正しい。

住宅の居室等の広さを畳数で表示する場合においては、畳1枚当たりの広さは「**1.62㎡**（各室の壁心面積を畳数で除した数値）**以上**の広さがある」という意味で用います。 ➡表示規約施行規則9条

肢2・3は、過去に何度も問われている内容です。数字を含め、確実に正誤の判断ができるように覚えておきましょう。

問48　土地・建物の統計

『基本テキスト』
5 5問免除科目
P604～606

正解

1

1　正しい。

特に重要

令和5年1月以降の1年間の地価は、**三大都市圏平均**では、全用途平均・住宅地・商業地のいずれも3年連続で**上昇**し、**上昇率が拡大**しています。また、**地方圏平均**でも、全用途平均・住宅地・商業地のいずれも3年連続で**上昇**しています（全用途平均・商業地は上昇率が拡大し、住宅地は前年と同じ上昇率となった）。

したがって、三大都市圏平均及び地方圏平均のいずれについても、「全用途平均、住宅地、商業地のいずれも3年連続で上昇した」というのは、正しい記述です。

➡令和6年地価公示

2　誤り。総住宅数➡調査開始以来、一貫して「増加」。

令和5年10月1日現在における我が国の総住宅数は6,502万戸と、前回の調査（5年に1度実施）である平成30年と比べ、4.2％（261万戸）の増加となっています。

なお、総住宅数はこれまで一貫して増加が続いており、過去最多となりました。

➡「令和5年住宅・土地統計調査（集計速報）結果」（総務省統計局）

3　誤り。令和5年の新設住宅着工戸数➡全体で減少。

令和5年の新設住宅着工戸数は、令和4年と比較して、**持家**、**貸家**及び**分譲住宅**が**減少**したため、**全体**で**減少**となっています。したがって、「令和4年と比較すると増加した」とする点が誤りです。

なお、近年の新設住宅着工戸数（全体）は、令和5年は約82.0万戸、令和4年は約86.0万戸、令和3年は約85.6万戸、令和2年は約81.5万戸となっているので、「令和3年の新設住宅着工戸数を下回っていた」とする点は、正しい記述です。

➡建築着工統計調査報告（令和5年計）

4　誤り。令和4年度の不動産業の経常利益➡前年度比2.0％減少。

令和4年度における**不動産業の経常利益**は、約5兆9,000億円（5兆9,392億円）と、前年度比で2.0％「**減少**」しました（3年度ぶりの「減少」）。

なお、令和4年度における不動産業の売上高も、約46兆3,000億円（46兆2,682億円）と、前年度比で4.8％「減少」しました。 ➡年次別法人企業統計調査（令和4年度）

問49 土地

正解

3

1 適当。

深層崩壊とは、山体岩盤の深いところに亀裂が生じ、巨大な岩塊が一挙に滑落し、山間の集落などに甚大な被害を及ぼす現象です。この深層崩壊の現象は、発生する頻度は低いといえますが、山間地に住宅を建築する場合は、過去に深層崩壊の現象があったことが知られた地域では、これを念頭に置く必要があります。

2 適当。

宅地予定地周辺の擁壁や側溝、道路等にひび割れが見られる場合、**地すべり**が活動している（土地の一部が移動しつつある）可能性が高いです。

3 最も不適当。砂質土からなるのり面は、地表水による浸食に「弱い」。

まさ・しらす・山砂・段丘砂礫などの主として**砂質土からなるのり面**（切土や盛土などの傾斜面）は、いずれも地表水による浸食に比較的「**弱く**」、簡易な排水施設の設置により安定を図ることは難しいといえます。

4 適当。

宅地の地盤条件は過去の地形とも関係するので、過去にいかなる地形であったかについて、**過去の地形図**（旧版地図）や古地図等で確認することが必要です。

問50 建物

正解

2

後回しOK! 難問

C

重要度

1 適当。

建築物の基礎は、建築物に作用する荷重及び外力を安全に地盤に伝え、かつ、地盤の沈下または変形に対して構造耐力上安全なものとしなければなりません。

建築基準法施行令38条

2 最も不適当。引張り力を負担する筋かいには、木材の使用も可。

木造建築物においては、引張り力を負担する筋かいには、厚さ1.5cm以上で幅９cm以上の木材または径９mm以上の鉄筋を使用しなければなりません。したがって、筋かいには、木材を使用することもできます。

45条

3 適当。

木造建築物においては、圧縮力を負担する筋かいは、原則として厚さ３cm以上で幅９cm以上の木材を使用しなければなりません。

45条

4 適当。

構造耐力上主要な部分である壁・柱・横架材を木造とした建築物にあっては、すべての方向の水平力に対して安全であるように、原則として、各階の張り間方向及び、けた行方向に、それぞれ壁を設けまたは筋かいを入れた軸組を釣合い良く配置しなければなりません。

46条

第3回
［解答・解説］

法改正・新傾向対策模試

【得点目標 **34点**】

★ 出題項目・正解一覧
★ 実力判定表
★ 講　評
★ 解　説

日建学院

第3回　法改正・新傾向対策模試（得点目標…34点）

※「問46 ～ 50」の5問は、登録講習修了者は免除されます。

分野	問題番号	項目	正解	重要度	Check
権利関係	1	民法（判決文問題-民法総合）	3	B	□□
	2	民法（意思表示）	4	A	□□
	3	民法（時効）	4	B	□□
	4	民法（抵当権-法定地上権）	4	B	□□
	5	民法（保証・連帯保証等）	3	C	□□
	6	民法（債権譲渡）	3	B	□□
	7	民法（弁済・相殺）	1	A	□□
	8	民法（売買契約・請負契約）	3	A	□□
	9	民法（不法行為）	2	A	□□
	10	民法（相続）	2	B	□□
	11	借地借家法（借地関係）	2	A	□□
	12	借地借家法（借家関係）	2	B	□□
	13	区分所有法	1	A	□□
	14	不動産登記法	2	B	□□
法令上の制限	15	都市計画法（都市計画の内容）	1	C	□□
	16	都市計画法（開発許可制度）	4	A	□□
	17	建築基準法	1	C	□□
	18	建築基準法（集団規定）	1	B	□□
	19	宅地造成・盛土等規制法	1	A	□□
	20	土地区画整理法	3	B	□□
	21	農地法	4	A	□□
	22	国土利用計画法	1	C	□□
税・価格の評定	23	所得税（住宅ローン控除）	3	B	□□
	24	固定資産税	1	A	□□
	25	地価公示法	3	A	□□
宅建業法	26	宅建業の免許	2	B	□□
	27	宅建業の免許	2	A	□□
	28	宅建士	1	A	□□
	29	宅建士	2	A	□□
	30	営業保証金	4	A	□□
	31	業務上の諸規制	1	A	□□
	32	媒介契約の規制	1	A	□□
	33	媒介契約の規制	2	B	□□
	34	重要事項の説明	4	B	□□
	35	重要事項の説明	3	A	□□
	36	重要事項の説明	1	A	□□
	37	37条書面	2	A	□□
	38	クーリング・オフ	3	A	□□
	39	８種制限・総合	3	A	□□
	40	手付金等の保全措置	1	A	□□
	41	報酬額の制限	3	B	□□
	42	業務上の諸規制	4	A	□□
	43	案内所等の規制	2	A	□□
	44	監督処分	3	B	□□
	45	住宅瑕疵担保履行法	2	A	□□
5問免除※	46	住宅金融支援機構	3	B	□□
	47	景品表示法（公正競争規約）	1	B	□□
	48	土地・建物の統計	3	A	□□
	49	土地	3	A	□□
	50	建物	1	B	□□

【実力判定表】

「Ⓐ」（**分野別**）と「Ⓑ」（**重要度別**）の両方で、**目標点超え**を目指しましょう！

Ⓐ「分野」別の得点目標と「あなたの得点」の比較

権利関係	法令上の制限	税・価格の評定	宅建業法	5問免除
14問中　点	8問中　点	3問中　点	20問中　点	5問中　点
目標 8点	目標 4点	目標 2点	目標 17点	目標 3点

➡

総合得点
計50問中　点
目標 34点

Ⓑ「重要度」別の得点目標と「あなたの得点」の比較

重要度A	重要度B	重要度C
28問中　点	18問中　点	4問中　点
目標 28点	目標 6点	目標 0点

➡

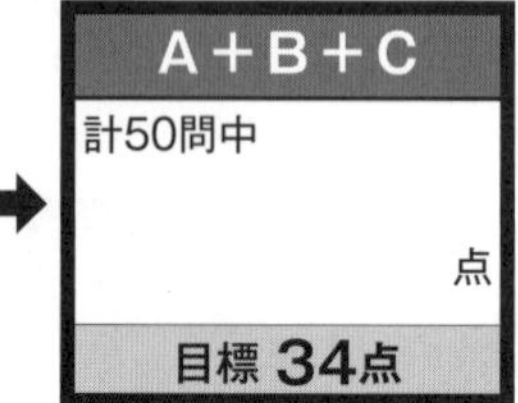

A＋B＋C
計50問中　点
目標 34点

［再チャレンジ!］

1回目	2回目
計50問中　点	計50問中　点
目標 34点	

講評　この回での「得点戦略」ガイダンス

第3回　法改正・新傾向対策模試【得点目標 34点】

今回の目標　～「新時代」の勝者であれ。ここから未来へ旅立とう!!～

「**過去問を制する者は宅建試験を制す！**」それは**揺るぎない真実**です。ただ、法制度が目まぐるしく変動する昨今。**法改正の学習が不十分な受験生**は、冷酷な事実として「**あと１点の壁**」に苦悶します。また、「判決文問題・個数問題」のような“**重厚な問題**”の対局として、**極端に短い選択肢**や表現がぶっきらぼうで愛想がない“**貧相な問題**”を混ぜることが**トレンド**です。また、**過去未出題のテーマ**が突如投げ込まれるなんてことも…。そこで今回は、“**新ネタてんこ盛り祭り**”です。**初物に対する対応力**を鍛えましょう！

各分野の「得点戦略」

● **「権利関係」　得点目標…8点／14問**（重要度A＝６問、重要度B＝７問、重要度C＝１問）

【問１】（判決文問題）は、関連する条文知識（肢２）を**ジョーカー**として混ぜ込んだ“今流”です（ジョーカーが滅多に正解とならないのは、**公然の秘密**）。また、**【問２】**（意思表示）、**【問３】**（時効）、**【問５】**（保証・連帯保証等）、**【問７】**（弁済・相殺）、**【問10】**（相続）、**【問14】**（不動産登記法）で出題した知識は、近年の未出題の法改正点、要注目です！ここまで磨いた解答センスで、「**Aランク**」**６問**に「**Bランク**」の**２問**を加えた**８点**を守り抜きましょう。

● **「法令上の制限」　得点目標…4点／8問**（重要度A＝３問、重要度B＝２問、重要度C＝３問）

【問17】（全肢）と**【問18】**（肢２）は、建築基準法の改正点からの出題です。やや細かい内容もありますが、しっかり目を通しておきましょう。また、**【問19】**（宅地造成・盛土等規制法）では、特に今回は**改正前にはそもそも規定がなかった**「**完全新ネタ**」からの出題、**復習必須**です！ 改正点からの出題がこれだけ多いと点数を積み上げにくいですが、「**Aランク**」**３問**＋「**Bランク**」２問中の**１問**で、最低でも**４点**は勝ち取りましょう！

● **「税・価格の評定」　得点目標…2点／3問**（重要度A＝２問、重要度B＝１問）

固定資産税や地価公示法は今年のヤマですが、悩ましいのは、“指定席”が**【問23】**の「**国税**」です。出題確率の予想という点では、今回のように改正があった「住宅ローン控除」でも、贈与税・登録免許税・印紙税と横イチです。ヤマの張りすぎは危険なので、国税は、他のテーマもひととおり学習しておきましょう。ここでは**【問24】**（固定資産税）、**【問25】**（地価公示法）の「**Aランク**」**２問**を確実に拾えればOKです！

● **「宅建業法」　得点目標…17点／20問**（重要度A＝15問、重要度B＝５問）

昨年は、「**書面交付の電磁的方法による提供での代替**」に関する法改正が、満を持して出題されました。しばらくは、**宅建業法の注目テーマ**であり続けるはずですので、今回は**【問32】**（媒介契約）、**【問34】**（重要事項説明）などに絡めて出題しました。再確認しましょう。宅建業法は高得点必須ですが、「Aランク」は15問だけと若干厳しめ…。得点目標は「**Aランク**」**全部**＋「**Bランク**」５問中の**２問**＝「**17点**」です。

● **「５問免除」　得点目標…3点／5問**（重要度A＝２問、重要度B＝３問）

【問47】（景品表示法）の**肢１・３・４**は、近年の改正点のうち、**昨年未出題の内容**、チェックしましょう。また、**【問48】**（統計）では、第２回に引き続き、出れば儲けものの「土地統計調査結果」から出題しました（肢２）。得点目標は、「**Aランク**」**２問**に「**Bランク**」３問中の**１問**（重要改正が絡む**【問46・47】**で得点したい！）を加えた**３点**です。

「第３回模試」全体の合格戦略

初見に近い不愛想な内容のオンパレードで、かつ、受験生泣かせの「**個数問題**」が**9問**（すべて宅建業法）もあるため、**34点獲得できれば十分**です。目標得点に到達できなかった方も、呆然としているヒマはありません。とにかく**宅建業法を中心**に、**基本知識の精度**を上げることに全力を尽くしましょう！　あいまいな知識は有害無益。厳しい「○×の判断」を迫られる“本試験の現場”では、**精度の高い基本知識**だけがあなたを救います。知識の正確性を高めたうえで、今回のメインテーマである**改正点の知識・新傾向からの出題**に目配りができれば、**合格はもう目前**。ご自身の底知れぬパワーを信じて、**最後まで頑張りましょう！**

問 1　民法（判決文問題-民法総合）

正解

3

合否の分かれめ B 重要度

「最高裁判所平成15年12月９日判決」を素材とする問題です。本事案は、平成７年１月17日の阪神・淡路大震災の発生後に生じた火災の延焼を受けて所有する建物・家財等を失った火災保険契約の申込者（本判決文では被上告人）が、保険会社（本判決文では上告人）に対して、①火災保険契約に基づく火災保険金の支払、②精神的苦痛に対する慰謝料として地震保険金相当額から保険料相当額を控除した差額金の支払などを求めたものです。

1　正しい。

本判決文の第１文に「特段の事情が存しない限り、これをもって慰謝料請求権の発生を肯認し得る違法行為と評価することはできない」という記述があります。

このことは、逆にいえば、火災保険契約の申込者は、「特段の事情が存すれば、慰謝料を請求できる可能性がある」ことになります。

➡ 判決文

2　正しい。

故意または過失によって他人の権利または法律上保護される利益を侵害した者は、これによって生じた損害を賠償する責任を負います（不法行為による損害賠償）。他人の身体・自由・名誉を侵害した場合または他人の財産権を侵害した場合のいずれであるかを問わず、不法行為による損害賠償の規定により損害賠償の責任を負う者は、**財産以外の損害**（一般的に、**慰謝料など精神的損害**のこと）に対しても、その賠償をしなければなりません。

本判決文に記述はありませんが、本判決文が前提とする民法の規定の内容です。

➡ 民法710条、709条

3　誤り。火災保険締結時に地震保険の情報提供等をすべき信義則上の義務はない。

本肢の内容は、本判決が否定した原審（大阪高等裁判所）が判示したものです。

原審は、「保険会社が、火災保険締結の際に、地震保険に関する事項についての情報提供や説明をすべき信義則上の義務があるというべき」としています。それを、最高裁は、本判決で上記義務を否定しています。

本問の引用部分に明確な記述はありませんが、本判決文第１文の「これをもって慰謝料請求権の発生を肯認し得る違法行為と評価することはできない」等の記述から、少なくとも、最高裁が上記義務を肯定していないことが推認できます。

➡ 判決文

4　正しい。

本判決文の「（中略）」部分の記述です。

本判決文第１文の「仮に保険会社側からの情報の提供や説明に何らかの不十分、不適切な点があったとしても、特段の事情が存しない限り、これをもって慰謝料請求権の発生を肯認し得る違法行為と評価することはできない」という抽象的な規範を、本事案にあてはめて具体的に分析している内容です。

したがって、本判決文に沿った内容といえます。

➡ 判決文

この事件では、阪神・淡路大震災（平成7年）で被災者した原告（「火災保険契約」の申込者）が、被災前に火災保険契約を保険会社と締結した際に、同契約に併せて「地震保険契約」も締結するか否かについての意思決定をするときに行われた、保険会社側による保険に関する情報の提供・内容説明が不適切であり、違法行為であるとして保険会社を訴え、それに対して行う慰謝料請求の可否について争われました。

そして、判決では、「火災保険契約申込書には、申込者が、地震保険に加入しない場合には、『地震保険を併せては申し込まない』という旨の記載があり、それに申込者が自らの意思に基づいて押印したことが確認されているため、保険会社側に対して慰謝料請求権の発生を肯認する特段の事情はない」とされました（つまり、「保険会社が地震保険の内容等について不十分な情報を提供していたとしても、慰謝料請求権は発生しない」という判断が下されたものです）。

問2 民法（意思表示）

正解

4

1 誤り。意思無能力者による契約➡当初から無効。

特に重要

契約の当事者が意思表示をした時に、既に意思能力を有しなかった場合、その契約は、**無効**です。この場合、契約は当初から効力がないので、そもそも後から取り消すことはできず、「取消しの時点から将来に向かって無効になる」わけではありません。

民法3条の2

2 誤り。虚偽表示無効➡善意の第三者に対抗できない。

特に重要

相手方と通じてした虚偽の意思表示は、**無効**です。ただし、この意思表示の無効は、**善意の第三者に対抗することができません**。また、この場合、第三者の過失の有無は、関係ありません。

したがって、Aは、仮装譲渡の事実を「過失により知らなかった」善意有過失のCに対して、虚偽表示による無効を主張して甲土地の返還を請求することはできません。

94条、判例

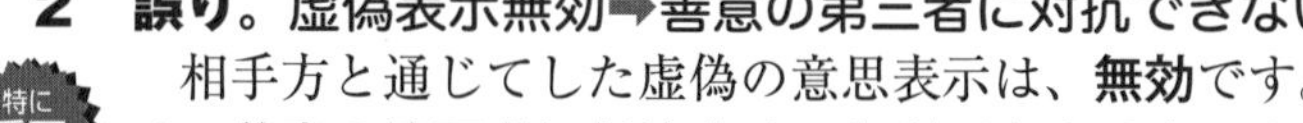

特に重要

錯誤による意思表示の取消しは、**善意無過失の取消し前の第三者に対抗できません**が、逆に、悪意または善意有過失の取消し前の第三者には、登記の有無は関係なく対抗できます。

本肢の「Aの錯誤の事実を過失により知らない」Dは、善意有過失の第三者です。したがって、Aは、Dに対して錯誤による意思表示の取消しを対抗して、甲土地の返還を請求できます。

95条

4 正しい。

相手方に対する意思表示について第三者が詐欺を行った場合には、相手方がその事実について**悪意**または**善意有過失**のときに限り、その意思表示を取り消すことができます。

詐欺による意思表示の取消しは、**善意無過失の取消し前の第三者に対抗できません**が、逆に、悪意または善意有過失の取消し前の第三者には、対抗できます。登記の有無は関係ありません。

本肢では、Bは、第三者による詐欺の事実を「過失により知らなかった」善意有過失の相手方であり、Eは、第三者による詐欺の事実を「過失により知らなかった」善意有過失の第三者です。

したがって、Aは、相手方Bとの売買契約を取り消すことができ、第三者Eに対しては、取消しを対抗して甲土地の返還を請求できます。

96条

肢**3**の錯誤による意思表示については、令和２年の民法改正により、新規に「第三者保護規定」が設けられた点は**未出題**です。注意しておきましょう！

問３　民法（時効）

正解

4

合否の分かれめ **B** 重要度

1　**誤り。債権➡権利行使可能であることを「知った時から５年間」で時効消滅する。**

特に重要

一般の債権は、①債権者が権利を行使することができることを**知った時**から「**５年間**」行使しないとき、または、②権利を行使することができる時から「10年間」(人の生命・身体の侵害による損害賠償請求権の消滅時効については「20年間」）行使しないときに、時効消滅します。

したがって、Ａが権利行使できることを知った時から「５年間」行使しないときは、権利行使できる時から10年間経過していなくても、時効消滅します。

民法166条

2　**誤り。生命･身体侵害の損害賠償債権➡権利行使可能時から20年間で時効消滅する。**

特に重要

人の生命・身体の侵害による損害賠償請求権は、①債権者が権利を行使できることを知った時から「５年間」行使しないとき、または、②**権利を行使することができる時**から「**20年間**」行使しないときは、時効消滅します。

一般の債権と異なり、②の場合の時効消滅が「10年間」ではなく「20年間」であることに注意しましょう。

166条、167条

3　**誤り。契約不適合を理由とする損害賠償請求権➡消滅時効の対象となる。**

目的物の種類・品質に関する契約不適合を理由とする損害賠償請求権は、一般の債権として**消滅時効の対象**となります。

したがって、契約不適合を理由とする損害賠償請求権は、権利を行使することができる時から「10年間」行使しないときは、買主が契約不適合を知っていたか否かにかかわらず、時効消滅します。

166条、566条、判例

4　**正しい。**

催告(裁判外の請求）があったときは、その時から６ヵ月を経過するまでの間は、時効は完成しません（時効の完成猶予)。ただし、催告によって時効の完成が猶予されている間にされた**再度の催告**は、**時効の完成猶予の効力を有しません。**

150条

債権の消滅時効については、一定の業種についての短期消滅時効の特例（例えば「飲食料債権」について、その当時の「１年間」の規定）を廃止するとともに、肢**１**～**３**のとおり、消滅時効期間の見直しをしました。

本問の内容は、肢**３**以外は、**改正後、未出題**です！　ここで抜かりなく対策しておきましょう。

問４　民法（抵当権-法定地上権）

正解

4

合否の分かれめ **B** 重要度

法定地上権が成立するには、次の**３つがすべて必要**です。

> ① 抵当権設定当時、土地の上に建物が存在すること
> ② 抵当権設定当時、土地と建物の所有者が同一であること
> ③ 抵当権の実行により、土地の所有者と建物の所有者が異なるに至ったこと

1　**正しい。**

特に重要

土地を目的とする**抵当権設定当時、土地と建物の所有者が異なっていた**場合は、土地と建物が同一の所有者となった後に、当該土地に後順位の抵当権が設定されても、先順位の土地抵当権について、法定地上権の成立要件の②を満たしていないため、その後に抵当権が実行され先順位の土地抵当権が消滅するときは、**法定地上権は成立しません。**

民法388条、判例

2　正しい。
AおよびBが**共有する土地**にA所有の建物が存在し、Aの**土地持分に抵当権が設定**された場合は、抵当権が実行されても、**法定地上権は成立しません**。
土地がAおよびBの共有であるとはいえ、法定地上権の成立要件の①～③を満たしているといえますが、この事例で法定地上権の成立を認めると、**土地の共有者であるBが不利益を被る**からです。
➡ 388条、判例

3　正しい。

土地を目的とする先順位の丙抵当権設定当時、土地と建物の所有者が異なっていた場合で、**土地と建物が同一の所有者となった後**に土地に後順位の**丁抵当権が設定**され、さらにその後、**丙抵当権が設定契約の解除により消滅した後**に**丁抵当権が実行**されたときは、**法定地上権が成立します**。
抵当権実行時に存在している丁抵当権について、法定地上権の成立要件の①～③のすべてを満たしているからです。
➡ 388条、判例

4　誤り。「C所有地にC・D共有建物+土地抵当権設定」➡抵当権実行で法定地上権が成立。
Cが所有する土地にCおよびDの**共有建物が存在**し、当該**土地に抵当権が設定**された場合、抵当権が実行されたときは、**法定地上権が成立します**。
建物がC・Dの共有とはいえ、法定地上権の成立要件の①～③を満たしていることに加え、本肢の事例で法定地上権の成立を認めても、**Dは不利益を被らない**からです。
➡ 388条、判例

抵当権について出題されると、難問のことが多いですが、**法定地上権**は、その中では**比較的得点しやすい項目**です。必ず得点できるように、成立要件を正確に覚えておきましょう。

問5　民法（保証・連帯保証等）

『基本テキスト』
1 権利関係
P90～101

正解
3

1　誤り。連帯債務者の1人への履行請求の効果➡原則、他の連帯債務者に及ばない。
特に重要
連帯債務者の1人に対する**履行の請求**の効果は、債権者および他の連帯債務者が別段の意思を表示したときを除き、**他の連帯債務者に及びません**（相対的効力）。
したがって、Aが、Bに対して履行を請求した効果はCに及ばず、Cに対して履行を請求した効果もBに及びません。
➡ 民法441条

2　誤り。連帯保証人に対する履行請求の効果➡原則、主たる債務者に及ばない。

主たる債務者に対する**履行の請求**の効果は、**保証人に対しても及びます**（保証の付従性）。したがって、「Eに対して履行を請求した効果はFに及ぶ」とする点は、正しい記述です。
これに対して、**連帯保証人**に対する**履行の請求**の効果は、債権者および主たる債務者が別段の意思を表示したときを除き、**主たる債務者に及びません**。したがって、「Fに対して履行を請求した効果はEに及ぶ」とする点は、誤りです。
➡ 457条、458条、441条

3　正しい。
「併存的債務引受」とは、引受人が、債務者と連帯して、債務者が債権者に対して負担する債務と同一の内容の債務を負担する債務引受のことであり、①債権者と引受人となる者との契約、または、②債務者と引受人となる者との契約によってすることができます。
ただし、本肢のような②の場合、併存的債務引受は、債権者が引受人となる者に対して承諾をした時に、その効力を生じます。したがって、債務者Hと引受人となるIとの契約によって併存的債務引受ができますが、この併存的債務引受は、債権者GがIに対して承諾をした時に、その効力を生じます。
➡ 470条

4　誤り。免責的債務引受➡債権者・引受人間の契約で可能。
「免責的債務引受」とは、引受人は、債務者が債権者に対して負担する債務と同一の内容の債務を負担し、債務者は、自己の債務を免れる債務引受のことをいい、①債権者と引受人となる者との契約、または、②債務者と引受人となる者が契約をし、債権者が引受人となる者に対して承諾をすることによってすることができます(①の場合、免責的債務引受は、債権者が債務者に対してその契約をした旨を通知した時に、その効力を生じる)。

したがって、本肢のとおり、免責的債務引受は、債権者Jと引受人となるLとの契約によって、することができます(なお、免責的債務引受の効力は、Jが債務者Kに対してその契約をした旨を通知した時に生じます)。 ➡ 472条

全肢とも令和2年の民法の法改正点で、そのうち肢**2**～**4**は未出題です。肢**3**・**4**の内容はやや細かいといえますが、肢**2**の内容はとても重要です。
改正後に一度出題された肢**1**とともに、ここで復習しておきましょう。

問6 民法(債権譲渡)

正解

3

1 誤り。対抗要件具備より前に反対債権を取得➡相殺を譲受人に対抗できる。

債務者は、**対抗要件具備時より前**に取得した譲渡人に対する債権による**相殺を譲受人に対抗できます**。したがって、譲渡の当時にAに対して相殺適状にある反対債権を有していたBは、相殺をもってCに対抗できます。 ➡ 民法469条

2 誤り。譲渡制限特約につき善意重過失の譲受人には、債務の履行拒絶ができる。

特に重要

当事者が債権の譲渡制限の意思表示をしたときであっても、債権譲渡は有効です(預貯金債権を除く)。

この場合には、債務者は、譲渡制限の意思表示がされたことについて**悪意**または**善意重過失**の譲受人その他の第三者に対して**債務の履行を拒む**ことができ、かつ、譲渡人に対する弁済その他の債務を消滅させる事由をもって第三者に対抗することができます。

したがって、Bは、譲渡制限の意思表示を重大な過失によって知らなかったCに対して、債務の履行を拒むことができます。 ➡ 466条

3 正しい。

譲渡制限の意思表示のある債権が譲渡された後、債務者が債務を履行しない場合で、譲渡制限の意思表示について悪意または善意重過失の譲受人などの第三者が、相当の期間を定めて譲渡人への**履行の催告**をし、その**期間内に履行がない**ときは、その債務者は、**債務の履行を拒むことはできず**、また、譲渡人に対する弁済その他の債務を消滅させる事由をもって第三者に対抗することもできません。

したがって、Bは、譲渡制限の意思表示について悪意のCに対して、債務の履行を拒むことができません。 ➡ 466条

4 誤り。いずれも確定日付証書による通知あり➡通知到達の先後で優劣を決する。

債権が二重に譲渡された場合、いずれの譲渡についても確定日付のある証書による通知があるときは、確定日付の先後に関係なく、**通知の到達の先後**によって優劣を決します。

したがって、Dへの譲渡の通知が先にBに到達すれば、DがCに優先して権利を行使することができます。 ➡ 467条、判例

債権譲渡は、**2～3年周期の出題テーマ**です。前回の出題は令和3年、そろそろ"危険"といえます。肢**2**・**3**は令和2年の民法改正点ですが、このうち肢**3**は**未出題**です。改正後に一度出題された肢**2**とともに、狙われる可能性・大です!

問 7　民法（弁済・相殺）

正解

1

1　誤り。受領権者の外観を有する者にした善意無過失の弁済➡有効。

受領権者以外の者で、取引上の社会通念に照らして**受領権者としての外観**を有するものに対してした弁済は、その弁済をした者が**善意無過失**であれば、**有効**です。

本肢のように、債権者の代理人と称して債権を行使する者に対してした弁済についても同様であり、したがって、Bの弁済は、有効となります。　➡民法478条、判例

2　正しい。

弁済をするについて正当な利益を有しない第三者は、債権者の意思に反して弁済できません。ただし、その第三者が**債務者の委託を受けて弁済**をする場合において、そのことを**債権者が知っていた**ときは、**債権者の意思に反して**弁済できます。

➡474条

3　正しい。

弁済をするについて正当な利益を有しない第三者は、債務者の意思に反して弁済できません。ただし、債務者の意思に反することを**債権者が知らなかった**ときは、**債務者の意思に反して**弁済できます。　➡474条

4　正しい。

相殺をするには、両債権の弁済期が到来していることが必要です。ただし、**自働債権の弁済期が到来**すれば、受働債権の期限の利益を放棄して、相殺できます。

10月11日の時点では、Aの債権の弁済期（令和6年10月20日）は到来していませんが、Bの債権の弁済期（令和6年10月10日）は到来していますのでAは相殺できませんが、Bは相殺できます。　➡506条、判例

弁済・相殺に関する出題は、それほど多くありません。ただし、肢**1**～**3**は、令和2年の民法改正後では**未出題**の内容です。そろそろ出題されてもおかしくありませんので、しっかり対策しておきましょう！

問 8　民法（売買契約・請負契約）

正解

3

売主の担保責任と請負人の担保責任の内容は、契約の特性による若干の違いはありますが、ほぼ同様であることに注意しましょう。

1　誤り。帰責性のない買主➡売主に帰責性がなくても、契約解除できる。

売主の担保責任の追及手段の1つである**契約の解除**とは、債務不履行責任における契約の解除のことであり、**債務者に帰責事由がない**ときでも、することができます（なお、債権者に帰責事由がある場合は、契約の解除は不可）。債務の履行を得られない債権者が契約に拘束され続けるのは、債務者の帰責事由の有無に関係なく、望ましくないからです。

したがって、①の売買契約において、Bは、契約不適合がAの帰責事由によるものでなくても、Bに帰責事由がなければ契約の解除ができます。

➡民法564条、541条、542条

2　誤り。注文者➡請負人に帰責性がなければ、損害賠償請求できない。

請負人の担保責任の追及手段の1つである**損害賠償の請求**とは、債務不履行責任における損害賠償の請求のことであり、債務不履行責任における損害賠償の請求は、**債務者に帰責事由がない**ときは、**することができません**。

したがって、②の請負契約において、Bは、契約不適合がAの帰責事由によるものでないときは、Aに対し、損害賠償の請求ができません。　➡559条、564条、415条

3　正しい。

引き渡された目的物が種類・品質・数量に関して契約不適合の場合には、買主・注文者は、原則として、売主・請負人に対し、目的物の修補・代替物の引渡し・不足分の引渡しによる履行の追完を請求できます。

しかし、その不適合が**買主・注文者の責めに帰すべき事由**によるものであるときは、買主・注文者は、いずれも**履行の追完の請求ができません**。したがって、①の売買契約・②の請負契約のいずれにおいても、契約不適合がBの帰責事由によるものであるときは、Bは、Aに対し、履行の追完の請求ができません。

➡ 562条、559条

4　誤り。土地工作物の請負➡契約不適合を理由に契約解除できる。

注文者は、引き渡された目的物が、種類・品質または数量に関して契約不適合である場合には、債務不履行の規定により、請負契約を**解除**できます。請負の目的物が建物その他の土地の工作物であっても、同様です。

したがって、②の請負契約において、Bは、契約不適合を理由として契約を解除できます。

➡ 559条、564条、541条、542条

売買・請負ともに、令和2年の民法改正時に「担保責任」が大きく変更されて以降、両者に関する総合問題は**未出題**です。まずは、「売主の担保責任≒請負人の担保責任」という具合に、**大づかみで理解**できているかどうかが、正解のポイントです。

問 9　民法（不法行為）

『基本テキスト』
1 権利関係
P148～153

1　誤り。不法行為による損害賠償債務➡損害の発生と同時に履行遅滞に陥る。

不法行為による損害賠償債務については、債権者である被害者の催告（請求）を待たず、**損害の発生と同時**（不法行為時）**に履行遅滞**となります。

この場合、加害者は、その時以降完済に至るまでの遅延損害金を、被害者に支払わなければなりません。

➡ 民法709条、判例

2　正しい。

土地の工作物の設置・保存に瑕疵があり、他人に損害が生じた場合、第一次的には当該工作物の占有者が損害賠償責任を負います。ただし、占有者は、**損害の発生を防止するのに必要な注意**をしていたときは、その責任を免れることができ、この場合、**所有者が責任を負います**。

なお、この所有者の責任は、損害の発生を防止するのに必要な注意をしていても免れることはできません（**無過失責任**）。

➡ 717条

3　誤り。契約関係にない者に対して、不法行為責任を負う場合あり。

建物の建築に携わる設計者や施工者は、建物としての基本的な安全性が欠ける建物を設計しまたは建築した場合、契約関係にある者に対して**債務不履行による損害賠償責任**を負うことがあるだけでなく、直接契約関係にない者などに対しても、**不法行為による損害賠償責任**を負うことがあります。

したがって、建物の建築に携わる施工者は、契約関係にない当該建物の居住者に対しても、損害賠償責任を負うことがあります。

➡ 709条、判例

4　誤り。人の生命・身体を害する不法行為債権の時効期間➡知った時から5年間。

特に重要

人の生命・身体を害する不法行為による損害賠償の請求権は、被害者またはその法定代理人が損害および加害者を**知った時から「5年間」**行使しない場合、または、不法行為の時から20年間行使しない場合には、時効によって消滅します。

「人の生命または身体を害する不法行為」以外の不法行為の場合と異なり、「3年間」ではありません。

➡ 724条

問 10 民法（相続）

正解

2

1 正しい。

相続開始前の遺留分の放棄は、家庭裁判所の許可を受けてすることができます。しかし、**遺留分の放棄をしても、相続を放棄したことにはなりません**。したがって、被相続人の長女は、遺留分を放棄していても、相続する権利を失いません。

➡ 民法1049条

2 誤り。単独で権利行使できるのは、「預貯金債権額の1／3×相続分」まで。

各共同相続人は、**遺産に属する預貯金債権**のうち、相続開始の時の債権額の「1／3」に当該共同相続人の相続分を乗じた額（金融機関ごとに150万円を限度）については、単独でその権利を行使できます。

遺産に属する預貯金債権は、遺産分割の対象になりますが、相続債務の弁済が必要であったり、被相続人に扶養されていた相続人の当面の生活費に備える必要性によるものです。

➡ 909条の2

3 正しい。

配偶者は、被相続人の財産に属した建物に相続開始の時に無償で居住していた場合には、原則として、一定の日までの間、その居住していた建物の所有権を相続または遺贈により取得した者（居住建物取得者）に対し、居住建物について無償で使用する権利（配偶者短期居住権）を有します。

ただし、配偶者が、相続開始の時において居住建物に係る**配偶者居住権を取得**したとき、または、相続欠格・廃除によって相続権を失ったときは、**配偶者短期居住権を有しません**。

➡ 1037条

4 正しい。

遺留分権利者・その承継人は、受遺者・受贈者に対し、**遺留分侵害額に相当する金銭の支払**を請求できます。なお、遺贈された不動産などの現物の返還を請求することはできません。なぜなら、遺留分権利者の生活保障等の目的のためには、遺留分侵害額に相当する金銭の請求権を発生させれば十分だからです。

➡ 1046条

問 11 借地借家法（借地関係）

正解

2

特に重要

1 誤り。事業用定期借地契約➡電磁的記録による設定は不可。

専ら事業の用に供する建物（居住の用に供するものを除く）の所有を目的とし、かつ、存続期間を10年以上50年未満とする借地権を、事業用定期借地権といいます。

そして、この**事業用定期借地契約**は、**公正証書**によってしなければなりません。一般定期借地権とする旨の特約と異なり、**電磁的記録によってすることはできません**（肢4参照）。

➡ 借地借家法23条

2 正しい。

建物買取請求権が行使されると、借地権者と借地権設定者とは、売買契約が成立したのと同様の関係になります。したがって、借地権者Aは、借地権設定者Bが代金を支払うまで、**同時履行の抗弁権**を主張して建物の引渡しを拒むことができ、土地の明渡しも拒むことができます。

➡ 13条、判例

3 誤り。競売で取得した第三者➡建物買取請求権を行使できる。

第三者が借地上の建物を競売により取得した場合に、その第三者が、土地の賃借権を取得しても借地権設定者に不利となるおそれがないのにもかかわらず、借地権設定者が承諾しないときは、第三者は、裁判所に、借地権設定者の承諾に代わる許可を与えるよう申し立てることができます。また、承諾がない等の場合、**第三者**は、借地権設定者に対して、**建物買取請求権**を行使することもできます。

したがって、第三者Cは、Bに対して建物買取請求権を行使できます。

➡ 20条、14条

4　誤り。一般定期借地権とする旨の特約➡電磁的記録でも可。

存続期間を50年以上として借地権を設定する場合は、契約の更新および建物の築造による存続期間の延長がなく、ならびに建物買取請求をしないこととする旨を定めることができます（**一般定期借地権**）。この場合、その特約は、公正証書による等**書面**によってしなければなりません。ただし、当該特約がその内容を記録した**電磁的記録**によってされたときは、その特約は、**書面によってされたとみなされます**。

➡ 22条

肢**4**のとおり、近年の改正により、一般定期借地権とする旨の特約は、書面だけでなく、電磁的記録によってすることも可能となりました。その一方で、肢**1**の事業用定期借地権だけは、従来どおり、公正証書によってしなければならず、電磁的記録によっては、することはできません。両者の混同に注意しましょう。

問 12　借地借家法（借家関係）

『基本テキスト』
1 権利関係
P191、192

正解

2

合否の分かれめ **B** 重要度

定期建物賃貸借をする場合は、建物の賃貸人は、あらかじめ、建物の賃借人に対し、当該建物の賃貸借は契約の更新がなく、期間の満了により当該建物の賃貸借は終了することについて、その旨を記載した書面を交付して**説明**しなければなりません（ただし、建物の賃貸人は、事前説明書面の交付に代えて、建物の賃借人の承諾を得て、当該書面に記載すべき事項を電磁的方法により提供できます。この場合、建物の賃貸人は、「事前説明書面を交付した」とみなされます）。

国土交通省によれば、テレビ会議等の**ＩＴを活用した**「**事前説明**」は、下記の事項を満たしている場合は、対面による事前説明と同様に取り扱うことが可能とされています（国土動第133号）。

① 賃貸人および賃借人が、事前説明書および説明の内容について十分に理解できる程度に**映像を視認**でき、**かつ**、双方が発する**音声を十分に聞き取ることができる**とともに、双方向でやりとりできる環境において実施していること
② **事前説明書**を、**賃借人にあらかじめ送付**していること
③ 賃借人が事前説明書を確認しながら説明を受けることができる状態にあること、ならびに映像および音声の状況について、賃貸人が事前説明を開始する**前**に確認していること
④ **賃貸人の代理人**が事前説明を行う場合には、代理人であることを確認するための手続として、例えば、委任状等の代理権の授与を証する書面を提示し、賃借人が当該書面を画面上で視認できたことを確認していること

なお、賃貸人は、ＩＴを活用した事前説明を開始した後、映像を視認できないまたは音声を聞き取ることができない状況が生じた場合には、直ちに説明を中断し、当該状況が解消された後に説明を再開しなければなりません。

1　誤り。映像を視認でき、「かつ」音声を十分に聞き取ることができる場合に限る。

上記①のとおり、ＩＴを活用した事前説明は、賃貸人および賃借人が、事前説明書および説明の内容について十分に理解できる程度に映像を視認でき、「**かつ**」、双方が発する音声を十分に聞き取ることができるとともに、双方向でやりとりできる環境において実施している場合に、対面による事前説明と同様に取り扱うことができます。したがって、「又は」ではありません。

なお、「双方向でやりとりできる環境において実施している」ことも必要です。

➡ 借地借家法38条、国土動第133号（国土交通省）

2　正しい。

②のとおり、ＩＴを活用した事前説明は、**事前説明書を賃借人にあらかじめ送付**している場合に、対面による事前説明と同様に取り扱うことができます。

➡ 借地借家法38条、国土動第133号（国土交通省）

3　誤り。状態・状況を、賃貸人が説明開始「前」に確認している場合に限る。

③のとおり、ＩＴを活用した事前説明は、事前説明書を確認しながら説明を受けることができる状態にあること、ならびに映像・音声の状況について、賃貸人が事前説明を開始する「**前**」に確認している場合に、対面による事前説明と同様に取り扱うことができます。「開始した後直ちに」ではありません。

➡ 借地借家法38条、国土動第133号（国土交通省）

4　誤り。ＩＴを活用した事前説明➡賃貸人の代理人でもできる。

ＩＴを活用した事前説明は、**賃貸人の代理人**が行うこともできます。この場合には、④のとおり、代理人であることを確認するための手続として、例えば、委任状等の代理権の授与を証する書面を提示し、賃借人が当該書面を画面上で視認できたことを確認していることなどが必要です。

ただし、これは、取引実務においては、代理人から委任状の交付が行われることが多いという実態を踏まえ、代理人であることを確認するための手続の例示として記載したものです。そのため、「代理行為は本人のためにすることを示してした意思表示により効力を生じる」とする従来の民法等の解釈を変更するものではないことに注意しましょう。

➡ 借地借家法38条、国土動第133号（国土交通省）及び事務連絡

国土交通省によって、テレビ会議等の**ＩＴを活用した定期建物賃貸借の事前説明**については、所定の事項を満たしていれば、**対面による事前説明と同様に取り扱うことが可能**であることが、制度の「運用指針」として示されています（法令自体の内容ではありません）。この所定の事項は、**宅建業法上のＩＴ重説**（ＩＴを活用した重要事項の説明）を対面による重要事項の説明と同様に取り扱うことを認める４要件と**よく似ている**ので、まとめて確認しておきましょう。

なお、**定期建物賃貸借契約**については、近年の改正により、書面だけでなく、**電磁的記録によって締結することも可能**となりました。また、定期建物賃貸借契約の**事前説明**は、書面を交付して説明する方法だけでなく、事前説明書面に記載すべき事項を**電磁的方法により提供して説明**する方法で行うこともできるようになりました（本問の解説本文参照）。

これらの点も、宅建試験の"新ネタ"ですから、要注意です！

問 13　区分所有法

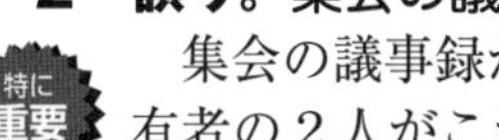

1　正しい。

専有部分及び附属の建物は、規約により共用部分とすることができますが、専有部分に属しない建物の附属物は、そもそも共用部分（**法定共用部分**）であり、規約共用部分の対象ではありません。

➡ 区分所有法２条、４条

2　誤り。集会の議事録への「押印」➡不要。

集会の議事録が書面で作成されているときは、議長および集会に出席した区分所有者の２人がこれに**署名**しなければなりません。ただし、「**押印」をする必要はありません**。

➡ 42条

3　誤り。共用部分の持分➡規約で定めることができる。

各共有者の共用部分に対する持分は、その有する**専有部分の床面積の割合**によりますが、**規約で別段の定め**をすることができます。

➡ 14条

4　誤り。共用部分の重大変更➡区分所有者の定数のみ、過半数まで減少できる。

特に重要

共用部分の重大変更（その形状または効用の著しい変更を伴わないものを除く変更）は、区分所有者および議決権の各３／４以上の多数による集会の決議で決します。この場合、議決権は規約でも変更できませんが、**区分所有者の定数**は、**規約でその過半数まで減ずる**ことができます。

➡ 17条

肢**2**は、従来の規定とのひっかけです。近年の改正により、**集会の議事録への押印は不要**となりました。

問 14 不動産登記法

正解

2

1 誤り。相続登記の申請➡「3年」以内に必要。

所有権の登記名義人について**相続の開始**があったときは、当該相続により所有権を取得した者は、自己のために相続の開始があったことを知り、かつ、当該所有権を取得したことを知った日から「**3年**」**以内**に、**所有権の移転の登記を申請**しなければなりません。したがって、「1年」以内ではありません。 ➡ 不動産登記法76条の2

2 正しい。

特に重要

相続人に対する遺贈による所有権の移転の登記は、登記権利者が**単独**で申請することができます。権利に関する登記の申請は、「原則として、登記権利者および登記義務者が共同してしなければならない」とする共同申請主義の例外です。 ➡ 63条

3 誤り。相続人に対する遺贈による所有権取得者➡遺贈の登記の申請義務を負う。

相続人に対する遺贈により所有権を取得した者も、自己のために相続の開始があったことを知り、かつ、当該所有権を取得したことを知った日から3年以内に、所有権の移転の登記を申請しなければなりません。 ➡ 76条の2

4 誤り。相続人申告登記➡「3年」以内に申告すれば、相続登記義務の履行とみなす。

相続等による所有権の移転の登記の申請義務を負う者は、登記官に対し、所有権の登記名義人について相続が開始した旨および自らが当該所有権の登記名義人の相続人である旨を申し出ることができます（**相続人申告登記**）。

自己のために相続の開始があったことを知り、かつ、当該所有権を取得したことを知った日から**3年以内**にこの申出をした者は、その申出の前にされた遺産分割によるものを除き、「**相続等による所有権の移転の登記の申請義務を履行した**」とみなされます。「1年」以内ではありません。 ➡ 76条の3

肢1・3・4は、所有者不明土地の解消などのために、相続登記の申請が義務化され、申請義務者が正当な理由なく申請を怠ったときは、10万円以下の過料に処するとされた**直近の改正点**です。

ただし、遺産分割協議がすぐにはできないなどの事情があって相続登記ができないといった場合もあることから、所定の期間内に相続人申告登記（肢**4**）をすれば、相続登記の申請義務を履行したとみなされます。

最近の社会事情に深く関係する改正ですから、「3年以内」というカギとなる数字を中心に、きちんと理解しておきましょう。

問 15 都市計画法（都市計画の内容）

正解

1

1 誤り。区域区分➡原則、「必ず定めなければならない」ものではない。

指定都市の区域の全部または一部を含む都市計画区域など一定の都市計画区域については、都市計画に市街化区域と市街化調整区域との区分（「区域区分」）を定めなければなりません。

しかし、「指定都市の区域の一部を含む都市計画区域」で、「その区域内の人口が50万未満であるもの」については、**原則どおり、区域区分を定める必要はありません**。 ➡ 都市計画法7条、施行令3条

2 正しい。

田園住居地域については、第一種・第二種低層住居専用地域と同様に、都市計画に少なくとも建築物の**容積率・建蔽率・高さの限度**を定めなければなりません。 ➡ 都市計画法8条

3 正しい。

都道府県または市町村は、都市施設等の整備に係る都市計画の案を作成しようと

する場合において、当該都市計画に係る都市施設等の円滑かつ確実な整備を図るため特に必要があると認めるときは、当該都市施設等の整備を行うと見込まれる者との間で、都市施設等整備協定を締結できます。 ➡75条の2

4 正しい。

都市計画協力団体は、市町村に対し、一定の業務（当該市町村がする都市計画の決定または変更に関し、住民の土地利用に関する意向その他の事情の把握、都市計画の案の内容となるべき事項の周知その他の協力を行うことなど）の実施を通じて得られた知見に基づき、当該市町村の区域内の一定の地区における当該地区の特性に応じたまちづくりの推進を図るために必要な、都市計画の決定・変更を提案できます。 ➡75条の9

都市の内部で空き地・空き家等の低未利用地が時間的・空間的にランダムに発生する「都市のスポンジ化」が進行していることを踏まえ、その対策を総合的に進めるため、都市機能のマネジメント・地域コミュニティによる身の回りの公共空間の創出などの施策を総合的に講じることにしました。

そこで、近年の改正で、民間による都市施設等の確実な整備・維持を図る「都市施設等整備協定制度」（肢**3**）や、住民団体等をまちづくりの担い手として公的に位置づける「都市計画協力団体制度」（肢**4**）が創設されました。もっとも、かなり細かい内容ですので、これらは**復習不要**です。

問 16 都市計画法（開発許可制度）

正解

4

1 誤り。非線引区域内の3,000㎡以上の開発行為➡原則、開発許可が必要。

特に重要

区域区分が定められていない都市計画区域内で**3,000㎡未満**の開発行為を行う場合は、「小規模な開発行為の例外」として、開発許可は不要です。しかし、本肢で行う規模は5,000㎡ですので、この「例外」にはあたらず、原則として、都道府県知事の許可が必要です。 ➡都市計画法29条、施行令19条

2 誤り。農産物の貯蔵に必要な建築物の建築➡原則、開発許可が必要。

市街化調整区域など市街化区域以外の区域内において行う「農林漁業の用に供する建築物」の建築の用に供する目的で行う開発行為は、例外として、開発許可を受ける必要はありません。

しかし、本肢の「生産される農産物の貯蔵に必要な建築物」は、この「**農林漁業の用に供する建築物」にはあたりません**。また、**市街化調整区域内**で、**面積によって許可が不要となる例外はありません**。

したがって、本肢の場合は、原則として、都道府県知事の許可が必要です。 ➡都市計画法29条、施行令20条

3 誤り。市街化区域内の1,000㎡以上の開発行為➡原則、開発許可が必要。

市街化区域内で**1,000㎡未満**の開発行為を行う場合は、「小規模な開発行為の例外」として、開発許可は不要です。しかし、本肢で行う規模は2,000㎡ですので、この「例外」にはあたらず、原則として、都道府県知事の許可が必要です。

なお、「大学の建築を理由に開発許可が不要」とする例外規定は、ありません。 ➡都市計画法29条、施行令19条

4 正しい。

非常災害のため必要な応急措置として行う開発行為は、例外として、都道府県知事の許可を受ける必要はありません。 ➡都市計画法29条

問 17 建築基準法

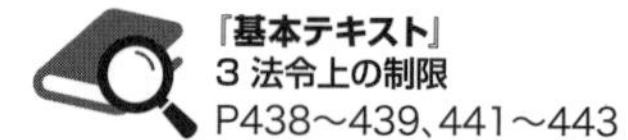
『基本テキスト』
3 法令上の制限
P438～439、441～443

正解

1

1　誤り。耐火建築物➡特定主要構造部以外は、耐火構造等でなくてもよい。

耐火建築物とは、**特定主要構造部**が①耐火構造であること、または、②政令で定める技術的基準に適合する一定の性能を有すること、のいずれかの要件に該当する建築物をいいます。この「特定主要構造部」とは、**主要構造部**のうち「**防火上および避難上支障がない**ものとして政令で定める部分」(例えば、屋上の飲食店の柱・壁・中間階にあるメゾネット住戸内の階段・柱等）**以外の部分**のことです。

したがって、主要構造部のうち「防火上および避難上支障がないものとして政令で定める部分」について上記の①または②の要件を満たしていなくても、特定主要構造部がこの要件を満たしていれば、耐火建築物と扱われます。

➡ 建築基準法2条

2　正しい。

防火地域および**準防火地域内**において建築物の増築・改築・移転をする場合、その増築等をする部分の**床面積に関係なく**、建築確認が必要です。建築主は、建築確認が必要な建築等の工事を完了したときは、**建築主事もしくは建築副主事または指定確認検査機関の完了検査**を受けなければなりません。

➡ 6条、7条

3　正しい。

大規模な建築物（木造の場合は①３階以上、②延べ面積500㎡超、③高さ13m超、④軒の高さ９m超のいずれかにあたる建築物）を新築等する場合、建築主は、原則として、検査済証の交付を受けた後でなければ、当該建築物を使用できません。

ただし、**建築主事もしくは建築副主事**(建築士法３条１項各号に掲げる建築物〈「大規模建築物」〉の場合は、建築主事のみ）**または指定確認検査機関**が、安全上、防火上および避難上支障がないものとして国土交通大臣が定める基準に適合していることを**認めた**ときは、例外的に、検査済証の交付を受ける**前**でも、仮に、当該建築物を使用できます。

➡ 7条の6

4　正しい。

住宅の居住のための居室には、地階に設ける居室などを除き、**採光**のための窓その他の開口部を設け、その採光に有効な部分の面積は、原則として、その居室の床面積に対して**1／7以上**としなければなりません。

ただし、床面において50ルックス以上の照度を確保することができるよう照明設備を設置している居室については、例外的に、**1／10まで緩和**されます。

➡ 28条、施行令19条、告示86号

全肢とも、**直近または近年の改正点**です。

【肢１に関連して】 従来は、一定の大規模な建築物などは、原則、耐火建築物とすることが必要とされ、また、原則、すべての主要構造部を耐火構造等としなければなりませんでした。ただ、これでは、「あらわし」（柱や梁などが見える状態）の木造での設計といった要請に対応できず不都合です。

そこで、最近の改正により、耐火建築物でも、火災時に損傷しても建築物全体の倒壊や延焼に影響がない主要構造部については、「必ずしも耐火構造等でなくともよい」とされました。

難しい内容ですが、一度きちんと理解しておきましょう。

【肢２・３に関連して】 ここで登場した「建築副主事」は、「大規模建築物」**以外の建築物**について建築確認などができる公務員のことであり、最近の改正で新設されました。

【肢４に関連して】 居室の採光のための開口部に関する規定は、近年の法改正です。熱損失が生じやすい開口部の省エネ対策を講じやすくするため、住宅の居住のための居室については、「１／10」まで緩和できることになりました。

問 18 建築基準法（集団規定）

『基本テキスト』
3 法令上の制限
P452～459

正解

1

合否の分かれめ **B** 重要度

1 正しい。

特別用途地区内では、地方公共団体は、その地区の指定の目的のために必要と認める場合は、**国土交通大臣の承認**を得て、**条例**で、建築物の**用途制限を緩和**することができます。

➡ 建築基準法49条

2 誤り。住宅・老人ホーム等の給湯設備設置用機械室の床面積➡原則、不算入。

容積率の最高限度の算定の基礎となる延べ面積には、**住宅または老人ホーム等**に設ける**給湯設備の機械室等**の建築物の部分（市街地の環境を害するおそれがないとして一定の基準に適合するものに限る）で、特定行政庁が交通上・安全上・防火上・衛生上支障がないと認めるものの床面積は、**算入されません**。つまり「1／30」という限定はありません。

住宅・老人ホーム等に設ける給湯設備（例えば「ヒートポンプ式給湯器」等）の機械室等についての容積率緩和の手続を合理化するために、最近の改正により、追加された特例です。

➡ 52条

3 誤り。宅配ボックス設置部分の床面積不算入➡「容積率」の例外。

「**建蔽率**」の制限については、「容積率」の制限と異なり、宅配ボックス設置部分の床面積を参入しないとする例外はありません。

なお、建築物の「容積率」の最高限度の算定の基礎となる「延べ面積」には、宅配ボックス設置部分の床面積は、当該建築物の用途にかかわらず、当該敷地内の建築物の各階の床面積の合計に1／100を乗じて得た面積を限度に「算入しない」とされています。

➡ 53条、建築基準法施行令2条参照

4 誤り。エネルギー消費性能向上のための外壁の工事➡容積率を緩和する例外あり。

建築物のエネルギー消費性能（「建築物のエネルギー消費性能の向上等に関する法律」に規定するエネルギー消費性能）の向上のため必要な外壁に関する工事その他の屋外に面する建築物の部分に関する工事を行う建築物で、構造上やむを得ないとして国土交通省令で定めるものに該当し、特定行政庁が交通上・安全上・防火上・衛生上支障がないと許可した建築物の容積率は、その許可の範囲内で、これらの規定による限度を超えるものとすることができます。

➡ 建築基準法56条

肢2・3・4は、近年の改正点に関連する出題です。しっかり確認しておきましょう。なお、肢3解説中の宅配ボックス設置部分の床面積の不算入（容積率制限を緩和する例外）に関する「1／100」という数字はやや細かいので、「一定の限度で」と丸めて覚えておきましょう。

問 19 宅地造成・盛土等規制法

『基本テキスト』
3 法令上の制限
P474～484

正解

1

絶対落とすな! **A** 重要度

1 誤り。宅造等規制区域内での崖の高さ1m超の特定盛土等➡許可が必要。

宅地造成等工事規制区域内で行われる**宅地造成等**（宅地造成・**特定盛土等**・土石の堆積）に関する工事については、原則として、都道府県知事の**許可**が必要です（宅地造成等工事の許可）。

この宅地造成等のうち「特定盛土等」とは、宅地または**農地等**（農地・採草放牧地・**森林**）で行う盛土その他の**土地の形質の変更**で一定規模のもの（①**盛土**部分に生じる崖の高さが**1mを超える**もの、②盛土・切土をする土地の面積が500㎡を超えるものなど）をいいます。

本肢の「山林で行う盛土」は、「高さ1.5mの崖を生ずる」ことから、上記①の規模要件を満たし、盛土をする土地の面積にかかわらず「特定盛土等」にあたります。したがって、工事主は、原則として、都道府県知事の許可を受けなければなりません。

➡ 宅地造成及び特定盛土等規制法12条、2条、施行令3条

2　正しい。

特定盛土等規制区域内において行われる**特定盛土等**または土石の堆積に関する工事（許可が必要な一定の大規模なものを除く）については、工事主は、原則として、工事に着手する日の30日前までに、工事の計画を都道府県知事に**届け出**なければなりません。この届出が必要とされる「特定盛土等」と「土石の堆積」の規模要件は、**宅地造成等に関する工事の許可**における「特定盛土等」と「土石の堆積」の規模要件と**同一**です（「特定盛土等」の場合は、①盛土部分に生じる崖の高さが１ｍを超えるもの、②盛土・切土をする土地の面積が**500㎡を超える**もの等）。

本肢の「農地において行う盛土」は、「盛土をする土地の面積が1,000㎡」であることから、上記②の規模要件を満たし、盛土部分に生じる崖の高さにかかわらず、「特定盛土等」にあたります。したがって、工事主は、原則として、工事に着手する日の30日前までに、都道府県知事に届け出なければなりません。

宅地造成及び特定盛土等規制法27条、２条、施行令３条

3　正しい。

特定盛土等規制区域内において行われる**一定の大規模な**「特定盛土等または**土石の堆積**」に関する工事については、工事主は、原則として、当該工事に着手する前に、都道府県知事の**許可**を受けなければなりません。この「一定の大規模なもの」とは、「土石の堆積」の場合には、①高さが**５ｍを超える**土石の堆積で、土石の堆積を行う土地の面積が**1,500㎡を超える**もの、または、②「①」に該当しない土石の堆積で、土石の堆積を行う土地の面積が3,000㎡を超えるものをいいます。

本肢の場合の工事は、土石の堆積を行う土地の面積が1,600㎡で、かつ、高さ６ｍのもので、①にあたります。したがって、工事主は、原則として、都道府県知事の許可を受けなければなりません。　宅地造成及び特定盛土等規制法30条、施行令28条、23条

4　正しい。

特定盛土等規制区域の**指定の際**、その区域内において**既に行われている**特定盛土等または土石の堆積に関する工事の工事主は、その指定があった日から21日以内に、当該工事について都道府県知事に**届け出**なければなりません。しかし、都道府県知事の許可は不要です。

なお、過去に宅地造成等に関する工事が行われ、現在は工事主とは異なる者がその工事が行われた土地を所有している場合であっても、同様です。

宅地造成及び特定盛土等規制法40条

従来の（旧）宅地造成等規制法は、全面的に改正されて宅地造成及び特定盛土等規制法となりました。なかでも、特定盛土等・土石の堆積に関する工事の規制や、特定盛土等規制区域内における規制は、従来の法律には存在せず、**新設された内容**です。特に意識しておきましょう。

問 20　土地区画整理法

『基本テキスト』
３ 法令上の制限
P486～492

正解

3

合否の分かれめ
B
重要度

1　正しい。

都道府県知事等は、土地区画整理法が規定する建築行為等の制限に違反して都道府県知事等の許可を受けずに建築物を新築等した者から、当該建築物等の権利を承継した者に対して、相当の期限を定めて、土地区画整理事業の施行に対する障害を排除するため必要な限度において、当該**建築物等の移転・除却を命ずる**ことができます。

土地区画整理法76条

2　正しい。

都道府県知事等は、土地区画整理事業の施行の障害となるおそれがある建築行為等の許可をする場合において、土地区画整理事業の施行のため必要があるときは、許可に、期限その他必要な条件を付することができます。この場合に付す条件は、当該許可を受けた者に不当な義務を課すものであってはなりません。　76条

3　誤り。「大臣施行」以外➡「都道府県知事等」の許可が必要。

国土交通大臣以外の者が施行する土地区画整理事業の施行地区内で、事業の施行の障害となるおそれがある土地の形質の変更・建築物の新築等を行う者は、原則として、「**都道府県知事等**」（＝都道府県知事**または市長**）の許可を受けなければなりません。

したがって、許可権者は、「都道府県知事および市町村長」ではなく、「都道府県知事または市長」です。「及び」と「町村（長）」の２ヵ所が誤りです。　➡76条

4　正しい。

都道府県知事等は、土地区画整理事業の施行の障害となるおそれがある建築行為等の許可の申請があった場合で、許可するときは、施行者の意見を聴かなければなりません。したがって、本問の場合、施行者である土地区画整理組合の意見を聴かなければなりません。　➡76条

肢３の建築行為等の許可の許可権者については、要するに「都道府県知事または市長」と、しっかり覚えておきましょう。

問 21　農地法

4

1　誤り。包括遺贈で農地を取得➡３条許可は不要。

農地について権利移動をする場合は、原則として、農地法３条の許可が必要です。しかし、**相続**・遺産の分割・**包括遺贈**・相続人に対する特定遺贈などにより農地の権利が取得される場合には、**許可を受ける必要はありません**。

したがって、相続により農地を取得する場合だけでなく、包括遺贈により農地を取得する場合も、農地法３条の許可を要しません。　➡農地法３条、施行規則15条

2　誤り。４条・５条許可の許可権者➡面積にかかわらず「都道府県知事等」。

４条許可・５条許可の許可権者は、**転用される農地の面積にかかわらず**「**都道府県知事等**」（＝都道府県知事〈指定市町村の区域内で、指定市町村の長〉）です。したがって、本肢の場合も、許可権者は農林水産大臣ではありません。

なお、「指定市町村」とは、農地・採草放牧地の農業上の効率的かつ総合的な利用の確保に関する施策の実施状況を考慮して、農林水産大臣が指定する市町村のことをいいます。　➡農地法４条、５条

3　誤り。法定協議の相手方➡面積にかかわらず「都道府県知事等」。

国や「都道府県等」（＝都道府県または指定市町村）が、農地を農地以外のものにするために権利を取得する場合には、その面積にかかわらず、国や都道府県等と「都道府県知事等」との協議が成立することをもって、５条許可があったとみなされます（法定協議制）。

したがって、本肢の場合、当該都道府県と「都道府県知事等」との協議が成立することで、農地法５条の許可があったとみなされます。「農林水産大臣」との協議ではありません。　➡5条

4　正しい。

「**都道府県知事等**」は、５条許可を要する農地取得について、その許可を受けずに農地の転用を行った者に対して、必要な限度で、**原状回復を命ずる**ことができます。　➡51条

問 22 国土利用計画法

『基本テキスト』
3 法令上の制限
P508～513

正解

1

1　正しい。

抵当権は、国土利用計画法が定める「土地に関する権利」にあたりません。つまり、**土地抵当権の設定**は、土地に関する権利性がないため、**事後届出が必要な「土地売買等の契約」にあたりません**。したがって、Bは、事後届出をする必要がありません。　➡ 国土利用計画法23条、国土利用計画法に基づく土地取引の規制に関する措置等の運用指針

2　誤り。担保権の実行としての競売による取得➡事後届出は不要。

担保権の実行としての競売による土地の取得は、「土地売買等の契約」ではあるものの、法令による適用除外事由に該当するため、例外として、事後届出は不要です。よって、Dは、事後届出をする必要がありません。

➡ 国土利用計画法23条、施行令17条・6条

3　誤り。法人の合併による取得➡事後届出は不要。

法人の合併による土地の取得は、契約性がないため、「土地売買等の契約」にあたりません。したがって、F社は、事後届出をする必要がありません。

➡ 国土利用計画法23条、国土利用計画法に基づく土地取引の規制に関する措置等の運用指針

4　誤り。代物弁済による土地の取得➡原則、事後届出が必要。

代物弁済による土地の取得は、権利性、対価性および契約性を満たすので、「土地売買等の契約」にあたります。したがって、Hは、原則として、事後届出を行わなければなりません。

➡ 国土利用計画法23条、国土利用計画法に基づく土地取引の規制に関する措置等の運用指針

肢2・3・4は、**事後届出の要否の判断**が問題となる権利移転の形態のうち、宅建試験・**未出題**の項目です。いずれもやや細かいので、過去に出題されたことのある肢**1**を中心に確認しておけば十分です。

問 23 所得税（住宅ローン控除）

『基本テキスト』
4 税・鑑定
P542、543

正解

3

合否の分かれめ
B
重要度

1　誤り。令和6年に省エネ住宅に入居➡控除期間は「13年間」。

令和6年中に、認定長期優良住宅・認定低炭素住宅・**ZEH**（ネット・ゼロ・エネルギーハウス、通称「ゼッチ」）**水準省エネ住宅**・省エネ基準適合住宅といった一定の基準を満たす新築住宅・買取再販住宅である居住用家屋（いわゆる「**省エネ住宅**」）を居住の用に供した場合、住宅借入金等の年末残高のうち、省エネ住宅の種類に応じ、3,000万円以下～4,500万円以下の部分について、各年0.7％の住宅ローン控除を**13年間**にわたり受けることができます。

したがって、「10年間に限り」というわけではありません。　➡ 租税特別措置法41条

2　誤り。「入居年の翌年以後・3年以内の3,000万円特別控除」とは併用できない。

住宅ローン控除の適用を受けるには、**入居年の翌年以後3年以内**の各年（入居年が令和6年であれば、令和7年・8年・9年）中に、居住の用に供した当該居住用家屋以外の資産（いわゆる「従前住宅」）の譲渡につき、**3,000万円特別控除**・居住用財産を譲渡した場合の軽減税率・特定の居住用財産の買換え特例の**適用を受けない**ことが必要です（なお、令和2年4月1日以後に従前住宅の譲渡をする場合に限る）。

したがって、入居年（令和6年）の翌年以後3年目にあたる令和9年に従前住宅の譲渡について3,000万円特別控除の適用を受けるときは、令和6年分の所得税について、住宅ローン控除の適用を受けることはできません（その結果、令和6年分から住宅ローン控除の適用を受けているにもかかわらず、令和9年に3,000万円特別控除の適用を受ける場合は、さかのぼって修正申告をすることが必要です）。

➡ 41条

3　正しい。

住宅ローン控除は、**合計所得金額**が、原則として**2,000万円以下の年**についてのみ、適用を受けることができます。したがって、合計所得金額が2,000万円を超える年には、適用を受けることができません。　➡41条

4　誤り。床面積40㎡以上50㎡未満➡「合計所得金額1,000万円以下」の年は、適用可。

本来、住宅の新築や購入の場合、住宅の床面積が50㎡以上であることが、住宅ローン控除の適用要件です。ただし、床面積が**40㎡以上50㎡未満**の小規模居住用家屋で、令和5年12月31日以前に建築確認を受けている「特例居住用家屋」の新築・取得の場合は、**合計所得金額が1,000万円以下の年**については、住宅ローン控除の適用を受けることができます。

したがって、床面積が「40㎡」で、合計所得金額が「800万円」である本肢の場合、他の要件を満たせば、住宅ローン控除の適用を受けることができます。

➡41条、施行令26条

肢**1**は、最近の改正によって変更された内容です。要するに、新築住宅や買取再販住宅である省エネ住宅を取得した場合の限定で、「借入限度額3,000万円～4,500万円、控除期間13年間、控除率0.7%」という内容の住宅ローン控除が適用されることになりました。

これに対して、省エネ住宅である**既存住宅**の取得の場合には「借入限度額3,000万円、控除期間10年間、控除率0.7%」、増改築や省エネ住宅でない既存住宅の取得の場合には「借入限度額2,000万円、控除期間10年間、控除率0.7%」という内容の住宅ローン控除が適用されます。

試験対策上は、まずは、本問で出題した「新築住宅」や「買取再販住宅である省エネ住宅」を取得した場合を、しっかりと理解しておきましょう。

問 24　固定資産税

1

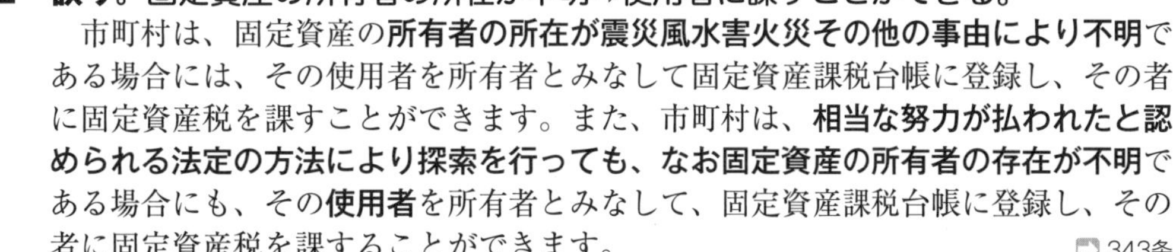

1　正しい。

特に重要

固定資産税の納税者は、固定資産課税台帳に登録された「**価格**」に不服がある場合に限り、固定資産評価審査委員会に対して、**審査の申出**をすることができます。

➡地方税法432条

2　誤り。固定資産の所有者の所在が不明➡使用者に課すことができる。

市町村は、固定資産の**所有者の所在が震災風水害火災その他の事由により不明**である場合には、その使用者を所有者とみなして固定資産課税台帳に登録し、その者に固定資産税を課すことができます。また、市町村は、**相当な努力が払われたと認められる法定の方法により探索を行っても、なお固定資産の所有者の存在が不明**である場合にも、その**使用者**を所有者とみなして、固定資産課税台帳に登録し、その者に固定資産税を課することができます。　➡343条

3　誤り。「○年1月1日時点で固定資産が存在しない」➡「○年度分」は課税なし。

固定資産税は、**賦課期日**（令和6年度分であれば**令和6年1月1日**）**現在の固定資産に課されます**。したがって、令和6年2月1日に「新築」された家屋（1月1日時点では存在しない）については、そもそも令和6年度分の固定資産税は課されず、その税額控除が問題となることもありません。

なお、新築された住宅が所定の要件を満たす場合は、新たに課税される年度から3年度分（3階建以上の耐火建築物および準耐火建築物は5年度分）に限り、当該住宅に係る固定資産税額（居住部分で1戸あたり120㎡相当分まで）の1／2に相当する額が減額されます。　➡359条、附則15条の6

4　誤り。小規模住宅用地の課税標準➡「登録価格×1／6」。

200㎡以下の住宅用地（小規模住宅用地）に対して課する固定資産税の課税標準は、当該小規模住宅用地に係る固定資産税の課税標準となるべき価格の**1／6**となります。「1／3」ではありません。　➡349条の3の2

肢**2**の「相当な努力が払われたと認められるものとして政令で定める方法により探索を行っても、なお固定資産の所有者の存在が不明である場合」に関する納税義務者決定の手続は、近年の改正で新設されたものです。

同肢前半の「固定資産の所有者の所在が震災・風水害・火災その他の事由により不明である場合」（H20年に出題あり）とともに、時事問題ともいえる内容です。きちんと理解しておきましょう。

問 25 地価公示法

正解

3

1 誤り。土地の取引を行う者➡公示価格を指標として取引する努力義務を負う。

特に重要

都市およびその周辺の地域等において、土地の取引を行う者は、取引の対象土地に類似する利用価値を有すると認められる標準地について公示された価格を「**指標**」として「**取引**を行うよう『**努め**』なければならない」とされています。

つまり、この土地の取引を行う者の責務は、あくまで“努力義務”にすぎず、通常の意味での「義務」ではありません。

➡ 地価公示法1条の2

2 誤り。公示区域➡都市計画区域外にも定めることができる。

公示区域とは、土地鑑定委員会が**都市計画区域**「**その他**」の土地取引が相当程度見込まれるものとして国土交通省令で定める区域（国土利用計画法で指定された規制区域を除く）において定める区域です。

したがって、公示区域は、都市計画区域内だけでなく、**都市計画区域外**にも定めることができます。

➡ 2条

3 正しい。

土地鑑定委員会が、標準地の単位面積当たりの正常な価格を判定したときは、①標準地の所在の郡・市・区・町村・字・地番、②標準地の単位面積当たりの価格・価格判定の基準日、③標準地の地積・形状、④標準地および「**その周辺の土地**」の**利用の現況**等について、公示しなければなりません。

したがって、土地鑑定委員会は、標準地の利用の現況だけでなく、「標準地の周辺の土地」の利用の現況についても、あわせて公示しなければなりません。

➡ 6条

4 誤り。「類似する利用価値あり」と認められる1または2以上の標準地と比較する。

「公示価格を規準とする」とは、対象土地の価格を求めるに際して、当該対象土地と「これに**類似する利用価値**を有すると認められる1または2以上の標準地」との位置・地積・環境等の土地の客観的価値に作用する諸要因についての比較を行い、その結果に基づき、当該標準地の公示価格と当該対象土地の価格との間に均衡を保たせることをいいます。

つまり、当該対象土地との比較の対象となる標準地は、「これに類似する利用価値を有すると認められる1または2以上の標準地」であって、「当該対象土地に最も近い位置に存する標準地」ではありません。

➡ 11条

肢**3**の標準地の価格等の公示（**公示事項**）については、近年、実は**出題が急増**しています。**見落としがちな項目**ですから、今一度確認しておきましょう。

問 26 宅建業の免許

正解

2

ア　誤り。宅地分譲の代理➡「県からの依頼」でも免許が必要。

地方公共団体には、宅建業法の規定は適用されません。しかし、地方公共団体から代理の依頼を受けた者には、宅建業法の規定が適用されます。したがって、不特定多数の者に対する宅地分譲を代理して行うAは、免許を受ける必要があります。

➡ 宅建業法2条、3条

イ　誤り。破産管財人の任意売却➡宅建業に該当しない。

破産管財人が、破産財団の換価のために自らの名において任意売却により宅地または建物の取引を反復継続して行う行為は、破産法に基づく行為として裁判所の監督の下に行われるものなので、「業として」行うものではありません。

したがって、Bは、免許を受ける必要がありません。

➡ 2条、3条、宅建業法の解釈・運用の考え方

ウ　正しい。反復継続する宅地の購入の媒介➡免許が必要。

組合方式による住宅の建築という名目で組合参加者を募集した場合でも、自らは組合員とならずに、組合員に「**宅地**」の「**売買の媒介**」を「**業**」として行う行為は、宅建業に該当します。したがって、Cは免許を受ける必要があります。

➡ 宅建業法2条、3条、宅建業法の解釈・運用の考え方

エ　正しい。

国のガイドライン（宅建業法の解釈・運用の考え方）は、免許申請書・免許申請書への添付書類・宅建業者名簿登載事項変更届出書・宅建業者免許証書換え交付申請書・宅建業者免許証再交付申請書・営業保証金供託済届出書・案内所等の届出書（「免許申請書等」）の記載事項のうち、法人の代表者および役員、免許を受けようとする個人、政令で定める使用人ならびに専任の宅建士の氏名における旧姓併記または旧姓使用については、旧姓併記・旧姓使用を希望する者は、**免許申請書等に旧姓を併記・旧姓を使用してよい**としています。

そして、旧姓が併記された免許証の交付を受けた日以降は、旧姓併記・旧姓使用を希望する者は、宅建業者票の記載事項のうち、代表者氏名については旧姓を併記し、媒介契約書面・重要事項説明書・37条書面は旧姓を併記・旧姓を使用してもよいとしています。

➡ 宅建業法4条、宅建業法の解釈・運用の考え方

以上より、正しいものは**ウ・エ**の２つであり、正解は肢**2**となります。

記述**エ**は、国土交通省のガイドラインの近年の変更点からの出題です。この変更によって、記述**エ**のような取扱いが可能であることが明記されました。

なお、本問のような個数問題は、１つ１つの知識が正確でないと正解できない出題形式です。特に宅建業法での出題が多いので、宅建業法については、他の科目以上に知識を正確に覚えなければなりません。

問27 宅建業の免許

正解

2

1 **誤り。未成年者の法定代理人である法人の役員が欠格者➡本人も欠格。**

営業に関し成年者と同一の行為能力を**有しない未成年者**で、その「**法定代理人**」が一定の免許欠格事由に該当する場合は、免許を受けることができません。この「法定代理人」には、法定代理人が法人である場合（＝未成年後見人が、法人の場合）には、その**役員を含みます**。

したがって、未成年者の法定代理人である法人の役員Ｂが暴行罪を犯し、罰金の刑に処せれ、その刑の執行を終わった日から５年を経過していないときは、Ｂは、免許の欠格事由にあたりますので、営業に関し成年者と同一の行為能力を有しない未成年者Ａ自身も、免許の欠格事由にあたり、免許を受けることができません。

➡ 宅建業法5条

2 **正しい。暴力団員等に事業活動が支配されている業者➡免許欠格。**

「**暴力団員等**」(暴力団員または暴力団員でなくなった日から５年を経過しない者)**がその事業活動を支配する者**は、免許を受けることができません。したがって、「暴力団員等」であるＣが事業活動を支配している法人Ｄは、ＣがＤの役員であるか否かにかかわらず、免許を受けることができません。 ➡ 5条

3 **誤り。役員が暴力団員でなくなった➡「５年」経過するまでは、法人も免許欠格。**

法人でその役員に免許欠格事由に該当する者がいる場合、その法人は免許を受けることができません。暴力団員または**暴力団員でなくなった日**から**５年**を経過しない者（暴力団員等）は、免許欠格事由に該当します。したがって、法人Ｅは、その役員Ｆが暴力団員でなくなった日から「３年」ではなく、「５年」を経過するまでは、免許を受けることができません。 ➡ 5条

4 **誤り。刑の全部の執行猶予の猶予期間を満了➡欠格事由に該当しない。**

禁錮以上の刑に処せられ、その刑の執行を終わり、または執行を受けることがなくなった日から５年を経過しない者は、免許の欠格事由に該当します。

ただし、刑の全部の執行猶予付きの刑に処せられた場合は、その**猶予期間を満了**すれば、もはや**免許の欠格事由に該当し**ません。

本肢の法人Ｇの役員Ｈは、刑の全部の執行猶予の猶予期間を満了しているので、免許の欠格事由にあたらず、法人Ｇは、免許を受けることができます。 ➡ 5条

【肢2・3について】暴力団員等の排除を徹底するため、「暴力団員等」や「暴力団員等がその事業活動を支配する者」は、宅建業者の免許欠格事由（免許の基準）に該当するとされています。宅建士の登録欠格事由（登録の基準）にも同趣旨の規定がありますので、あわせて整理しておきましょう。

問28 宅建士

正解

1

1 **正しい。**

暴力団員または**暴力団員でなくなった日**から**５年**を経過しない者（暴力団員等）は、宅建士の登録を受けることができません。 ➡ 宅建業法18条

2 **誤り。登録の移転の申請➡義務ではない。**

登録の移転の申請をするかどうかは、登録を受けている者の**任意**であり、義務ではありません。 ➡ 19条の2

3 **誤り。勤務先の商号変更➡宅建士証の書換え交付は不要。**

宅建士は、**勤務先の宅建業者**が**商号**を変更した場合には、遅滞なく、変更の登録を申請しなければなりません。しかし、その申請とあわせて、宅建士証の書換え交付を申請する必要はありません。 ➡ 20条、18条、施行規則14条の2の2、14条の13

4　誤り。事務禁止の際の宅建士証の提出先➡交付知事。

宅建士は、事務禁止処分を受けた場合には、速やかに、宅建士証を「**交付を受けた**都道府県知事」（＝登録している都道府県知事）に提出しなければなりません。

したがって、宅建士証の提出先は、甲県知事です。　➡ 宅建業法22条の2

肢**1**は、暴力団員等の排除を徹底するための規定です。宅建業者の「免許の基準」にある同じ趣旨の規定（問27-肢**2**参照）とあわせて確認しておきましょう。

問 29　宅建士

2

ア　誤り。宅建士証の住所欄にシールを貼って提示しても、差し支えない。

宅建士は、取引の関係者から請求があったときは、宅建士証を提示しなければなりませんが、この宅建士証の提示に当たり、個人情報保護の観点から、**宅建士証の住所欄にシール**を貼ったうえで提示しても差し支えありません。

ただし、容易に剥がすことが可能なシールであり、宅建士証を汚損しないよう注意する必要があります。　➡ 宅建業法22条の4、宅建業法の解釈・運用の考え方

イ　誤り。契約行為等を行う案内所➡1人以上の専任の宅建士を置けばよい。

宅建業者は、10区画以上の一団の宅地または10戸以上の一団の建物の分譲を行う案内所を設置し、その案内所で**契約行為等を行う**場合、その案内所に「**1人以上**」の**成年者である専任の宅建士**を置かなければなりません。

「事務所」と異なり、業務に従事する者の「5人に1人以上」の割合で置く必要はありません。　➡ 宅建業法31条の3、施行規則15条の5の2、15条の5の3

ウ　正しい。

宅建業者が事務所ごとに備える従業者名簿の記載事項に、**従業者個人の住所**は**含まれていません**。したがって、宅建業者は、その従業者が住所を変更した場合でも、従業者名簿に変更内容を記載する必要はありません。　➡ 宅建業法48条、施行規則17条の2

エ　正しい。

宅建士証には、宅建士の氏名・生年月日・住所などの一定事項が記載されています。この記載事項のうち、宅建士の「氏名」における旧姓使用については、「旧姓使用を希望する者に対しては、**宅建士証に旧姓を併記**することが適当」と解されています。なお、この場合、旧姓が併記された宅建士証の交付を受けた日以降は、書面の記名等の業務において旧姓を使用してよいとされていますが、「業務の混乱および取引の相手方等の誤認を避けるため、恣意的に現姓と旧姓を使い分けることは、厳に慎むべき」とされています。　➡ 施行規則14条の11、宅建業法の解釈・運用の考え方

以上より、正しいものは**ウ・エ**の2つであり、正解は肢**2**となります。

【記述ウについて】従業者の「住所」は、従業者名簿の記載事項から除外されていることに注意しましょう。従業者名簿は取引の関係者の閲覧に供されるため、従業者名簿に従業者個人の住所を記載することは個人情報保護の点から問題となるからです。記述**ア**と同様に、**プライバシーに配慮**した今日的な内容ですから、しっかり確認しておきましょう。

また、記述**エ**は、国土交通省のガイドラインの近年の変更点です。このような取扱いが可能であることを押さえておきましょう。

問 30 営業保証金

『基本テキスト』
2 宅建業法
P273～282

正解

4

絶対落とすな!
A
重要度

1 誤り。「免許を受けた日から２週間以内」という期間制限はない。

宅建業者は、主たる事務所・その他の事務所ごとに政令で定める額の営業保証金を、主たる事務所の供託所に供託しなければなりません。しかし、「免許を受けた日から２週間以内」という、供託に関する期間制限はありません。

なお、この場合、Ａは、供託した旨の届出をした後でなければ、その事業を開始することができません。

➡ 宅建業法25条

2 誤り。営業保証金➡有価証券でも供託できる。

宅建業者は、営業保証金の還付が行われたため、営業保証金が政令で定める額に不足するときは、不足額を供託すべき旨の通知書の送付を受けた日から２週間以内に、不足額を供託しなければなりません。しかし、この補充供託は**金銭で行う必要はありません**。

➡ 28条、25条、営業保証金規則５条

3 誤り。事務所の一部廃止による営業保証金の取戻し➡公告が必要。

一部の事務所を廃止したため、営業保証金の額が政令で定める額を超えた場合は、６ヵ月以上の**公告**をしなければ、その超過額を取り戻すことができません。

➡ 宅建業法30条

4 正しい。

宅建業者と宅建業に関し取引をした者は、宅建業者を除き、その取引により生じた債権に関し、宅建業者が供託した営業保証金について弁済を受ける権利（還付請求権）を有します。

ただし、**宅建業者は、還付請求権を有する者から除かれています**ので、宅建業者Ｂは、Ａが供託した営業保証金から弁済を受ける権利を有しません。

➡ 27条

【肢４について】 宅建業者は、営業保証金の還付請求権者から除外されていることに注意しましょう。宅建業者への還付を認めると、一般の消費者に還付すべき営業保証金が不足するおそれがあるからです。なお、これと同じ趣旨で、弁済業務保証金の還付請求権者についても、宅建業者が除外されています。あわせて確認しておきましょう。

問 31 業務上の諸規制

『基本テキスト』
2 宅建業法
P329、330、359～362

正解

1

ア 違反する。手付放棄による解除➡違約金・損害賠償請求は不可。

宅建業者は、自ら売主となる売買契約で、買主が、手付放棄による解除（解約手付）をした場合でも、**違約金や損害賠償の請求をすることはできません**。また、これに反する特約は禁止されています。

したがって、買主から手付放棄による契約解除の申出を受けた際、違約金の支払を要求するＡの行為は、宅建業法に違反します。

➡ 宅建業法39条

イ 違反する。帳簿➡事務所ごとに備え、取引のあったつど記載。

宅建業者は、その事務所ごとに、その業務に関する帳簿を備え、宅建業に関し**取引のあったつど**、その年月日、その取引に係る宅地・建物の所在および面積等を記載しなければなりません。

したがって、取引のあった月の翌月30日にそれらの事項をまとめて記載したＡの行為は、宅建業法に違反します。

➡ 49条

ウ　違反しない。「案内所」「物件の所在地」の両方に標識を掲示すれば、問題なし。

特に重要

宅建業者は、**一団の宅地・建物の分譲を行う案内所**やその**宅地・建物の所在地**に、**標識**を掲示しなければならず、標識には、**免許証番号**や**主たる事務所の所在地**等を記載しなければならなりません。

したがって、Aの行為は宅建業法に違反しません。

50条、施行規則19条、別記様式10号・10号の2・11号

以上より、違反しないものは**ウ**1つであり、正解は肢**1**となります。

問32　媒介契約の規制

『基本テキスト』
2 宅建業法
P297〜303

正解

1

ア　誤り。（専属）専任媒介契約を締結➡必ず指定流通機構に登録。

特に重要

宅建業者は、**（専属）専任媒介契約**を締結したときは、必ず**指定流通機構に登録**しなければなりません。たとえ依頼者の申出があっても、指定流通機構への登録義務を免れることはできませんので、登録しない旨の特約は無効です。

宅建業法34条の2

イ　誤り。一般媒介契約でも、意見の根拠の明示が必要。

媒介を依頼された物件の価額・評価額について、宅建業者が意見を述べるときは、**必ず根拠**を示さなければなりません。**一般媒介契約の場合も同じ**です。　34条の2

ウ　誤り。指定流通機構に登録➡「遅滞なく」登録済証を引き渡す。

宅建業者は、指定流通機構に登録した場合は、「**遅滞なく**」、指定流通機構が発行する登録を証する書面（登録済証）を依頼者に引き渡すか、または当該書面の引渡しに代えて、依頼者の承諾を得て、当該書面において証されるべき事項を一定の電磁的方法により提供するか、いずれかをしなければなりません。「7日以内」ではありません。

34条の2

エ　正しい。

特に重要

宅建業者は、媒介契約書面の交付に代えて、依頼者の**書面等による承諾**を得て、当該書面に記載すべき事項を、**記名押印に代わる一定の措置**を講ずる**電磁的方法**により提供できます。この場合において、宅建業者は、「書面に記名押印し、これを交付した」とみなされます。

34条の2

以上より、正しいものは**エ**の1つであり、正解は肢**1**となります。

講師陣のアドバイス

記述**ウ**のとおり、近年の改正により、宅建業者は、登録を証する書面（登録済証）の引渡しに代えて、依頼者の書面等による承諾を得て、登録済証に証される事項を、一定の電磁的方法により提供できることになりました。この場合、宅建業者は、「登録済証を引き渡した」とみなされます。

また、記述**エ**のように、近年の改正により、媒介契約書面の交付に代えて、依頼者の書面等による承諾を得れば、書面の記載事項を電磁的方法で提供できることになりました。

問 33 媒介契約の規制

『基本テキスト』
2 宅建業法
P300、311

正解

2

合否の分かれめ
B
重要度

1 誤り。建物状況調査実施者のあっせんに関する事項の記載➡省略不可。

特に重要

宅建業者は、**既存の建物**について売買・交換の媒介契約を締結したときは、媒介契約書面に、依頼者に対する**建物状況調査を実施する者のあっせん**に関する事項を必ず記載しなければなりません。したがって、「依頼者があっせんを希望しなかった場合」でも、記載を省略することはできません。 ➡ 宅建業法34条の2

2 正しい。

宅建業者は、既存の建物について売買・交換の媒介契約を締結したときは、媒介契約書面に「建物状況調査を実施する者の**あっせんの有無**」について記載しなければなりません。

なお、「建物状況調査」とは、建物の**構造耐力上主要な部分**（住宅の基礎・基礎ぐい・壁・柱等で、当該住宅の自重・積載荷重等を支えるもの）または**雨水の浸入を防止する部分**（住宅の屋根・外壁等）の状況について、国土交通大臣が定める**講習を修了した建築士が実施**する調査をいいます。 ➡ 34条の2、宅建業法の解釈・運用の考え方

3 誤り。売却希望者・購入希望者双方が同意➡調査の実施主体となれる。

建物状況調査の結果に関する客観性を確保する観点から、売却希望の依頼者および購入希望の依頼者（交換希望の依頼者を含む）の**同意がある場合を除き**、宅建業者は、自らが取引の媒介を行う場合に、建物状況調査の実施主体となることは、適当ではないとされています。

逆にいえば、売却希望の依頼者および購入希望の依頼者双方の同意があれば、建物状況調査の実施主体となっても問題ありません。

➡ 34条の2、宅建業法の解釈・運用の考え方

4 誤り。報酬とは別の「あっせん料金」の受領➡不可。

宅建業者は、依頼者に対し建物状況調査を実施する者をあっせんした場合において、報酬とは別にあっせんに係る料金を受領することはできないとされています。建物状況調査を実施する者のあっせんは、媒介業務の一環だからです。

したがって、Aは、報酬とは別に、あっせんに係る料金を受領することはできません。 ➡ 34条の2、宅建業法の解釈・運用の考え方

既存住宅の流通を促進するには、**専門家による建物状況調査**（インスペクション）の活用を促して、売主や買主が**安心して取引**できるようにするのが効果的です。そこで、媒介契約書面の記載事項として、「当該建物が既存の建物であるときは、依頼者に対する建物状況調査を実施する者のあっせんに関する事項」が設けられています。

つまり、「建物状況調査を行う専門家のあっせんの有無」を媒介契約書面に記載することによって、建物状況調査の利用を促しているわけです。

問 34　重要事項の説明

『基本テキスト』
2 宅建業法
P304〜315

正解

4

重要事項の説明にテレビ会議等のＩＴを活用するにあたっては、一定の要件をすべて満たしている場合に限り、対面による重要事項の説明と同様に取り扱うこととされます（ＩＴ重説）。

1　正しい。

宅建士は、ＩＴを活用した重要事項の説明を開始した後、映像を視認できないまたは音声を聞き取ることができない状況が生じた場合には、**直ちに説明を中断**し、当該状況が解消された後に説明を**再開**しなければなりません。

➡ 宅建業法35条、宅建業法の解釈・運用の考え方

2　正しい。

宅建業者は、**宅建士により記名**された**重要事項説明書**および添付書類を、重要事項の説明を受ける者に、あらかじめ**交付**（**電磁的方法**による提供を含む）しておかなければなりません。

➡ 宅建業法35条、宅建業法の解釈・運用の考え方

3　正しい。

ＩＴ重説の際には、宅建士が、**宅建士証を提示**し、重要事項の説明を受けようとする者が宅建士証を視認できたことを、確認しなければなりません。

相手方の承諾があっても、宅建士証の提示を省略することはできません。

➡ 宅建業法35条、宅建業法の解釈・運用の考え方

4　誤り。既存の建物の貸借➡「設計図書などの保存状況」は説明が不要。

既存の建物の売買・交換の場合、「設計図書・点検記録その他の建物の建築および維持保全の状況に関する**書類の保存状況**」を説明しなければなりません。しかし、既存の建物の**貸借**の場合は、**説明不要**です。

所有者ではない「借主」によるリフォームの実施などは、一般に想定されないからです。

➡ 宅建業法35条、施行規則16条の2の3

肢**1**〜**3**は、いわゆる「ＩＴ重説」（テレビ会議等のＩＴを活用した重要事項説明）に関する出題です。一定の要件を満たしていれば、ＩＴ重説は、対面による重要事項説明と同様に取り扱われます。

なお、肢**2**のとおり、近年の改正によって、重要事項説明書等の交付には、電磁的方法による提供が含まれることになりました。注意しておきましょう。

問 35 重要事項の説明

『基本テキスト』
2 宅建業法
P304～315

正解

3

絶対落とすな!

A

重要度

1 誤り。鉄筋コンクリート造の共同住宅➡実施後２年以内の建物状況調査を説明。

特に重要

建物が既存の建物であるときは、建物状況調査（実施後１年〈**鉄筋コンクリート造**または**鉄骨鉄筋コンクリート造**の**共同住宅**等では、**２年**〉を経過していないものに限る）を実施しているかどうか、および、これを実施している場合におけるその結果の概要を説明しなければなりません。

本肢の既存の建物は「鉄筋コンクリート造の共同住宅」ですので、その実施の有無等の説明が必要となる建物状況調査は、実施後「１年」以内のものに限られず、「２年以内」であればよいことになります。

➡ 宅建業法35条、施行規則16条の２の２

2 誤り。造成宅地防災区域内にある旨➡貸借の場合も説明が必要。

宅地・建物が宅地造成及び特定盛土等規制法により指定された**造成宅地防災区域内**にあるときは、売買・交換の場合だけでなく、**貸借**の場合にも、その旨を説明しなければなりません。

➡ 宅建業法35条、施行規則16条の４の３

3 正しい。

マンションの売買の媒介の際には、共用部分に関する**規約の定め**（その**案を含む**）**があるときは**、その内容を説明しなければなりません。しかし、規約もその案もなければ、その旨を説明する必要はありません。

➡ 宅建業法35条、施行規則16条の２

4 誤り。天災その他不可抗力による損害の負担➡説明が不要。

天災その他不可抗力による損害の負担（危険負担）は、重要事項として説明すべき事項には含まれないので、この事項を説明する必要はありません。なお、37条書面の記載事項には、「天災その他不可抗力による損害の負担に関する定めがあるときは、その内容」が含まれています（任意的記載事項）。

➡ 宅建業法35条、37条参照

肢１に注目しましょう。実施の有無等の説明が必要とされる「建物状況調査」について、鉄筋コンクリート造または鉄骨鉄筋コンクリート造の共同住宅等の場合には「２年」以内のものとする規定は、直近の改正ポイントです。

本肢と同様に、「１年」という原則的な数字とのひっかけが想定されるので、正確に覚えておかなければなりません。

問 36 重要事項の説明

『基本テキスト』
2 宅建業法
P304～315

正解

絶対落とすな!

A

重要度

ア 誤り。相手方が宅建業者➡重要事項説明書の交付で足り、宅建士による説明は不要。

宅建業者は、建物（昭和56年６月１日以降に新築工事に着手したものを除く）が、建築物の耐震改修の促進に関する法律に規定する所定の耐震診断を受けたものであるときは、その内容を記載した重要事項説明書を交付しなければなりません。

ただし、本問のように、**相手方が宅建業者**の場合は、**宅建士による説明は不要**です。

➡ 宅建業法35条、施行規則16条の４の３

イ 誤り。書類の「有無」を記載すればＯＫ。書類の「内容」は記載不要。

特に重要

宅建業者は、建物が既存建物の場合は、設計図書・点検記録その他の建物の建築・維持保全の状況に関する書類で国土交通省令で定めるもの（例えば「建築確認の申請書・確認済証・検査済証・建物状況調査の結果についての報告書」）の**保存の状況**を記載した重要事項説明書を交付しなければなりません。

もっとも、この記載事項は、原則として、当該書類の「**有無**」についてのものであり、当該書類に記載されている「内容」の記載まで宅建業者に義務付けていません。

なお、記述**ア**と同様、相手方が宅建業者の場合は、宅建士による説明は不要です。

➡ 宅建業法35条、宅建業法の解釈・運用の考え方

ウ　正しい。
宅建業者は、宅地・建物の売買・交換・**貸借**のいずれの取引の場合でも、当該宅地・建物が津波防災地域づくりに関する法律により指定された**津波災害警戒区域内**にあるときは、**その旨**を記載した重要事項説明書を交付しなければなりません。
なお、記述**ア・イ**と同様、本問のように相手方が宅建業者の場合は、宅建士による説明は不要です。　宅建業法35条、施行規則16条の4の3

以上より、正しいものは**ウ**の1つであり、正解は肢**1**となります。

記述**ア**で出題したように、相手方が宅建業者である場合、宅建士の記名のある重要事項説明書を交付するだけで足り、宅建士による説明は不要である点に注意しましょう。

問37　37条書面

ア　記載必要。建物の特定に必要な表示➡貸借の場合でも記載が必要。
建物の売買・交換の場合だけでなく、建物の貸借の場合にも、「当該建物の所在・種類・構造その他当該建物を特定するために必要な表示」を、37条書面に必ず記載しなければなりません。　宅建業法37条

イ　記載不要。貸借➡「当事者双方が確認した事項」は記載が不要。
既存の建物の**売買・交換**の場合、「建物の構造耐力上主要な部分等の状況について当事者双方が確認した事項」を37条書面に必ず記載しなければなりません。しかし、既存の建物の**貸借**の場合は、**記載不要**です。　37条

ウ　記載必要。貸借でも、損害賠償額の予定等の内容は記載が必要。
建物の売買・交換の場合だけでなく、建物の貸借の場合にも「**損害賠償額の予定**または**違約**金に関する**定めがあるとき**は、その内容」を、37条書面に必ず記載しなければなりません。　37条

エ　記載不要。貸借➡租税公課の負担の定めは記載が不要。
建物の**売買・交換**の場合、「当該建物に係る租税その他の公課の負担に関する定めがあるときは、その内容」を、37条書面に必ず記載しなければなりません。しかし、建物の**貸借**の場合は、**記載不要**です。　37条

以上より、必ず記載しなければならない事項は、**ア・ウ**の2つであり、正解は肢**2**となります。

記述**イ**の「建物の構造耐力上主要な部分等の状況について当事者双方が確認した事項」は、既存建物の売買・交換の場合のみにおける37条書面の必要的記載事項です。
「このような事項を37条書面に記載しておくことで、契約不適合をめぐるトラブルを未然に防ぐ」という趣旨によるものです。

問 38　クーリング・オフ

正解

3

1　誤り。ファミレスで契約の申込み➡クーリング・オフの適用あり。

宅建業者が自ら売主となる宅地・建物の売買契約について、宅建業者の**事務所等以外の場所**で、その宅地・建物の買受けの申込みをした者または売買契約を締結した買主は、原則として、クーリング・オフができます。

例えば、喫茶店・**ファミリーレストラン**等で契約締結等を行った場合は、「事務所等以外の場所」で契約締結等を行ったとして、クーリング・オフの適用があります。また、買受けの申込みをした場所と売買契約を締結した場所が異なる場合には、「事務所等以外の場所」にあたるか否かは、**買受けの申込みをした場所で判断**します。

したがって、Bは、「事務所等以外の場所」にあたるファミリーレストランで買受けの申込みをした場合には、その後Aの事務所で売買契約を締結したとしても、クーリング・オフによる契約解除ができます。

➡ 宅建業法37条の2、宅建業法の解釈・運用の考え方

2　誤り。電話勧誘で自宅等を訪問➡クーリング・オフの適用あり。

特に重要

宅建業者の相手方が、**自宅**または**勤務する場所**（自宅等）で宅地・建物の売買契約に関する説明を受ける旨を**申し出た**場合には、相手方の自宅等は、クーリング・オフの適用がない「事務所等」にあたります。

しかし、この場合と異なり、宅建業者が、顧客からの申出によるのではなく自らの電話等による勧誘によって、顧客から自宅等への訪問等の了解を得たうえで、自宅等で契約締結等を行ったときは、クーリング・オフの適用があります。

したがって、Aが電話での勧誘によりBの自宅を訪問した場合には、AがBから自宅への訪問の了解を得たうえで、Bの自宅で契約締結を行ったとしても、Bは、クーリング・オフによる契約解除ができます。

➡ 宅建業法37条の2、施行規則16条の5、宅建業法の解釈・運用の考え方

3　正しい。

クーリング・オフの規定に反する特約で**申込者等に不利**なものは、**無効**です。例えば、宅建業者がクーリング・オフの適用がある場所で契約締結等を行った場合で、相手方に対して**クーリング・オフをしない旨の合意を取り付ける行為**は、申込者等に不利な特約として無効となります。また、たとえ相手方が合意に応じたとしても、この制度の適用がある場所で契約締結等を行った場合は、クーリング・オフが適用されます。

したがって、Bは、クーリング・オフの適用される事務所等以外の場所（ホテルのロビー）で買受けの申込みおよび売買契約の締結をした場合には、たとえAがBからクーリング・オフをしない旨の合意を取り付けていたとしても、クーリング・オフによる契約解除ができます。　➡ 宅建業法37条の2、宅建業法の解釈・運用の考え方

4　誤り。クーリング・オフを妨害➡監督処分の対象となる。

宅建業者が、クーリング・オフの適用がある場所で契約締結等を行ったにもかかわらず、相手方に対して、クーリング・オフができない旨を告げたり、「クーリング・オフをするには損害賠償または違約金が発生する」などと告げたりすることは、宅建業法に違反します。この場合、当該宅建業者は、情状に応じ、指示処分や業務停止処分などの対象となります。　➡ 宅建業法37条の2、65条、宅建業法の解釈・運用の考え方

近年は**国土交通省のガイドライン**である「宅建業法の解釈・運用の考え方」が"**出題ネタ**"となることも多いので、本問では、同ガイドラインの「**過去10年内の改正で内容が補充された部分**」から出題しました。
日頃の過去問学習にはない"**新ネタ感**"を、**本問で味わってください！**

問 39　8種制限・総合

正解

3

1　誤り。損害賠償額の予定を定めない場合➡「代金額の2／10」に限定されない。

宅建業者が自ら売主となる宅地・建物の売買契約で、当事者の債務の不履行を理由とする契約解除に伴う損害賠償の額を**予定**し、または違約金を**定める**ときは、これらを合算した額が代金の額の**2／10**を超える定めをしてはなりません。

しかし、損害賠償額の予定等を**しなかった**場合、損害賠償の額は、代金の額の**2／10に限定されません。**

➡ 宅建業法38条

2　誤り。契約の相手方が履行に着手するまでは、手付解除できる。

宅建業者が自ら売主となる契約では、手付は常に解約手付の性質を有するので、手付が交付されている場合、**契約の相手方が履行に着手するまで**は、手付解除ができます。

したがって、Aは、自らが契約の履行に着手した後でも、相手方であるBが契約の履行に着手していなければ、手付の倍額を現実に提供して、契約を解除できます。

➡ 39条

3　正しい。

宅建業者は、自ら売主となる宅地・建物の売買契約で、種類・品質に関する契約不適合責任（目的物が種類・品質に関して契約の内容に適合しない場合におけるその不適合を担保すべき責任）に関し、民法に規定する期間（担保責任の通知期間）について、「目的物の**引渡しの日**から**2年以上**」とする特約を除き、民法の規定より買主に不利となる特約をしてはなりません（担保責任の特約の制限）。この規定に反する**買主に不利な特約**は**無効**です。

本肢の特約は、期間を「当該売買契約を締結した日から２年間」とするものですが、そもそも引渡しが契約締結の「１ヵ月後」に行われることから、引渡しの日から数えると「１年11ヵ月」の期間を定めているにすぎません。したがって、本肢の特約は、「引渡しの日から２年以上となる特約」ではないので、買主に不利な特約として無効です。

➡ 40条

4　誤り。所有権留保の禁止➡代金の３／10を超える支払を受けている場合。

宅建業者が売主となり、宅建業者ではない者と割賦販売契約を締結する場合、所有権留保が禁止されるのは、代金額の**3／10**（本肢では1,500万円）を**超える**額の支払を受けている場合です。

本肢の場合は、２割までしか支払を受けておらず、いまだ所有権留保が認められます。

➡ 43条

【肢３に関連して】令和２年の民法改正に伴い、**8種制限の規定も大きく改正**されました。
改正後に出題ミスがあるなど、出題者側でさえ対応に苦慮している改正箇所ですが、そろそろ**毎年の出題テーマ**として定着するはずです。きちんと対策しておきましょう。

第1回　解答・解説　第2回　解答・解説　第3回　解答・解説

問 40　手付金等の保全措置

『基本テキスト』
2 宅建業法
P331～334

正解

1

特に重要

ア　誤り。完成物件か否かの判断➡売買契約時に行う。

完成物件であるか否かは、**売買契約時に判断**されます。本肢では、「売買契約時に工事完了前」なので、未完成物件として考えます。

未完成物件では、代金額の**5％**（本問では3,000万円×５％＝150万円）または**1,000万円**を超える手付金等を受領する場合は、保全措置を講じる必要があります。

➡ 宅建業法41条、施行令３条の５、宅建業法の解釈・運用の考え方

イ　誤り。手付金等の保全措置➡業者間取引には不適用。

手付金等の保全措置は、いわゆる「８種制限」であり、**宅建業者間の取引**には**適用されません**。

➡ 宅建業法78条

ウ　正しい。

買主に対して**所有権移転の登記**を行った場合には、**保全措置を講じる必要はありません**。したがって、Aは、銀行との保証委託契約を解除できます。

➡ 41条

以上より、正しいものは**ウ**の１つであり、正解は肢**1**となります。

【記述イについて】８種制限の問題では、「**“売主＝業者・買主＝非業者”**か否か」を必ずチェックしましょう。**買主が宅建業者**である場合は、そもそも「**８種制限は適用なし**」です！

問 41　報酬額の制限

『基本テキスト』
2 宅建業法
P338～351

正解

3

合否の分かれめ
B
重要度

低廉な空家等の売買・交換の媒介については、一定の限度で、現地調査等の費用を報酬に含めて請求できます。

➡ 宅建業法46条、告示第７

1　誤り。貸借の媒介・代理➡低廉な空家等の特例の対象外。

低廉な空家等の特例により現地調査等の費用を報酬に含めることができるのは、売買・交換契約を媒介・代理した場合です。

貸借契約を媒介・代理した場合には、**現地調査等の費用を報酬に含めて請求できません**。よって、貸主Bの承諾を得ていたとしても、宅建業者AがBから受け取ることができる報酬の上限額（消費税等相当額を含まない）は、10万円です。

2　誤り。低廉な空家等の特例➡代金等の額が400万円以下の物件のみ。

低廉な空家等の特例が認められるのは、代金等の額が「**消費税抜きで400万円以下**」の物件に限られます。したがって、代金額が1,000万円である本肢の事例には適用されません。

よって、AがCから受け取ることができる報酬の上限額（消費税等相当額を含まない）は、「1,000万円×３％＋６万円＝36万円」です。

3　正しい。

低廉な空家等の特例により、依頼者である売主から受ける報酬の額は、消費税等相当額を含めて**18万円**の1.1倍に相当する金額（＝19万8,000円）を超えてはなりません。つまり、本特例による消費税等相当額を含まない報酬の上限額は、18万円です。

したがって、AがDから受け取ることができる報酬の上限額（消費税等相当額を含まない）は、24万円ではなく、18万円です。

4　誤り。買主には、現地調査等の費用を上乗せして請求できない。

空家等の特例により現地調査等の費用を報酬に含めて請求できる相手方は、売買の場合には**売主だけ**です。中古住宅の流通促進という観点から、このような費用を買主に請求するのは、妥当でないからです。

したがって、買主Eから現地調査等の費用を含めて受け取ることはできないので、報酬の上限額（消費税等相当額を含まない）は、「200万円×５％＝10万円」です。

問42 業務上の諸規制

『基本テキスト』
2 宅建業法
P352～363

正解

4

ア　違反する。断定的判断の提供➡禁止。

特に重要

宅建業者は、宅建業に係る契約の締結の勧誘をするに際し、宅建業者の相手方等に対し、契約の目的物である宅地・建物の**将来の環境・交通その他の利便**について**誤解させるべき断定的判断を提供してはなりません。**

例えば、「将来南側に５階建て以上の建物が建つ予定は全くない」「○○の位置には、国道が２～３年後に必ず開通する」というような判断を断定的に提供することが該当します。また、故意であることを要しません。

➡ 宅建業法47条の２、施行規則16条の11、宅建業法の解釈・運用の考え方

イ　違反する。事実を歪めて告げること➡禁止。

宅建業者等は、宅建業に係る契約の締結の勧誘をするに際し、宅建業者の相手方等に対し、**正当な理由なく、当該契約を締結するかどうかを判断するために必要な時間を与えることを拒んではなりません。**

例えば、本記述のように、契約の相手方が「契約の締結をするかどうかしばらく考えさせてほしい」と申し出た場合に、事実を歪めて「明日では契約締結はできなくなるので、今日しか待てない」と告げることが該当します。

➡ 宅建業法47条の２、施行規則16条の11、宅建業法の解釈・運用の考え方

ウ　違反する。契約を締結しない旨の意思表示後の勧誘の継続➡禁止。

宅建業者等は、宅建業に係る契約の締結の勧誘をするに際し、宅建業者の相手方等が当該契約を締結しない旨の意思（**当該勧誘を引き続き受けることを希望しない旨の意思を含む**）を表示したにもかかわらず、当該勧誘を継続してはなりません。

➡ 宅建業法47条の２、施行規則16条の11

以上より、宅建業法の規定に違反しないものはなく、肢**4**が正解となります。

記述**ア**・**イ**は、国土交通省のガイドラインである「宅地建物取引業法の解釈・運用の考え方」の内容です。投資用マンションなどの強引な勧誘をめぐるトラブルが増加していることから、詳細な具体例とともに、契約締結の勧誘に際しての禁止事項が定められています。
本問で具体例に慣れておきましょう。

問43 案内所等の規制

『基本テキスト』
2 宅建業法
P352～363

正解

2

ア　誤り。案内所等の届出事項➡「専任の宅建士の氏名」が含まれる。

案内所等に関する届出事項には、所在地・業務内容・業務を行う期間・**専任の宅建士の氏名**があります。

➡ 宅建業法50条

イ　正しい。案内所の標識➡「売主の商号」または「名称」を表示。

特に重要

宅建業者は、他の宅建業者が行う一団の宅地建物の**分譲の代理**を**案内所**を設置して行う場合は、当該案内所に**標識を掲示**しなければならず、その標識には、**売主である宅建業者の商号または名称**を表示しなければなりません。

➡ 50条、施行規則19条、別記様式第11号の２

ウ　正しい。「クーリング・オフの可否」と「案内所に宅建士がいたか否か」は無関係。

特に重要

専任の宅建士の設置義務のある案内所で売買契約を締結した買主は、実際は案内所に専任の宅建士が設置されていなかったときでも、クーリング・オフによる売買契約の解除ができません。　➡ 宅建業法37条の２、施行規則16条の５、宅建業法の解釈・運用の考え方

以上より、正しいものは**イ**・**ウ**の２つであり、正解は肢**2**となります。

問 44 監督処分

正解

3

合否の分かれめ B 重要度

1 誤り。免許取消処分➡できるのは免許権者だけ。

特に重要

業務停止処分に違反することは、**免許取消処分**の対象になりますが、免許取消処分ができるのは**免許権者だけ**です。Aは甲県知事の免許を受けているので、国土交通大臣がAの免許を取り消すことはできません。

➡ 宅建業法66条

2 誤り。暴力団員等➡「免許欠格者」として必要的免許取消処分の対象。

暴力団員または暴力団員でなくなった日から5年を経過しない者（暴力団員等）であることは、宅建業者の免許欠格事由です。したがって、本肢の場合、Bは、丙県知事から**必ず免許を取り消されます**。それより軽い「業務停止処分」を受けることはありません。

➡ 66条、5条

3 正しい。

国土交通大臣または都道府県知事は、宅建業者に対する**業務停止処分・免許取消処分**をしたときは、①国土交通大臣の処分の場合には官報により、②都道府県知事の処分の場合には当該都道府県の**公報**または**ウェブサイト**への掲載その他の適切な方法により、その旨を**公告**しなければなりません。

したがって、Cに対して業務停止処分をした丁県知事は、丁県の公報等の適切な方法により、その旨を公告しなければなりません。

➡ 70条、施行規則29条

4 誤り。国土交通大臣➡宅建業を営むすべての者に報告を求めることができる。

国土交通大臣は、**宅建業を営むすべての者**に対して、また、都道府県知事は、当該都道府県の区域内で宅建業を営む者に対して、宅建業の適正な運営を確保するため必要があるときは、その業務について必要な**報告**を求め、またはその職員に事務所その他その業務を行う場所に立ち入り、帳簿・書類その他業務に関係のある物件を検査させることができます。

したがって、国土交通大臣は、その免許を受けた宅建業者だけでなく、宅建業を営むすべての者に対して、報告を求めることができます。

➡ 宅建業法72条

【肢2に関連して】「暴力団員等」であることは、宅建業者の免許欠格事由および宅建士の登録欠格事由であることから、必要的免許取消処分事由および登録消除処分事由にもなっています。
【肢3に関連して】都道府県知事の業務停止処分・免許取消処分に係る「公告」は、当該都道府県の公報への掲載だけでなく、「当該都道府県のウェブサイトへの掲載その他の適切な方法」でもできることに注意しておきましょう。

問 45 住宅瑕疵担保履行法

正解

2

A 重要度

1 誤り。50日経過後➡新たに「自ら売主」となる新築住宅の売買契約締結は不可。

特に重要

自ら売主となる売買契約に基づき買主に新築住宅を引き渡した宅建業者は、基準日に係る資力確保措置を講じない場合、または資力確保措置の状況についての届出をしない場合には、基準日の翌日から起算して「**50日**を経過した日以後」においては、新たに自ら売主となる新築住宅の売買契約を締結してはなりません。

「30日を経過した日以後」ではありません。

➡ 住宅瑕疵担保履行法13条

2 正しい。

資力確保措置を講じる義務がある宅建業者は、**基準日**から「**3週間以内**」に、**資力確保措置の状況**について、その免許権者に**届け出**なければなりません。

➡ 12条、施行規則16条

3 誤り。保証金の供託額➡引き渡した新築住宅の戸数を基準に算出。

住宅販売瑕疵担保保証金の供託額は、宅建業法上の営業保証金や弁済業務保証金分担金と異なり、設置している事務所の数ではなく、**引き渡した新築住宅の戸数を基準**として算出されます。

➡ 住宅瑕疵担保履行法11条、別表

4　誤り。買主が非業者➡資力確保措置が必要。

宅建業者は、自ら売主として、**宅建業者ではない買主**との間で新築住宅の売買契約を締結し、当該住宅を引き渡す場合には、**資力確保措置**を講じなければなりません。

買主が、本肢のようにハウスメーカーであっても、宅建業者でなければ同様です。

➡ 2条、11条

住宅瑕疵担保履行法は、**具体的な数字そのもの**（「50・3」など）が出題されることが多い項目です。肢**1**・**2**の数字を正確に覚えておきましょう。

問46　住宅金融支援機構

『基本テキスト』
５５問免除科目
P568〜570

正解

3

1　正しい。

機構は、**住宅のエネルギー消費性能**（「建築物のエネルギー消費性能の向上等に関する法律」に規定するエネルギー消費性能をいう）**の向上を主たる目的**とする住宅の**改良**に必要な資金の貸付けを、業務として行っています。

このことは、近年の改正により、機構の業務として追加されました。

➡ 住宅金融支援機構法13条

2　正しい。

機構は、高齢者が自ら居住する住宅について行う改良（改良後の住宅が加齢に伴って生ずる高齢者の身体機能が低下した状況に対応した構造・設備について機構が定める基準に適合する構造・設備を有するものにすること〈バリアフリー工事〉を主たる目的とするもの、または**住宅のエネルギー消費性能の向上を主たる目的**とするものに限る）に係る貸付けについて、**高齢者向け返済特例制度**（**債務者本人の死亡時に一括して借入金の元金を返済する制度**）を設けています。

➡ 住宅金融支援機構業務方法書24条

3　誤り。災害復興建築物の購入に付随しない改良資金の貸付け➡業務の範囲外。

機構は、災害復興建築物の購入に**付随する**当該災害復興建築物の**改良**に必要な資金の貸付けを業務として行っています。しかし、災害復興建築物の購入に「付随しない」改良資金の貸付けは、業務として行っていません。

➡ 住宅金融支援機構法13条、施行令５条

4　正しい。

金融機関による住宅の建設・購入に必要な資金などの貸付けであって、当該貸付けを受ける**高齢者の死亡時に一括償還**をする方法によるものを「**リバースモーゲージ型住宅ローン**」といいます。

そして、このうち、住宅ローンの返済が滞った場合に、あらかじめ機構と金融機関の間で締結した住宅融資保険契約に基づいて機構が金融機関に保険金を支払うものを「住宅融資保険付きリバースモーゲージ型住宅ローン」（**【リ・バース60】**）といい、これには、担保物件の売却代が残債務に満たない場合に、相続人に残債務を請求する「**リコース型**」と、請求しない「**ノンリコース型**」があります。

機構は、リバースモーゲージ型住宅ローンのうち、「リコース型」だけでなく「ノンリコース型」についても、住宅融資保険を引き受けています。

➡ 住宅金融支援機構業務方法書14条

肢**2**の「住宅のエネルギー消費性能の向上を主たる目的とする改良に係る貸付け」は、近年の住宅金融支援機構業務方法書（機構の業務の方法について、基本的な事項を定めたもの）の改定により、**高齢者向け返済特例制度の対象となる貸付けとして追加**されたものです。

「法令の改正」ではありませんが、宅建試験対策上は、“**一種の改正点**”と考えて確認しておきましょう。

問 47 景品表示法（公正競争規約）

正解 **1**

合否の分かれめ **B** 重要度

1　正しい。

特に重要

電車、バス等の交通機関の所要時間については、従来は、「通勤時の所要時間が平常時の所要時間を著しく超えるときは、通勤時の所要時間を明示する」と規定されていましたが、消費者利益を考慮して、近年の改正により、「**朝の通勤ラッシュ時の所要時間**を明示する」という内容に変更されました。

したがって、通勤時の所要時間が平常時の所要時間を著しく超えるかどうかに関係なく、朝の通勤ラッシュ時の所要時間を明示して表示しなければなりません。

なお、この場合は、平常時の所要時間を、その旨を明示して併記することができます。

➡ 表示規約施行規則9条

2　誤り。懸賞の方法で提供する景品➡最高額の制限あり。

事業者は、一般消費者に対し、原則として、「取引価額の20倍または**10万円**のいずれか低い価額」の範囲を超えて、**懸賞により提供する景品類**を提供してはなりません。

したがって、懸賞の方法により提供するものであっても、景品の最高額について制限を受けることになります。

➡ 景品規約３条

3　誤り。「最も遠い区画」を起点として算出した数値も表示する。

団地（一団の宅地・建物）と駅その他の施設との間の道路距離または所要時間の表示は、従来は、「その施設から最も近い当該団地内の地点を起点または着点として算出した数値を表示すること」と規定されていましたが、近年の改正により、「取引する区画のうちそれぞれの施設ごとにその施設から**最も近い区画**（マンション・アパートでは、その施設から最も近い建物の出入口）**を起点として算出した数値とともに**、その施設から**最も遠い区画**（マンション・アパートでは、その施設から最も遠い建物の出入口）**を起点として算出した数値も**表示する」と変更されました。

消費者利益を考慮し、遠い区画までの記載も義務づけたというわけです。

➡ 表示規約施行規則９条

4　誤り。他の建物の外観の写真・動画を用いても表示できる。

宅地・建物の写真・動画は、原則として、取引するものを表示しなければなりません。ただし、取引する建物が**建築工事の完了前**である等その建物の写真・動画を用いることができない事情がある場合は、**取引する建物を施工する者が過去に施工した建物**であり、かつ、次の①**または**②のものに限り、**他の建物の写真・動画**を用いることができます。

① 建物の外観は、取引する建物と構造、階数、仕様が同一であって、規模、形状、色等が類似するもの。ただし、当該写真・動画を大きく掲載するなど、取引する建物であると誤認されるおそれのある表示をしてはならない。
② 建物の内部は、写される部分の規模、仕様、形状等が同一のもの。

この場合で、当該写真・動画が他の建物である旨および上記①に該当するときは、取引する建物と異なる部位を、写真の場合は写真に接する位置に、動画の場合は画像中に、それぞれ明示しなければなりません。

➡ ９条

肢１･３･４は、表示規約の近年の改正点のうち、未出題の内容です。昨年は、近年の改正点から、なんと３肢も出題されました！　まだまだ警戒を緩めてはなりません。

問 48 土地・建物の統計

正解

3

1 誤り。5年間の不動産業の売上高経常利益率➡いずれも10%超。

不動産業の売上高経常利益率は、平成30年度から令和4年度までの5年間は、いずれも**10%を超えています**（H30：11.1%、R元：10.2%、R2：12.1%、R3：12.5%、R4：12.8%）。

➡ 年次別法人企業統計調査（令和4年度）

2 誤り。賃貸・売却用及び二次的住宅を除く空き家➡平成30年と比べて増加。

令和5年10月1日現在における我が国の空き家数のうち、「賃貸・売却用及び二次的住宅を除く空き家」は385万戸と、**平成30年**（349万戸）と比べ、37万戸の**増加**となっており、総住宅数に占める割合は5.9%となっています。

なお、「賃貸・売却用及び二次的住宅を除く空き家」とは、賃貸用の空き家、売却用の空き家及び二次的住宅（別荘など）「以外」の人が住んでいない住宅で、たとえば、転勤・入院などのため居住世帯が長期にわたって不在の住宅や、建替えなどのために取り壊すことになっている住宅などのことをいいます。

➡「令和5年住宅・土地統計調査（速報集計）結果」（総務省統計局、令和6年4月30日公表）

3 正しい。

令和5年1月以降の1年間の地価は、全国平均では、全用途平均・住宅地・商業地のいずれも3年連続で**上昇**し、**上昇率が拡大**しました。

➡ 令和6年地価公示

4 誤り。分譲住宅の着工戸数➡マンション・一戸建住宅ともに減少。

特に重要

令和5年の**分譲住宅の新設住宅着工戸数**は、約24.6万戸と3年ぶりの**減少**（前年比3.6%減）となっており、このうち、**マンション**は約10.8万戸と前年の増加から再びの**減少**（前年比0.3%減）、**一戸建住宅**は約13.7万戸と3年ぶりの**減少**（前年比6.0%減）となっています。したがって、「マンション及び一戸建住宅ともに…増加」という点は誤りです。

なお、令和5年の新設住宅着工戸数は、令和4年と比較して、持家・貸家・分譲住宅が減少し、全体で減少となっています。

➡ 建築着工統計調査報告（令和5年計）

肢3の地価公示について、**「三大都市圏平均」**では、全用途平均・住宅地・商業地のいずれも3年連続で上昇し、上昇率が拡大しました。また、**「地方圏平均」**では、全用途平均・住宅地・商業地のいずれも3年連続で上昇しました（なお、全用途平均・商業地は上昇率が拡大し、住宅地は前年と同じ上昇率）。あわせて確認しておきましょう。

問 49 土地

正解

3

1 適当。

一般に、凝灰岩・集塊岩・頁岩・花崗岩等は崩壊しやすく、玄武岩・安山岩・珪質岩等は崩壊しにくいとされています。なお、具体的な危険度は、植生の状況・風化の度合い・節理の発達状況・温泉作用による変質等により左右されます。

2 適当。

扇状地は、土砂・礫が堆積してできたものであるため、地盤は堅固です。しかし、**谷出口に広がる扇状地**は、一般的に、**土石流災害に対して危険**であることも多いといえます。

3 最も不適当。液状化現象は、地下水位の浅い砂地盤の地域等で発生しやすい。

液状化現象は、丘陵地帯で地下水位が「深く」、「固結した砂質土で形成された地盤」の地域などより、地下水位が「**浅く**」、「比較的粒径のそろった砂地盤」の地域で発生しやすいといえます。

4　適当。

臨海部の低地は、**洪水、高潮、地震による津波などの災害が多く**、住宅地として利用するには十分な防災対策と注意が必要といえます。

土地については、**防災的観点に立った学習**が不可欠です。普段から災害関連のニュースには注意を払いましょう。

問 50　建物

『基本テキスト』
５５問免除科目
P588〜603

正解

1

1　最も不適当。地震力➡見付面積の大きさよりも屋根の重さに影響を受ける。

木造建築物において、地震力（地震によって建物が水平方向に揺れるせん断力のこと）の大きさは、「見付面積の大きさ」より「屋根の重さ」に大きく影響を受けます。本肢は、「見付面積の大きさ」と「屋根の重さ」が逆です。

なお、見付面積とは、建築物の張り間方向、または、けた行方向の鉛直投影面積で、立面図に見える面積に相当します。

2　適当。

鉄筋コンクリート造における柱の帯筋や、はりのあばら筋は、地震力に対するせん断補強の効果があります。なお、内部のコンクリートを拘束したり、柱主筋の座屈を防止する効果もあります。

3　適当。

免震構造とは、建築物の基礎部分に、積層ゴムやオイルダンパー（油の粘性を利用して振動や衝撃を和らげる装置）等から成る免震層を設けて、地震時の揺れを低減するように設計された構造をいいます。

この免震構造は、地震時において、垂直方向の揺れよりも**水平方向の揺れ**による建築物への影響の緩和に、より効果を発揮します。

4　適当。

制震（制振）**構造**とは、建築物に作用する地震力を建築物の骨組み等に設けられた**制震装置によって吸収**し、地震時の揺れを低減するように設計された構造をいいます。具体例としては、建物の内に地震のエネルギーを吸収する鋼材ダンパー等の制震装置を設置した方式があります。

建築物の耐震性は、この十数年注目され続けているテーマです。しっかり確認しておきましょう。

日建で合格！宅建士合格インタビュー 日建学院

異業種から宅建士合格！過去問は最大の武器になりうる

モータースポーツMOTO3の選手として経験を積み、ずっとスポーツ一筋。引退後、何をすればいいか迷い、不動産業に興味を持ったことで、必要な資格である「宅建士」を目指しました。
最初は知識ゼロからのスタート。ですが、過去問題への徹底的な取り組みと詳細な解説の理解が１回目受験での合格へとつながりました。
特に、日建学院が提供する質の高い教材が大いに助けになりました。全てのクオリティが高かったので、学習のレベルアップが早かったのだと思います。

過去問をあまりやらなかった1年目。2年目は問題集中心の学習方法で合格!

合格

学習を本格的に始めたのは中３の春からで、1年目はどれだけ努力しても結果が出ませんでした。問題集をあまり使わなかったことが失敗の要因だと思います。そこで、過去問を解くことに専念し、注意点の把握に努め、２回目で合格しました。
日建学院を選んだのは、以前父も通っていたからです。問題集が良かったのはもちろんのこと、成績上位者との比較ができる環境を求めてクラスの人数が多そうな校舎を選んだことで、小テストごとに学生番号で貼り出される得点表や、模擬試験ごとに順位が出る分析表が、私には良い刺激になりました。

**日建学院なら、あなたに合った宅建士講座が必ず見つかります！
詳しくは次のページをご覧ください。**

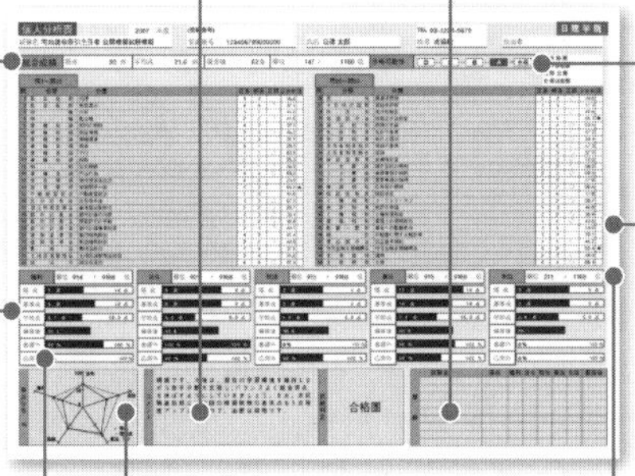

ドラマ・シーズン2も
メガヒットの
超人気コミック!!

単行本累計 340 万部超の人気漫画と
日建学院の宅建講座が今年もコラボ !!

第3弾

正直不動産 × 日建学院

「正直不動産」とは

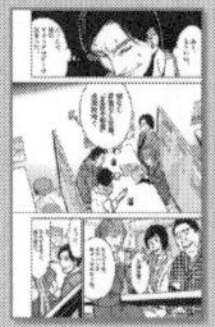

小学館「ビッグコミック」にて連載中の『正直不動産』（漫画・大谷アキラ、原案・夏原武、脚本・水野光博）は不動産業界の闇をさらけ出す皮肉（サティリカル）コメディ。
嘘もいとわぬ口八丁で売り上げNo.1だった、登坂不動産のエース営業マン・永瀬財地（ながせ さいち）。しかし、とある出来事から嘘が上手くつけなくなってしまった！　成績は一気に低迷。心の内をすべて話してしまう正直な営業で、永瀬は巻き返しを図ることができるのか！？　業界の表と裏、そして不動産取引について痛快に描かれた、全国民必読の書！

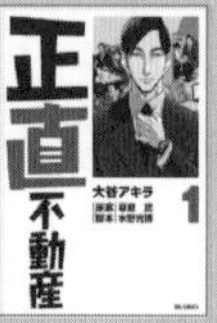

講義内容【約30分】

正直不動産から学ぶ不動産実務

講師 吉野 哲慎

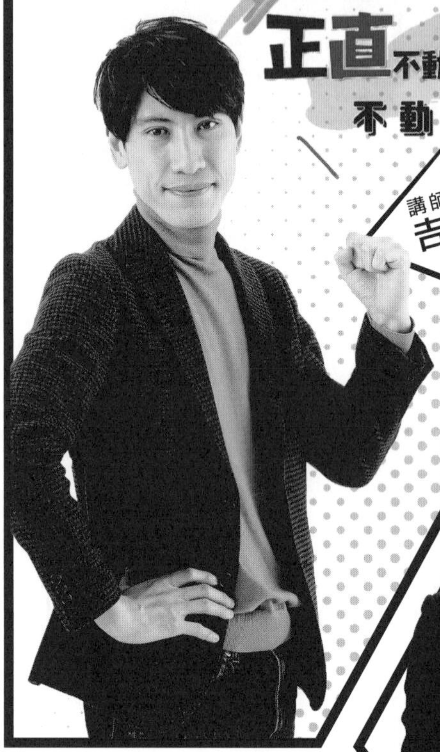

講義内容【約50分】

正直不動産から読む2024年宅建本試験

※日建学院テキストと問題集を使用します

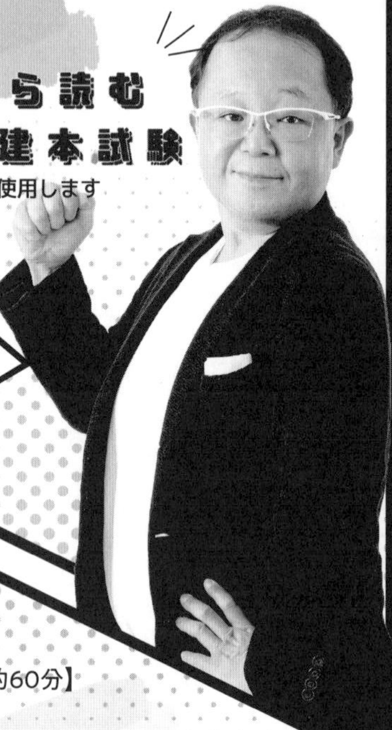

講師 宮嵜 晋矢

講師 伊東 貴浩

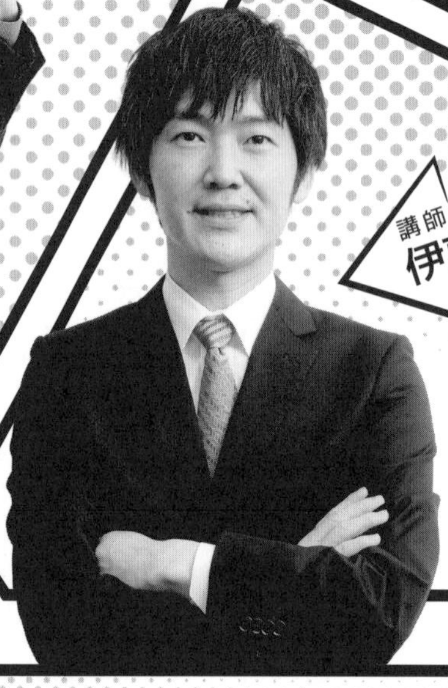

講義内容【約60分】

正直不動産から得る宅建試験に役立つ知識

特別講義概要

講義内容	宮嵜講師、吉野講師、伊東講師による特別講義 ※宮嵜講師編・伊東講師編で、日建学院のテキスト・問題集を使用します。
対象	2024年度 宅建本科、短期集中、直前対策 直前攻略、重点Webの各コース　入学者全員 ※宅建アカデミックコースも対象
視聴期限	2024年度 宅建本試験当日まで
受講料	無料

お問合せ
資料請求
試験情報

日建学院コールセンター
株式会社建築資料研究社　東京都豊島区池袋2-50-1

フリーコール 0120-243-229
受付／AM10：00～PM5：00（土・日・祝日は除きます）

【正誤等に関するお問合せについて】

本書の記載内容に万一、誤り等が疑われる箇所がございましたら、**郵送・ＦＡＸ・メール等の書面**にて以下の連絡先までお問合せください。その際には、お問合せされる方のお名前・連絡先等を必ず明記してください。また、お問合せの受付け後、回答には時間を要しますので、あらかじめご了承いただきますよう、お願い申し上げます。

なお、**正誤等に関するお問合せ以外のご質問**、**受験指導**および**相談等**は**お受けできません**。そのようなお問合せにはご回答いたしかねますので、あらかじめご了承ください。

お電話によるお問合せは、お受けできません。

[郵送先]
〒171-0014
東京都豊島区池袋2-38-1 日建学院ビル ３Ｆ
建築資料研究社 出版部
「2024年度版　これで合格！宅建士直前予想模試」正誤問合せ係
[FAX]　03-3987-3256
[メールアドレス]　seigo@mx1.ksknet.co.jp

メールの「件名」には、書籍名の明記をお願いいたします。

【本書の法改正・正誤等について】

本書の記載内容について発生しました法改正・正誤情報等は、下記ホームページ内でご覧いただけます。

なお、ホームページへの掲載は、対象試験終了時ないし、本書の改訂版が発行されるまでとなりますので、あらかじめご了承ください。

https://www.kskpub.com ➡ お知らせ（訂正・追録）

＊ＤＴＰ編集／新藤 昇（Show's Design株式会社）
＊装　　丁／広田 正康
＊本文イラスト／小沢 カオル

日建学院「宅建士 一発合格！」シリーズ

2024年度版　これで合格！宅建士直前予想模試

2024年6月24日　初版第１刷発行
編　著　日建学院
発行人　馬場 栄一
発行所　株式会社建築資料研究社
〒171-0014　東京都豊島区池袋2-38-1
日建学院ビル ３F
TEL：03-3986-3239
FAX：03-3987-3256
印刷所　株式会社広済堂ネクスト

ISBN978-4-86358-939-1 C0032